合系コンサルティングファームの変遷

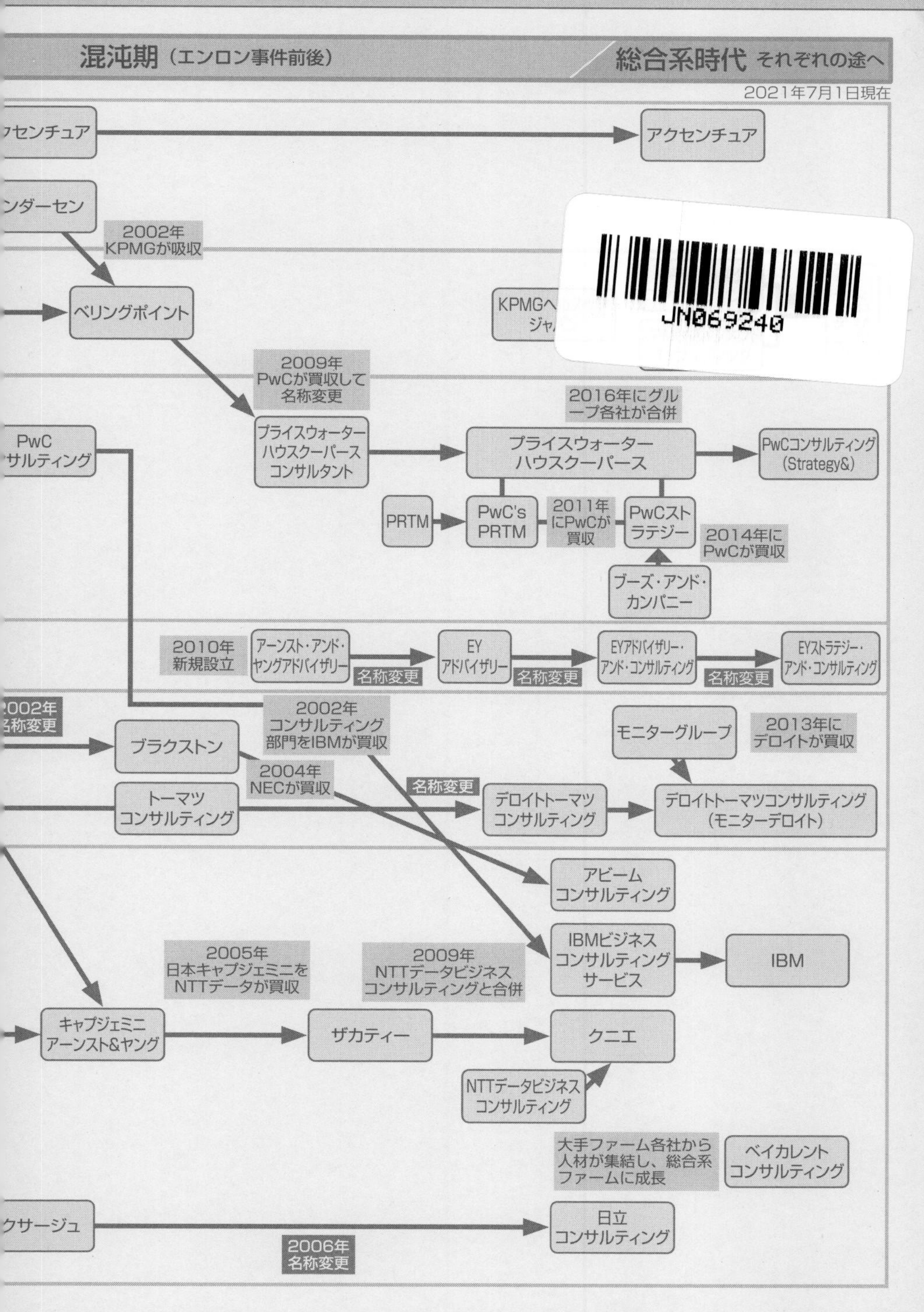

この１冊ですべてわかる

新版

コンサルティングの基本

The Basics of Consulting

神川貴実彦［編著］
Kamikawa Kimihiko

日本実業出版社

はじめに

このたびは『新版　コンサルティングの基本』を手に取っていただき、誠にありがとうございます。

2008年に出版された旧版は、
「“コンサルティング”とは、実際にどんなことをしているのだろう？」
「就職先や転職先としてコンサルティングファーム（コンサルティング企業の呼称）を検討しているので、くわしく知りたい」
といった読者の疑問を解決するとともに、要望に応えるために、出版されました。コンサルティング業界の概観はもちろん、どのようなコンサルティングファームが具体的にどんなコンサルティングをしているかについて網羅的、かつ、体系立ててまとめたことで、多くのファームにおいて新入社員の研修図書に採用されるなど一定のご評価をいただき、十数回の増刷を重ねることができました。

他方、初版発行から13年の歳月を経てコンサルティング業界も大きく進化しており、旧版では情報が古くなってしまっている部分やコンサルティング業界の新しいトレンド/コンサルティングファームの新しい取り組みへの言及が不十分な部分も出てきてしまいました。

かかる背景から、このたび改訂という形をとらせていただき、旧版の特徴である「コンサルティング業界全体を俯瞰することを考慮して、できる限り幅広い領域のコンサルティングファーム/コンサルティングテーマを取り上げる」という点は残しつつも、最新のトレンドを盛り込む等、内容を大幅にアップデートさせていただきました。

いざ執筆しながら最近のコンサルティング業界の状況をまとめてみると、「13年前とは大きく変わり、また変化のスピードは年々加速している」と実感しています。本書において、現状で説明できる限りのことを執筆しました。今後も加速するコンサルティング業界の変化を常にキャッチアップして、読者のみなさまの力になれるような情報発信を続けたいと思っています。

2021年７月　　　　　　　　　　著者を代表して 神川貴実彦

新版　コンサルティングの基本◆目次

第3章
戦略／業務・ITコンサルティングプロジェクト

第4章
組織人事／M&A／その他コンサルティングプロジェクト

第5章 コンサルティング業界へ就職・転職するノウハウ

本文DTP／ダーツ

第1章
コンサルティング業界の基礎知識

そもそもコンサルティングとは?

コンサルティング＝経営コンサルティング≠コンサルティング営業

◇コンサルティング営業は経営コンサルティングではない

そもそも「コンサルタント」とは何なのでしょうか？　近年、さまざまな場面で“コンサルティング”や“コンサルタント”という言葉が使われています。人によって定義は違うでしょうが、本書では“経営コンサルタント”の仕事について言及します。

経営コンサルタントとは、一般的に「企業のさまざまな経営上の課題を明らかにし、解決するための助言をする」職業と説明されていますが、簡単にいえば「クライアントをいかに儲(もう)けさせるか？」ということに尽きます。

クライアントに価値を提供するという意味では、俗にいう「コンサルティング営業」もコンサルティングといえますが、それでは“名乗った者勝ち”となり、コンサルティングについて正しく説明できません。

このように、コンサルティングとコンサルティング営業の違いがわかりにくいことが、「コンサルタントとは何？」という声を生む一因としてあるのでしょう。

◉ 経営コンサルタントとコンサルティング営業の違い ◉

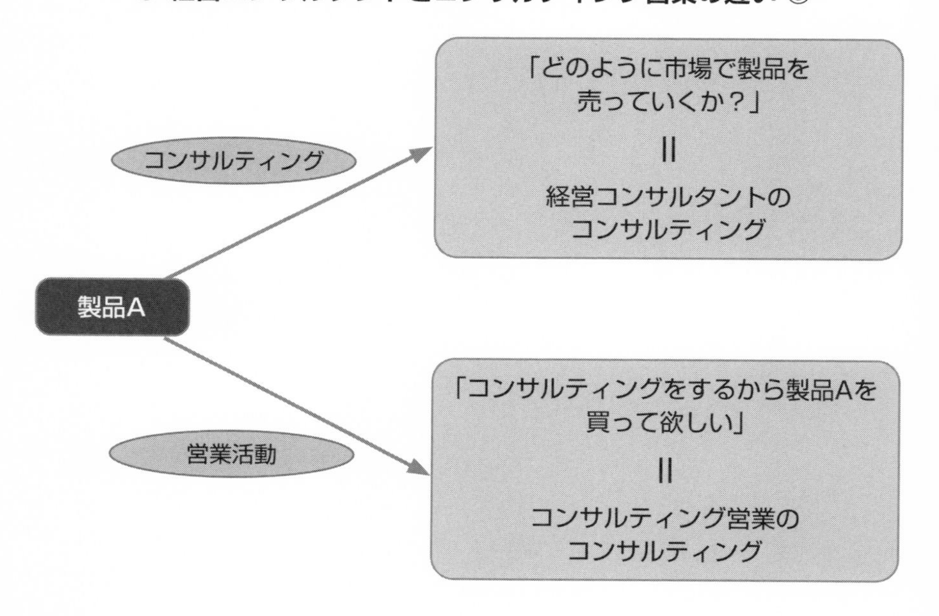

◇経営コンサルティングはコンサルティングそのものが商品

"コンサルティング営業"のコンサルティングと"経営コンサルティング"のコンサルティングの違いは、コンサルティング営業のコンサルティングは"商品を売るための付随サービス"であり、経営コンサルティングは"コンサルティングが商品そのもの"という点です。

コンサルティング営業の場合、自社で扱っている商品ないしはサービスを買ってもらうために、コンサルティングを行ないます。

自社の商品がどう役に立つのか、クライアントの課題は何で、その解決にどう自社の製品が役に立つのかを明確にし、商品なりサービスを買ってもらうわけです。投資信託や外貨預金を提案する「資産運用コンサルタント」もコンサルティング営業に入ります。

一方、経営コンサルタントの場合、とくに製品やサービスを販売・提供するわけではなく、コンサルティングそのものが商品です。つまり、「クライアントの課題を明らかにする」こと、もしくは「課題を解決するための方法を考える、あるいは手伝いをする」ことそのものが商品であり、コンサルティング行為に対して報酬を受けます。

日本において主要コンサルティングファームが活動し始めたのは1960年前後からですが、コンサルティングファームの存在がこれほどまでに注目を浴びるようになったのは、90年代後半からです。

世間の注目とともに、日本におけるコンサルティング業界の市場規模も年々拡大しており、今後も引き続き高い成長が見込まれます。

◉ 米国のコンサルティングファームランキング ◉

2021年のランキング

RANK	FIRM	SCORE
1	Bain & Company	9.219
2	Boston Consulting Group	9.168
3	McKinsey & Company	9.103
4	Booz Allen Hamilton	8.025
5	EY-Parthenon	7.779
6	Oliver Wyman	7.735
7	ClearView Healthcare Partners	7.626
8	Deloitte Consulting LLP	7.607
9	PwC Advisory/Strategy&	7.554
10	Putnam Associates	7.534

2020年のランキング

RANK	FIRM	SCORE
1	McKinsey & Company	9.273
2	Boston Consulting Group	9.190
3	Bain & Company	9.158
4	Deloitte Consulting LLP	7.930
5	Oliver Wyman	7.855
6	Booz Allen Hamilton	7.747
7	EY-Parthenon	7.705
8	PwC Advisory/Strategy&	7.623
9	Kearney	7.600
10	GE Healthcare Partners	7.595

出典：Vault公開データより作成
注：SCOREはVaultが実施した各調査結果を基にした総合評価

コンサルティングファームの8大機能・付加価値

クライアントの要請に応じて多岐にわたる

◇コンサルティングファームは８つの役割でクライアントを助ける

経営コンサルタントはどのような方法でクライアントの経営上の課題を明らかにし、解決するための助言を行なうのでしょうか？

コンサルタントの機能・付加価値を大きく分けると、次のようになります。

◉ コンサルティングファームの機能 ◉

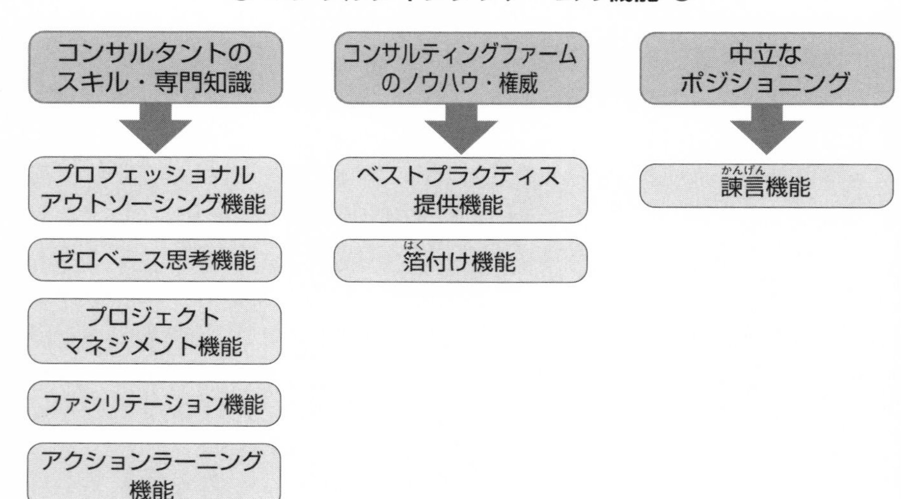

◇最大効率化を図れるプロフェッショナルアウトソーシング機能

事業会社（コンサルティングファームでは、何かしらの事業を営んでいる一般企業を事業会社といい、メーカーなどクライアントのほとんどが事業会社となります）では、日々の通常業務のなかで高いパフォーマンスを上げるために多くの人材を投入しています。

そのため、通常業務ではない中長期的なビジョンや施策の考案、過去に実施した施策の有効性の検証、大幅な業務プロセスの変更に人材を投入することは困難といえます。仮に人材を投入できたとしても、その人が通常業務で生み出すことができる利益を考えると、機会費用（ある選択肢を採用したとき、他の選択肢を採用しないことで失われる最大の潜在的利益）が非常に大きくなります。

近年では意思決定のスピードがますます重視されており、短期間で集中的に企業の事業戦略の策定を成し遂げなければなりません。しかし、いくら自社内の優秀な人材でも、いきなり畑違いの仕事を与えられて短期間で結論を出すのは非常に困難で非効率です。そのようなときに「戦略立案」「業務改善」のプロフェッショナルであるコンサルタントを使うことにより、社内の人材をあまり割くことなく短期間で課題への答えを導き出せます。

もちろん、社内の人材にもある程度プロジェクトに時間を割いてもらうことになりますが、割く人員数や時間は格段に少なくなります。

さらに、一時的に特定分野の専門家を確保したいというニーズも、コンサルティングファームを利用する動機となります。大規模なシステムの構築やM＆Ａを検討するような場合、一定期間は大勢の専門家が必要です。しかし、プロジェクトが終了すれば社内に専門家が活躍する場所はなくなります。

そのため、専門家を採用して自社で抱えておくことは、費用対効果が悪い人的投資となります。しかしこのようなケースでも、一定期間で外部のコンサルタントを利用することで、効率的に人材を確保することができます。

◇ゼロベース思考機能で客観的な視点でビジネスを効率化する

１つの会社で長く働いていると、その業界や組織の風土・価値観・慣習などに染まってしまい、個々の制度やビジネスプロセスを客観的に見ることが困難になってしまいます。

そういったときに、コンサルタントが「そもそも○○は何のためにあるのか」「目的は何で、目的を達成するためにはどのプロセスが最適なのか」ということを客観的事実に基づいてイチから考え直す（ゼロベースで考える）ことでムダがなくなり、ビジネスを効率化することができます。

◇PMOに代表されるプロジェクトマネジメント機能

課題解決のためのプロジェクトは通常の業務とは異なるメンバーや指揮系統で行なわれ、かつ明確に期間が区切られています。このような状況下でプロジェクトを管理・進行していくこと（PMO）は、コンサルタントに期待される重要な役割の１つです。

「いつまでに各メンバーが何をするか」を洗い出し、担当を割り振ってスケジュールを管理、また会議で議論すべき内容をつめ、メンバー全員が最大限の力を発揮できるようにします。

このような人材（コンサルタント）がいるかどうかで、プロジェクトの成功確率は大きく異なります。プロジェクトマネジャーの役割には独自のスキル・経験が必要であり、また社内の人間関係やしがらみにとらわれず客観的に物事を進めることができる人材が理想なので、外部のコンサルタントはクライアント企業にとって重宝する存在といえます。

なお、113ページで説明する「PMO（プロジェクトマネジメントオフィス）」プロジェクトは、プロジェクトマネジメント機能がとくに求められるプロジェクトです。

◇ファシリテーション機能でクライアントのノウハウを引き出す

コンサルティングプロジェクトというと、コンサルタントが独自にさまざまな活動をして、結果を報告するというイメージを持つ方が多いと思います。しかし、それはあくまで一例にしかすぎません。

多くの場合にはコンサルタントだけではなく、クライアント企業の社員もプロジェクトチームのメンバーとして参加し、コンサルタントと一緒にプロジェクトを進めていきます。

この際、コンサルタントはすべてを自分たちで行なうのではなくサポートに回り、クライアント企業の社員が持っている業界・企業の業務知識や経験をうまく引き出し、整理しながら一緒に答えを探して、課題の解決につなげます。

◇アクションラーニング機能でクライアント自身の成長につなげる

クライアント企業の社員とコンサルタントが一緒に仕事をすることで、クライアント企業の社員は多大な教育効果を得ます。経営戦略・業務改善のスキルやノウハウはもちろん、高いプロフェッショナリズム（仕事への姿勢）などのマインド面での波及効果も期待できます。

もともと、このようなアクションラーニング機能は副次的な効果でしたが、近年ではむしろこの機能に期待しているクライアントもいます。

◇ベストプラクティス提供機能で効果的な課題解決をうながす

コンサルタント個人ではなく、コンサルティングファームそのものが持っている機能の１つが「ベストプラクティスの提供」です。

外資系コンサルティングファームは、さまざまな企業の個々の課題について世界各地で課題解決を行なっており、業界・機能別に数多くのノウハウを蓄積しています。

いままで蓄積してきたノウハウを結集することで、各課題に対して「もっとも効果的で効率的な方法（ベストプラクティス）」を提供することができるのです。とくに、多くの業界・企業に共通して発生する課題、またはある程度「定石」ができ上がっているテーマの場合には、ベストプラクティスをベンチマーキングすることによって短期間で高い成果を出すことができます。

◇箔付け機能で意思決定を後押しする

意外に感じるかもしれませんが、社内である程度の答えが出ているにもかかわらず、あえてコンサルタントに依頼することも少なくありません。

いくつかの理由がありますが、よくあるケースとしては、社内から斬新な改革案・事業案が提案されても、保守的な風土のせいでなかなか実行に移れないために、コンサルタントに案の箔（はく）付け目的で依頼する例があります。

クライアントが社内の反対派を説得するために、コンサルティングファームの「権威」を借り、客観的な意見として課題解決の答えを述べてもらう役割をコンサルタントに期待しているのです。

◇第三者としての中立的な諫言機能

クライアント社内の経営企画室に非常に優秀な社員がおり、課題を解決するための答えを導き出せたとしても、実際にはそれを公にいうことはできないケースがしばしばあります。

なぜならば、多くの場合、いままで上司や役員が行なってきた施策に対して異を唱えることになるからです。社内の人間関係や利害関係、またその社員個人の立場を考慮すると、そのようなことを公言するのは非常に困難です。

一方、コンサルタントにはそのようなしがらみはないので、クライアントのためになるならば、耳の痛いこともいう（諫言（かんげん）する）ことができます。

◉ 大手企業・各国政府のコンサルティングファーム利用例 ◉

日産自動車

～世界本社プロジェクト～（PwCコンサルティング）

国ごとにバラバラ（マルチ・リージョナル）であった同社の組織を、責任·権限のはっきりしたグローバルな組織に移行し、この組織の主要要素（世界本社の機能、地域ごとの事業への権限委譲、各機能組織のグローバルな責任、車両開発の長期的な収益性責任）を規定した。

日本テレビ放送網

～AI活用による視聴率予測～（PwCコンサルティング）

コンテンツによって視聴率のバラツキが多い映画番組において、CMの広告価値が測りづらいという課題に対し、2019年5月より8カ月間にわたりAIを活用した視聴率予測の検証・試行を支援。結果、予測値と実際の視聴率の差1%以内を実現。これまで放送コンテンツの価格交渉が言い値だったところを、データ予測による交渉が可能とした。

京王電鉄株式会社

～東京多摩エリアにおける生活利便性向上を実現するMaaSの実効性検証プロジェクト～（デロイトトーマツコンサルティング）

東京多摩エリアを高齢者・若年層・ファミリー層の持続的な居住を可能とするため、交通・生活の利便性向上に向けて自治体や企業と連携しながら支援。

デジタルチケット/商業/IC連携、リアルタイム検索やマルチモーダル検索、各種交通予約といったWebサービスを構築。

JR東日本

～目覚めるキヨスク～（アーサー・D・リトル）

戦略立案から実行のフェーズまでを3年間かけて支援。事業戦略と整合したプロセスを再構築し、必要となるリソース・組織体制を整え、現場の再生支援・後押しを企図したプロジェクト。推進チームづくりやシステム設計、インテグレータ選定、新業務とシステムの現場への展開までをサポートしている。

株式会社東京きらぼしフィナンシャルグループ

～地方銀行「初」の3行合併と基幹システムを含む全ての銀行システム統合プロジェクトを完遂　安定的な移行を実現し、DXへの一歩を踏み出す～
（アビームコンサルティング）

2016年4月頃から東京都民銀行、八千代銀行、新銀行東京の合併と、それに伴う3行の基幹システムを含む全ての銀行システムを統合するプロジェクトを本格的に開始。4年にもおよぶ難易度の高いプロジェクトを推進し、2020年5月に計画通り完了、安定的な移行を実現。

北海道電力株式会社

～全社的なコスト低減と調達の高度化を支援。電力資機材コストを大幅に低減し、調達改革に貢献～（アビームコンサルティング）

発電所の長期停止・電力小売全面自由化に伴う競争激化に伴う、経営効率化・コスト低減の経営課題に対し、外部視点と手法を取り入れた調達改革に着手。電力安定供給の要となる電力資機材費用の大幅な低減を実現した上で、グループでのさらなる調達の高度化に取り組んでいる。

損害保険ジャパン日本興亜・第一交通産業

～先進的な自動車運行管理支援による自動車事故防止のための共同研究～（アクセンチュア）

公共交通機関や運輸業向けに、事故を未然に防ぐ先進的な運行管理を支援する、統合情報プラットフォームの構築を目指している。
ドライブレコーダーの画像情報、運転挙動情報、生体情報や車両情報等の多岐にわたるデータの分析を行ない、ドライバーごとの事故発生リスク等を評価する手法を開発することで、事故の無い安心・安全・健康な社会の実現に取り組むことが可能になる。

東京大学

～事務業務の効率化、活性化～（マッキンゼー・アンド・カンパニー）

国立大学法人化という転機を迎えた東京大学に対して、事務組織の業務の効率化、組織の活性化に向けた変革プロジェクトを実施した。

各国政府

- **高度な自動走行システムの社会実装に向けた研究開発・実証事業**（アーサー・D・リトル）
- **日本の中長期ビジョンの検討に関する調査**（ボストン・コンサルティング・グループ）
- **リスクマネー供給及び官民ファンド等に関する国際比較調査研究 最終報告資料**（A.T.カーニー）

3 コンサルティングファームの組織

コンサルタントはプロジェクト単位で働き、プラクティスグループでスキルを磨く

◇プロジェクト単位で仕事を進めていくコンサルタントの仕事

コンサルティング“ファーム”という呼称からも推察できるように、コンサルティングファームの組織形態は一般企業とは少し異なります。そのなかでも、明確な所属部署がないことが一番大きな違いといえます。

もちろん、人事・総務といった機能を担うバックオフィスはありますし、大手であればコンサルタントの所属部署もあります。しかし、実際のプロジェクトでは部署を横断してチームを編成することがほとんどです。

では、コンサルタントはどのような働き方をするのでしょうか？　コンサルティングファームがプロジェクトを受注すると、その段階で社内から適切な人材を集めて、そのつどプロジェクトチームを編成します。

プロジェクトを受注したパートナー（役員クラスの職位）と、そのプロジェクトを担当するプロジェクトマネジャーが、コンサルタント、アナリストが何人ずつ必要で、どういうスキル・経験を持っている人材が必要かを考え、社内で募集をかけて集めます。

◉ プロジェクトチーム編成の流れの例 ◉

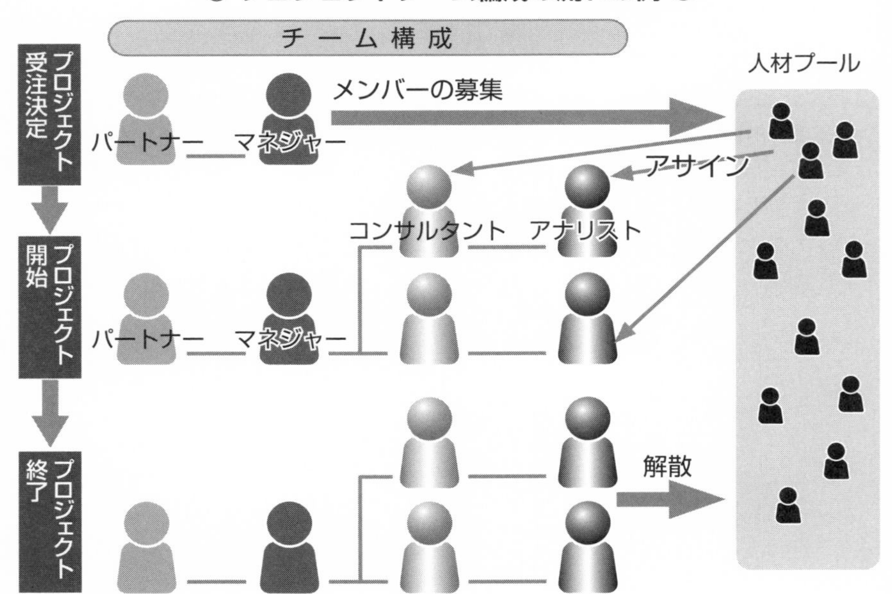

プロジェクト開始前にある程度メンバーが決まっている場合もあります。そしてプロジェクトが終了すると、プロジェクトチームは解散し、個々のコンサルタントはまた新しいプロジェクトを担当します。そのため、毎回のように一緒に働く同僚や上司、部下が変わっていくのです。

◇コンサルティングファームによってアサインのされ方は異なる

コンサルタントが担当プロジェクトを割り振られることを「アサイン」といいますが、このアサインの仕組みはコンサルティングファームによって多少異なります。一方的に担当するプロジェクトが割り振られる場合もあれば、アサインを希望するコンサルタントがパートナー（場合によっては、プロジェクトマネジャーも加えて）と面談してから決定する場合もあります。

当然、人気があるプロジェクトには希望者が殺到しますし、また若手でも実力のあるコンサルタントは引っ張りだこになります。その一方、常に実力が求められる厳しい世界といえます。

なお、コンサルティングファームによっては同時に２～３つのプロジェクトを担当する場合もあります。

規模が小さめのコンサルティングファームでは１人で複数のプロジェクトを担当することも多いようです。また、業務・ＩＴ系コンサルティングファームでは、クライアント先に常駐することも多いので、コンサルタント以下の職位では通常、１人１プロジェクトのみ担当します。

◇プラクティスグループでコンサルタントは専門性を磨く

「転職サイトや業界の解説書を見ると、業界と機能でグループを分けている」と思う方は多いと思います。たしかに、近年は“自動車”“製薬”“金融”といった形で業界別に組織を構成しているコンサルティングファームが多いです。またそうした組織を横断する形で、“マーケティング”“組織戦略”“Ｍ＆Ａ”といった機能別にプラクティスグループ（研究会のようなもの）をつくって各分野のナレッジを深めようとしています。このプラクティスグループの存在が、一般企業にはないコンサルティングファームの特徴として挙げられます。

コンサルタントは自分のスキルを磨くため、あるいは特定の分野を専門としていくためにプラクティスグループに所属していますが、所属プラクティスグループに関するプロジェクトだけを担当するわけではありません。とくに若手の場合には、自分の所属するプラクティスグループとはまったく関係なしにプロジェクトにアサインされていきます。
　また、所属するプラクティスグループも簡単に変更することができるので、マネジャー、もしくはパートナーになるまでは、プラクティスグループが担当プロジェクトに影響を与えることはあまりありません。

◉ コンサルティングファームの組織構造例 ◉

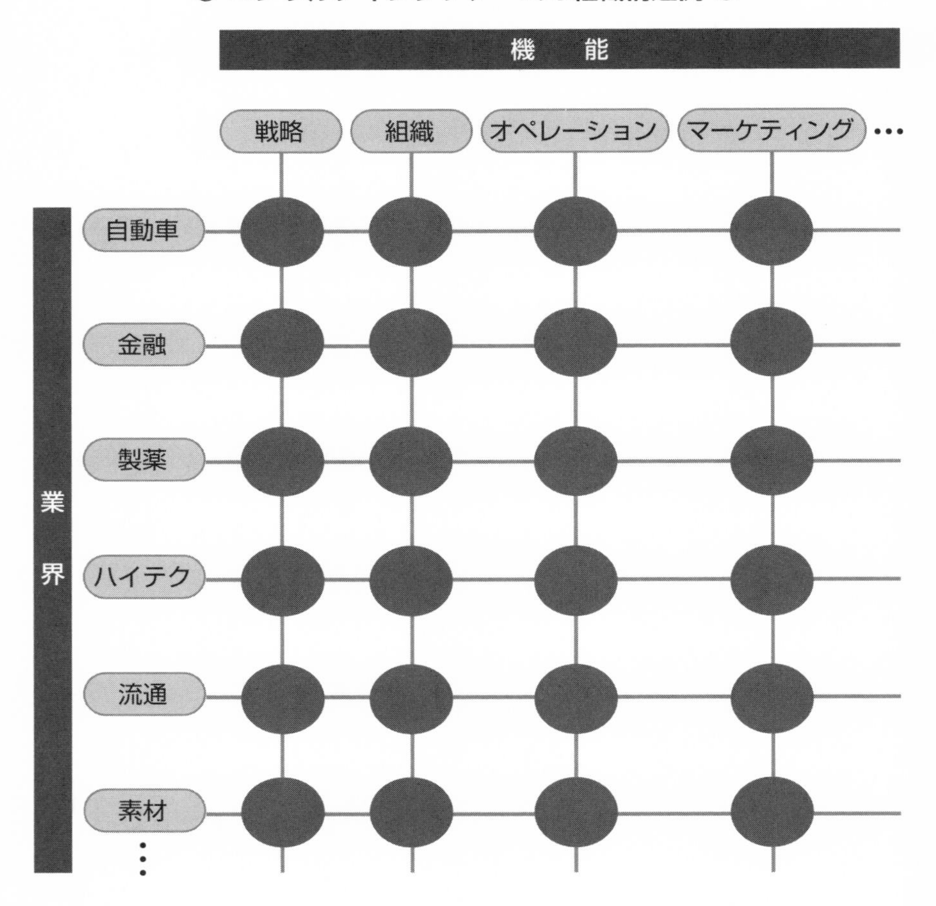

※コンサルタントは「業界」と「機能」が交差するプロジェクトにアサインされる。

大きく4つに分けられるコンサルタントの職位

コンサルタントの職位は時間単価＝報酬に直結している

◇コンサルティングファームによって職位の呼称は変わる

コンサルティングファームで働く社員は、「コンサルタント」と総称されますが、経験年数や期待される役割に応じていくつかの職位に分かれています。

職位の呼称はコンサルティングファームによって異なりますが、大きく分けると上から順に次の４つの職位になります（次ページ表を参照）。

- ●パートナー（ディレクター、プリンシパルなど）
- ●マネジャー（プロジェクトマネジャー、プロジェクトリーダーなど）
- ●コンサルタント（シニアアソシエイト、アソシエイトなど）
- ●アナリスト（アソシエイト、ビジネスアナリスト）

＊カッコ内は各ファームでの呼称の例。

◇各職位でランクが細分化されている

上記の大きく分けた職位（ランク）のなかでも「コンサルタント」と「シニアコンサルタント」のように細かく職位が分かれています。さらに、シニアコンサルタントでも、細かく「ランク」が設定されています。

たとえば、「シニアコンサルタント１、シニアコンサルタント２、……」あるいは「シニアコンサルタントＡ、シニアコンサルタントＢ、……」などの形でランクが設定されているのです。

このようにわざわざ細かくランクづけされているのは、職位のみならずランクによってもコンサルタントがクライアントに請求する時間単価（ひいてはコンサルタント自身の報酬）が違うためです。

ただし、ランクはその職位の「熟練度」のようなもので、ランクによってプロジェクト内での役割が大きく変わることはありません。一方、職位が変わるとプロジェクト内での役割は大きく変わり、当然求められる能力も大きく違ってきます。各職位の具体的な役割を25ページ以降でくわしく取り上げていきます。

◉ 各コンサルティングファームのコンサルタントの職位名 ◉

	アナリスト	コンサルタント	マネジャー	パートナー
マッキンゼー・アンド・カンパニー	•ビジネスアナリスト •ジュニアアソシエイト	•アソシエイト	•エンゲージメント・マネジャー •ジュニア・エンゲージメント・マネジャー	•パートナー •プリンシパル •アソシエイト・プリンシパル
ボストン・コンサルティング・グループ	•アソシエイト •シニアアソシエイト	•コンサルタント	•プリンシパル •プロジェクトリーダー	•パートナー＆マネージングディレクター
ベイン・アンド・カンパニー	•アソシエイトコンサルタント •シニア・アソシエイトコンサルタント	•コンサルタント	•マネジャー	•プリンシパル •パートナー
PwCコンサルティング（Strategy&）	•アソシエイト	•シニアアソシエイト	•シニアマネジャー •マネジャー	•ディレクター •パートナー
A.T.カーニー	•ビジネスアナリスト •シニア・ビジネスアナリスト	•アソシエイト	•マネジャー	•パートナー •プリンシパル
アーサー・D・リトル	•リサーチアナリスト	•コンサルタント	•シニアマネジャー •マネジャー	•パートナー •プリンシパル •アソシエイト・ディレクター
ローランド・ベルガー	•ジュニアコンサルタント •コンサルタント	•シニアコンサルタント	•プロジェクトマネジャー	•プリンシパル •パートナー
コーポレイト・ディレクション	•主任	•副査	•主査	•パートナー •アソシエイト・パートナー
アクセンチュア	•アナリスト	•コンサルタント	•シニアマネジャー •マネジャー	•シニア・エグゼクティブ
アビームコンサルティング	•アナリスト •コンサルタント	•シニアコンサルタント	•シニアマネジャー •マネジャー	•プリンシパル
三菱UFJリサーチ＆コンサルティング	•ビジネスアナリスト •アソシエイト	•コンサルタント	•チーフコンサルタント •シニアコンサルタント	•プリンシパル
NTTデータ経営研究所	•コンサルタント	•シニアコンサルタント	•シニアマネジャー •マネジャー	•パートナー •アソシエイトパートナー
日本総合研究所	•研究員	•副主任研究員	•上席主任研究員 •主任研究員	•主席研究員

アナリストがコンサルタントキャリアのスタートとなる

アナリストの仕事には地味なものが多いが、現場にもっとも近い役割を担う

◇新卒のコンサルタントはアナリストからスタートする

アナリストは新卒で入社したコンサルタントのスタートポジションとなります。ただし、第二新卒などの20代半ばまでの中途入社者の場合でも、アナリストとしてキャリアをスタートすることがあります。

アナリストの仕事はおもに情報収集・分析と資料作成です。具体的な業務として、ミーティングの議事録作成、先輩コンサルタントに同伴してクライアントへのインタビュー、各種情報の収集・分析、資料の作成、プログラミングのコーディング（プログラムを書く）などが挙げられます。

基本的には先輩コンサルタントから、「○○についての情報を調べて欲しい」というように具体的な作業指示を受け、実行して報告するという形を繰り返していきます。また、業務・ＩＴコンサルティングに携わっているアナリストの場合、基本的なＩＴ知識・スキルを身につけるために実際に手を動かしてプログラムをコーディングすることもあるのです。

フィナンシャルアドバイザリー系コンサルティングファームにて、バリュエーション（企業価値評価）業務を行なっている場合などは、有価証券報告書を見ながら表計算ソフトと格闘して財務モデルをつくり、分析することもあります。

バリュエーションは一見地味な作業ですが、アナリストの集めた情報をベースにコンサルタントが仮説を構築・検証していくので、非常に重要な仕事といえます。

◇アナリストの声は現場を代表する重要な意見

職位が低くても、生の情報と向き合って格闘しているからこそ得られるアナリストの“ひらめき”は重要視されることも多く、チームミーティングでは積極的な発言が求められます。そして、的を射た意見はどんどん採用されるのです。

実力に応じて時期は前後しますが、一般的には２～４年程度でアナリストはコンサルタントへと昇進していきます。アナリストからコンサルタントへの昇進率は比較的高く、７～９割程度は遅かれ早かれ昇進できるといわれています。

◉ アナリストクラスのスケジュール（プロジェクト終盤）の例 ◉

提　案 → Kick off

マネジャーの仕事

	月曜日	火曜日
9:00		
10:00	【分析】 午後からの定例ミーティングに備えて、プレゼン資料をつめる。最終報告会が近いので、プレゼン作業が多い。	【情報収集】 昨日のデータ整理の続きをする。
11:00		
12:00		
13:00		気分転換に昼食。
14:00	急いで遅めの昼食。	【分析】 データ整理が完了し、分析に入る。
15:00	【社外ミーティング】 定例ミーティング。200枚のプレゼン資料を印刷してチェック。 足りない部分が出てきた。	
16:00		
17:00		
18:00	【社内ヒアリング】 振られた担当部分について、コンサルタントとディスカッション。指示とアドバイスをもらう。	【社内ヒアリング】 分析が行き詰まったので、コンサルタントに相談。
19:00	【情報収集】 必要な分析のためのデータを整理する。ここに意外と時間がかかる。	
20:00		
21:00		【分析】 もらったアドバイスを元にもう少し粘ってみる。

仮説検証 → 最終報告

コンサルタントの仕事

水曜日	木曜日	金曜日
	【社内ヒアリング】 さっそく新しいタスクを振られた。上司と成果物のイメージを確認。	【インタビュー】 先輩コンサルタントのインタビュー6本に同席する。
【分析】 引き続き分析。ようやくメドがつく。	昼食	
気分転換に昼食。	【分析】 新しいタスクのためのデータ収集を始める。	
ちょっと寝不足なので、会議室で仮眠。		
【社内ヒアリング】 成果物をコンサルタントに持っていく。OKが出てガッツポーズ。	【プライベート】 リフレッシュがてらプライベートの時間を過ごす。	【資料作成&分析】 本日のインタビューのメモを作成し、自分なりにポイントを抽出する。
【プライベート】 趣味の時間を満喫する	【分析】 データ収集・整理を続ける。2時間抜けた分、帰宅時間も遅れる。	

社内コミュニケーション　個人作業　外部コミュニケーション

仮説を立てて検証していくことがコンサルタントの大きな仕事

コンサルタントには、実作業＋マネジメントスキルが重視される

◇コンサルタントの職位になるとコンサルティングらしい仕事に

新卒入社と仮定して入社３～４年目、およびコンサルティング未経験の中途入社コンサルタント（社会人経験５年程度以上、ＭＢＡホルダーなど）がコンサルタントの職位となります。コンサルタントの職位となると、一般的にイメージされるようなコンサルタントの仕事をこなすようになります。

プロジェクトの実作業の大半を担当するのがコンサルタント職位にあるコンサルタントであり、プロジェクト全体において、ある一定範囲の業務をまとめて担当します。

コンサルタントは、基本的に自分の判断で課題を解決する仮説の構築・検証作業を進めていきます。そして、ある程度の進捗ごとにチームミーティングやマネジャーとのディスカッションを通じて、仮説の軌道修正をしていくのです。

いわば、「○○について考えてほしい」というお題（What）はマネジャーやミーティングで決まりますが、どういう仮説を立てるか、どういった情報を集めるか、誰にインタビューするかなど（How）はすべて任されているポジションになります。

◇手段を決めるので、セルフマネジメント能力が重要となる

コンサルタントは問題解決の手段をすべて自分で決めるため、自分自身でスケジュールを立てて作業を進めていく「セルフマネジメント能力」が重要になってきます。

おもに現場で働く業務・ＩＴコンサルタントの場合でも、自分でプログラムを組み立てることは稀（まれ）です。むしろ、担当範囲においてどのような業務プロセスが最適であるかを考え、それを踏まえたうえでどのようなシステムが必要かを考えることが中心的な業務になってきます。

フィナンシャルアドバイザリー系コンサルティングファームでも、上長から具体的な作業を指示されるというスタイルではなく、一定の範囲を任されてアナリストを使いながらアウトプットをつくり上げていくスタイルになります。

◇マネジャーになるには異質なスキルが必要

コンサルタントとしてある程度のプロジェクトをこなして経験を積み、顧客との折衝能力やプロジェクトマネジメント能力が認められれば、マネジャーに昇進できます。ここでの昇進にかかる年数は個人差も大きいですが、平均的には３～４年程度で昇進します。

アナリストからコンサルタントへのステップと異なり、コンサルタントからマネジャーへステップ・アップする敷居は高くなります。なぜならば、アナリストとコンサルタントの業務内容の違いは難易度の変化によるものが多いのですが、マネジャーには別の能力が求められるからです。

◉ 仮説を思いつく瞬間 ◉

これまでの思考の蓄積

コミュニケーション系

- 同僚コンサルタントやクライアントとディスカッションをしているとき
- クライアント・ユーザーなどへのインタビューをしているとき
- 上司・先輩のアドバイスを受けているとき

など

思考系

- 紙にひたすら考えを書きなぐっているとき
- 丸2日間同じことを考え続け、ちょっと気を抜いた瞬間
- 情報やアイデアを紙に書き出し、時間をかけて整理・構造化したとき

など

リラックス系

- お風呂に入って一息ついたとき
- ベッドに入って横になっていたとき
- 気分転換に散歩に出たとき
- 休憩中にコーヒーを飲んで一息ついたとき

など

◉ コンサルタントクラスのスケジュール（仮説検証作業中）の例 ◉

提　案 → Kick off

マネジャーの仕事

	月曜日	火曜日
9:00		
10:00 11:00	【アナリスト指示出し】 アナリストからの成果物をチェックし、追加指示を出す。	【情報収集】 現プロジェクト関連の業界紙・業界雑誌をチェックして、ネタを探す。
12:00	昼食をとってすぐに仕事に戻る。	
13:00	【インタビュー】 クライアントの現場社員へのインタビュー。	昼食
14:00		【インタビュー】 今日はクライアントの営業に同行。気づいたことをまとめる。
15:00 16:00 17:00	【分析】 インタビュー結果をまとめ、重要なポイントについて考える。	
18:00	【アナリスト指示出し】 アナリストから再び成果物が上がってきたので、別の仕事を依頼。	【その他】 翌日の社内研修に申し込んでいたことを思い出し、あわてて準備する。
19:00 20:00 21:00	【分析】 アナリストのまとめたデータに基づいて、分析作業を行なう。	

仮説検証　→　最終報告

アナリストの仕事

水曜日	木曜日	金曜日
【ワークショップ】 社内研修を受ける。いまのプロジェクトにも使えそうな内容だった。	【インタビュー】 クライアント企業に行ってインタビュー。	【社外ミーティング】 定例ミーティング。ファシリテーションも担当し、会議をうまくリードできた。
気晴らしに昼食。	長いインタビューが終わってホッとしつつ昼食。	昼食
【その他】 明日のマネジメント層へのインタビューに備えて、準備する。	【社内ミーティング】 マネジャーとのミーティング。明日の定例会の内容に関して議論。	【社内ミーティング】 昼食後、そのままチームミーティング。来週の各人のタスクを確認する。
メドがついたので、退社。	【資料作成】 いままでのインタビュー、マネジャーとの議論を踏まえて、明日の定例会に出す成果物を作成。	【分析】 来週からの仕事が円滑に進むように、軽く準備。
【プライベート】 学生時代の友人と5年ぶりに交流。		

社内コミュニケーション　個人作業　外部コミュニケーション

マネジャーはプロジェクト全体に責任を持つ

プロジェクト管理、顧客との折衝、予算管理が仕事の中心

◇コンサルタントとはまったく違うスキルも求められる

プロジェクトを取りまとめ、進行に関して責任を持つのがマネジャーです。コンサルタントやアナリストとは大きく仕事内容が異なり、プロジェクト全体を見通さなければならなくなるため、求められる能力も大きく変わってきます。また、必要とされる専門知識等は異なりますが、マネジャー以上になるとコンサルティングファームの種類にかかわらず役割は似通ってきます。

マネジャーの仕事内容を大きく分けると、「①プロジェクト管理」「②顧客との折衝」「③予算管理」の３つになります。

プロジェクトが開始すると、マネジャーは最初にプロジェクトの大まかな方針（検討すべき項目である「What」の洗い出し）を定め、各メンバーのスキルとバックグラウンドに応じて担当範囲を割り振ります。

メンバーへの担当範囲の割り振りが終わった後も、ある程度作業が進んだ段階で各メンバーとディスカッションし、軌道修正していきます。特定のパートの進捗が遅れている場合は、追加でメンバーを割り振る、担当コンサルタントを変更する、マネジャー自身も実作業に参加するなどして、期限内にプロジェクトが完了するように努めなければなりません。

◇クライアント対応や予算管理もマネジャーの仕事となる

チーム内での作業に加えて、クライアントとのやりとりもマネジャーが中心になって行ないます。クライアントの期待値を管理して中間・最終報告会を設定し、クライアント側のキーパーソンと日々意見交換するなど、日常的にクライアントともっとも接触が多いのがマネジャーなのです。

さらに、マネジャーはクライアントとの折衝をすべてこなしたうえで、プロジェクトが「黒字」になるように予算管理までしなければなりません。多くのコンサルティングファームでは、一定額以上の粗利を達成することがマネジャーの評価基準となっています。

マネジャーはコンサルタント以上に仕事がハードで責任も重くなります。しかしその分、プロジェクトが成功したときの達成感も比べ物にならないほど大きいといえます。

◉ さまざまなことに気を遣うマネジャーの仕事 ◉

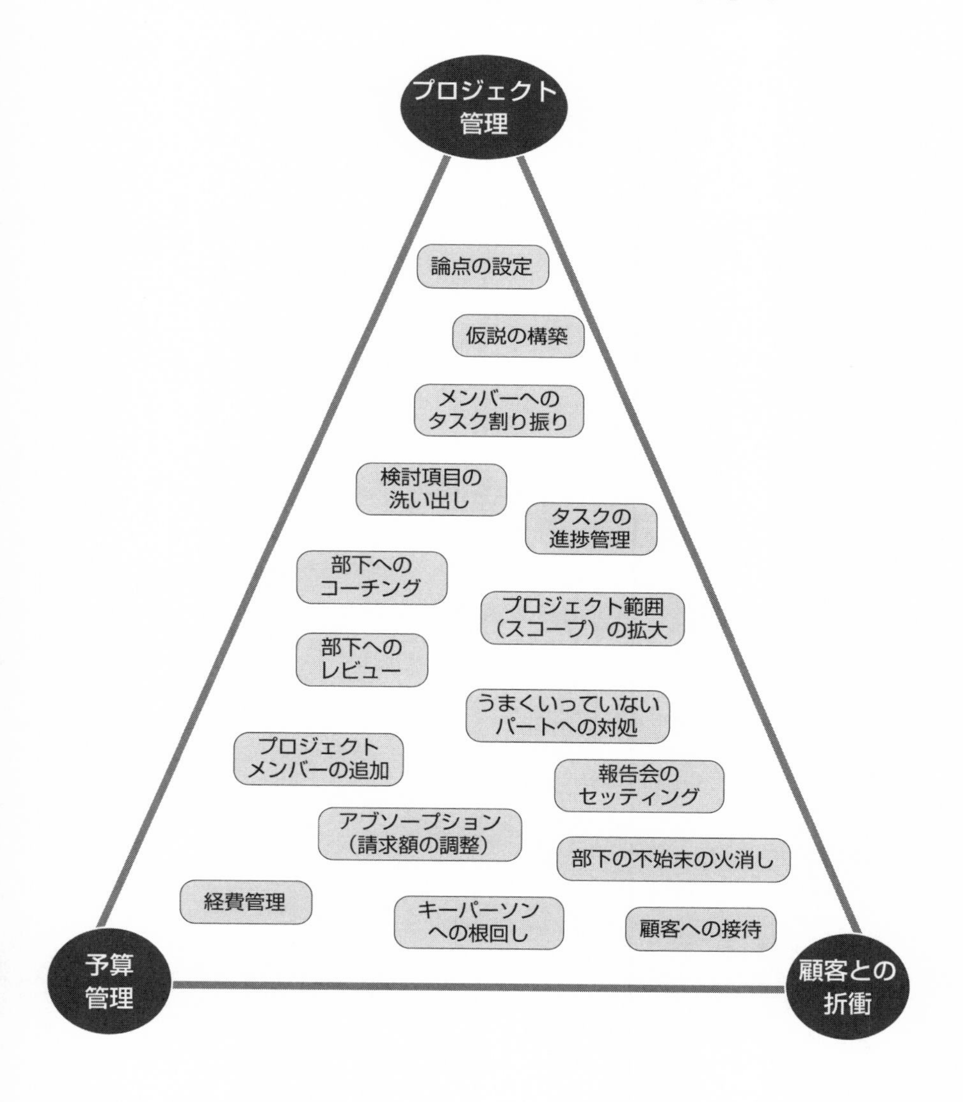

◉ マネジャークラスのスケジュール（提案フェーズ）の例 ◉

提　　案 → Kick off

	月曜日	火曜日
9:00		
10:00	【プロジェクト管理】 先週報告会が終わったプロジェクトの残務を処理する。	【プロジェクト管理】 本格的に提案に入る前に、必要な人材の確保を試みる。何人か候補を選び、声をかける。
11:00		
12:00	【その他】 若手から仕事に関する相談を受ける。	
13:00		昼食
14:00	【社外インタビュー】 提案書作成に関わっているクライアント先にヒアリングに行き、提案内容を固める。	【社内ミーティング】 アサインしたいコンサルタントと面談。プロジェクトのすごさとキャリアへのプラス面を全力でアピールする。
15:00		
16:00	【アナリスト指示】 提案書作成のため、アナリストに簡単な外部環境・内部環境の分析を依頼。	
17:00		
18:00	【評価活動】 前プロジェクトの部下へのパフォーマンスレビューを行なう。激しいバトルを繰り広げつつ、双方が納得する。	【採用活動】 重要業務の1つの中途採用面接を行なう。なかなかいい感じだったので、上にあげることにする。
19:00		
20:00	【会食】 クライアントと飲みに行く。意外とこういう場で関係ができてくる。	
21:00		【その他】 昼に面談したコンサルタントと飲みに行く。デキルと評判なので、ぜひとりたい。ここで一気に口説きにかかる。
22:00		
23:00		
0:00		
1:00		

仮説検証 → 最終報告

コンサルタントの仕事　　アナリストの仕事

水曜日	木曜日	金曜日
【プロジェクト管理】 昨日のコンサルタントがプロジェクトに参加してくれることになり、ガッツポーズ。早速ミーティングをセット。	【アナリスト指示】 アナリストやコンサルタントから上がってきた成果物をレビューする。	【社内ミーティング】 提案内容をパートナーと最終確認。確認終了後、印刷に出す。
昼食	【その他】 午後からの社内研修の準備を行なう。	昼食
【私用】 今夜某社で行なう講座の準備をする。	【ワークショップ】 社内研修の講師をする。若手から鋭いつっこみが入り、準備が甘かったと反省。	印刷した資料を受け取り、移動。
【社内ミーティング】 ミーティング。アナリストの分析結果やヒアリング結果を基に、提案内容をいくつか考え、担当を割り振る。	【社内ミーティング】 再び提案書会議。概ねまとまったので、細かい点の修正のみ依頼。	【社外プレゼン】 クライアント企業で提案プレゼン。質疑応答に少しヒヤヒヤしつつ、無事終了。提案が通りそうだ。
【社内ミーティング】 ミーティング後、コンサルタント・アナリスト1人ひとりと提案書のイメージについてディスカッション。	【社外インタビュー】 クライアントにヒアリング。あらかじめ役員と話をし、大きなギャップがないかを事前に確認。	【社外ミーティング】 クライアントの担当とディスカッション。この後役員決裁をとる必要があるので、無事決裁をとるための戦略をともに考える。
【私用】 退社。G社にてクリティカルシンキング講座の講師をする。講師の側にも気づくことがけっこうある。	【提案書作成】 オフィスに戻り、提案書をまとめる。全体のストーリーを再チェックし､明日に備える。	【会食】 ディスカッション後、クライアントと飲みに行く。いい感じに関係ができてきた。

■社内コミュニケーション　■個人作業　■外部コミュニケーション

パートナーの大きな仕事は営業とコンサルティングファーム経営

パートナーだけがコンサルティングの真の魅力を味わえる

◇パートナーはあらゆる手段を用いてクライアントに営業をかける

パートナーはその名前のとおり、コンサルティングファームの「共同経営者」となります。そのため、コンサルティングファーム全体にかかわる仕事の比重も必然的に大きくなります。

パートナーの仕事内容は２種類に大別できます。１つ目は顧客開拓とプロジェクトの受注、つまり営業です。役員に対象を絞ったセミナーの開催や各種書籍の出版、個人的な人脈などを通してクライアントにアプローチし、提案書を作成してプロジェクトを受注します。各パートナーには売上目標が課せられており、個人の報酬も売上成果に連動することが多いです。

◇ファームの経営戦略から総務までのすべてがパートナーの仕事

プロジェクト受注に次ぐもう１つの大きな仕事は、コンサルティングファームそのものの経営です。「長期的にどの分野に注力してどのような成長戦略を描くか？　他国のオフィスとどのようにやりとりをしていくか？　人材をどうやって育成するか？」など、その内容は多岐にわたります。または、オフィスアドミニストレーション（総務）に目を配らせることもパートナーの仕事となります。

パートナーになれるのはほんの一握りであり、外資系の場合には昇進の基準もグローバルで統一されていることがほとんどです。狭き門ではありますが、有名企業の経営者と議論を交わしながら次の一手を導き、プロジェクトへとつなげていく魅力は何物にも代えられません。

パートナー経験者はみんな「パートナーにならないとコンサルティングの真の魅力はわからない」と述べています。

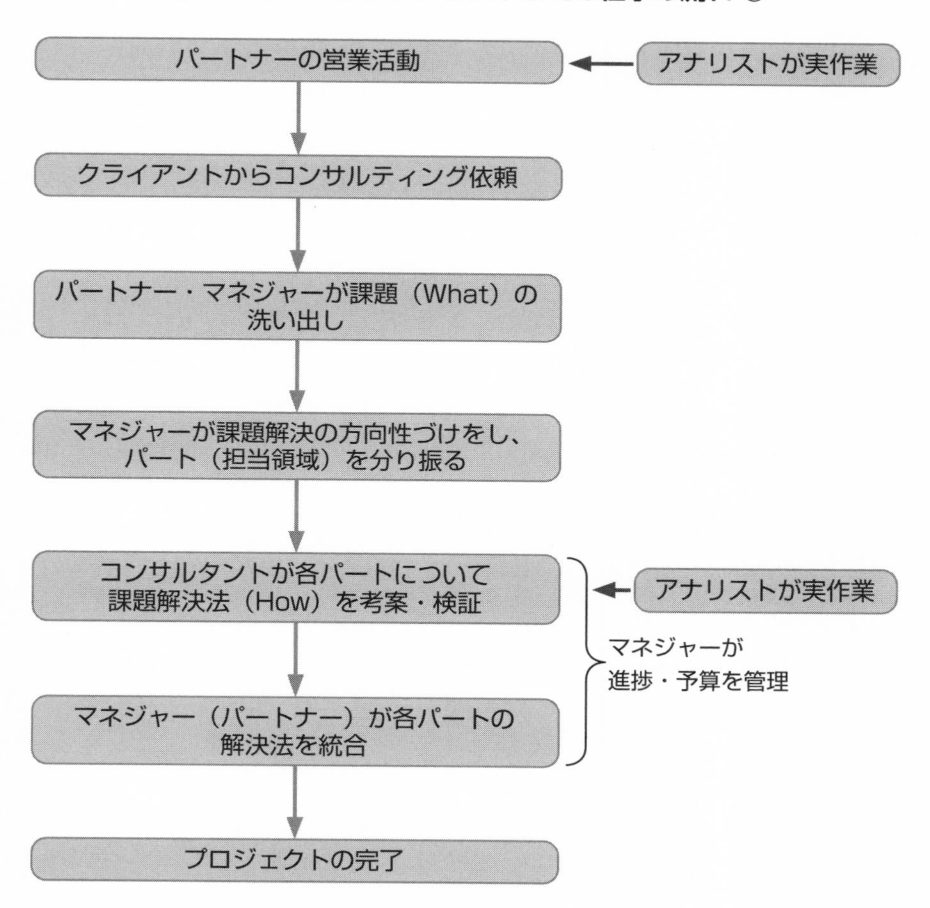
◉ パートナーからアナリストまでの仕事の流れ ◉
パートナーの営業活動
アナリストが実作業
クライアントからコンサルティング依頼
パートナー・マネジャーが課題（What）の
洗い出し
マネジャーが課題解決の方向性づけをし、
パート（担当領域）を分り振る
コンサルタントが各パートについて
課題解決法（How）を考案・検証
アナリストが実作業
マネジャーが
進捗・予算を管理
マネジャー（パートナー）が各パートの
解決法を統合
プロジェクトの完了

◉ パートナークラスのスケジュールの例 ◉

	月曜日	火曜日
9:00	出社	
10:00	【社内ミーティング】社内の経営会議に出席。売上目標について互いにつめる。	出社
11:00		【PR】雑誌のインタビューを受ける。
12:00	パートナー同士で情報交換しつつランチ。	
13:00	移動	昼食
14:00	【外部コミュニケーション】ある業界のカンファレンスに出席。ファシリテーターを務める。	【社内ミーティング】プロジェクトの提案書の内容について、マネジャーとつめる。
15:00		
16:00		
17:00		
18:00	移動	移動
19:00	【会食】クライアントと会食。	【会食】クライアントと会食。
20:00		
21:00		
22:00		
23:00		
0:00		
1:00		
2:00		

水曜日	木曜日	金曜日
【社外ミーティング】 クライアント企業に直接出社。部下の火消しを行なう。	【提案書作成】 昨日のクライアントへの提案をさっそく考える。	【その他】 出張の手はずを秘書と確認。
【社内ミーティング】 無事火消しが終わり、部下のマネジャーとディスカッションしつつランチをとる。	【会食】 クライアントとビジネスランチ。	【空き時間】 思ったより確認が早く終わったので、秘書と歓談。一緒に出張するパートナーとランチ。
【採用活動】 採用面接。いい人材だったので、ぜひ獲得したいところ。	【評価活動】 プロモーション（昇進）会議。誰を上げるべきか熱く討論。	【移動】 空港に移動。ナレッジ共有目的のアジア・パシフィック会議に向かう。
移動	移動	
【会食】 クライアントと会食。今回はプロジェクトにつながりそうな予感。	【採用活動】 先週オファーを出した中途採用候補者と会食。ぜひ獲得したい人材なので、質問には丁寧に答えながら、口説きにかかる。	

社内コミュニケーション　個人作業　外部コミュニケーション

ワークスタイルとダイバーシティ

クライアントに提供する付加価値を最大化するためのさまざまな仕組み

◇コンサルタントの働く時間と場所の自由度は高い

コンサルティングファームの組織形態や職位毎の役割、各職位でのスキルアップの育成方法などの仕組みは、すべてクライアントに提供する付加価値を最大化するため常にコンサルティングファーム内で研究され、日々アップデートされています。そのため、ワークスタイルも一般企業とは大きく異なるところが多いです。

一番大きな違いは、働く時間と場所の自由度が極めて高いことです。仕事はプロジェクトベースで進みますので、プロジェクトチーム内やクライアントとの定例ミーティング、成果物のレビュー、クライアントへのインタビュー、現地調査などを行なう際は場所も時間も指定されます。ですが、それ以外の自身の作業は、極端な話、期限内に仕上げることができればいつどこでやっても問題ありません。そのため、コンサルティングファームはＩＣＴ（情報通信技術）を早い段階から積極的に取り入れ、リモートワークの導入や働き方に依存しない評価制度、育成方法などができ上がっています。

また、コンサルタント各々が能力を発揮できるワークスタイルやライフスタイルは異なります。あるコンサルタントは自身の作業を行なう際は１人で籠りたい、誰かとディスカッションすることでひらめきが出るので定期的にその機会が欲しい、家庭があるので夕食の時間帯は仕事を避けたいなど、このような各自の要望をプロジェクトの初めに話し合い、チームとしてのルールやワークスタイルを予め決めたりもします。個人の意見を尊重し、各コンサルタントのモチベーション向上、能力を最大限発揮できる環境を整えるインクルージョンを重視しています。

このような環境を整えることは、プロフェッショナルの集団であるコンサルティングファームとはいえ一朝一夕で実現できるわけではありません。コンサルタント個々人のスキルアップはもちろんですが、働き方の自由度が増すことでプロジェクトマネジャーの役割は以前よりも重要になります。タスクを明確にし、各コンサルタントのスキルに応じてタスクを割り振ったうえで、適切な進捗管理を行なわなければなりません。そのため、コンサルティングファームはプロジェクトマネジャーの育成にも力を入れています。育成というとアナリストやコンサルタントなどの若手に目がいきがちですが（も

◉ 各ファームの取り組み ◉

早いファームでは1990年代から、多くのファームが2000年代半ばからダイバーシティ&インクルージョンを掲げている

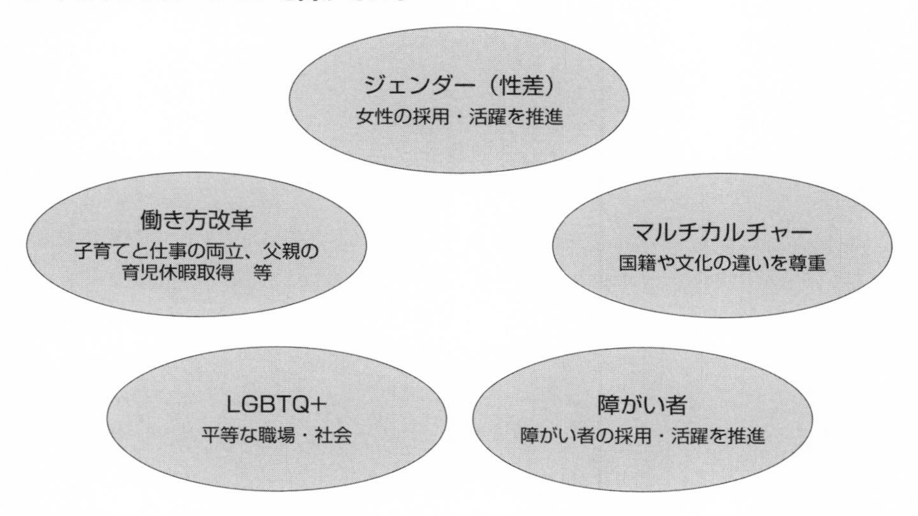

ちろんマネジャーに育て上げるためにこちらも重要です）、マネジャーの育成はそのままプロジェクトの品質や成否に大きく影響します。

このように、コンサルティングファームはかねてよりコンサルタント個々人が能力を最大限発揮できる環境を整えるために、新しい仕組みを導入したり育成方法を研究したりしてきました。その結果として、ＩＣＴの進歩や時代の変化にも柔軟に対応した新しいワークスタイルになっています。

◇提供する付加価値を最大化するためのダイバーシティ

近年では既存技術の進歩や新しい技術の出現により、経営環境は加速度的に変化しています。また、コンサルティングファームへの依頼内容も過去に比べてかなり幅広くなっています。極端な話、以前はクライアントの業界や業務に関する知見があまりなくても、経営課題解決のスキルやノウハウだけでクライアントの期待に応えられていたのが、業界や業務に関する“幅広く深い”専門性や知見が求められるようになってきています。

ですが、コンサルティングファームはもともと、ダイバーシティ（多様性）を重視しており、幅広い業界経験者や技術・業務の知見がある人を採用しています（海外においては国籍や宗教などの多様性も重視しています）。同じ観点で、女性の採用・登用についてもほとんどのファームが2000年代から本

格的に力を入れており、年々女性の割合は高まっています。コンサルティングファームは常に最先端の経営手法を取り入れ、時代の変化にいち早く順応することで、クライアントの経営環境の目まぐるしい変化に対応し、クライアントに提供する付加価値を最大化できるようにしています。

◇コンサルタントのワークライフバランス

「コンサルタントは極めて激務で、午前３時や４時頃に帰宅してシャワーを浴び、仮眠してから７時や８時頃には出社する」と未だに思っていらっしゃる方にたまにお会いしますが、これはもはや過去のことです。1980年代や90年代のコンサルタントの働き方は、確かにこのような傾向がありましたが、2000年代に入ってからは大きく変わってきました。この一番の理由は、コンサルティング業界が拡大したことです。コンサルティング業界が拡大するためには、それだけ多くのコンサルタントを採用し、育成していかないといけません。そのためには、多くの優秀な方々が安心して働ける環境を整備することが重要になり、その結果として働き方を改善する必要がありました。また、当然ですが時代の変化に対応する必要もありました。このような背景から、2000年代には積極的にワークライフバランスの改善に取り組んでいました。

もちろん、クライアントの今後を左右するような重要プロジェクトも多いため、プロジェクトによっては終始忙しかったり、中間報告や最終報告前に一時的に忙しくなったりすることはありますが、忙しいプロジェクトを終えたコンサルタントには、一定期間の休みを取得させたり、次はそこまで忙しくないプロジェクトにアサインしたりします。また、とくに若手コンサルタントの勤務時間は正確に管理し、週当たりの残業時間が基準を超えた場合はマネジャー以上にアラートが出て残業を減らすように促すなど、企業として労務管理を徹底しているところは一般的な事業会社と同じです。さらに、育児休暇取得も積極的に取り組んでいます。女性コンサルタントの育児休暇取得は当たり前ですが、男性コンサルタントの育児休暇取得を推奨し、実際に取得率が高いファームも多いです。このような仕組みと先述したワークスタイルにより、コンサルタントがワークライフバランスを取りながら、プロフェッショナルとしての能力を最大限発揮できるようにしています。

第2章
各コンサルティングファーム・領域の解説

2 1

垣根がなくなりつつあるコンサルティング領域

各コンサルティングファームは領域を広げ、分類しにくくなっている

◇各コンサルティングファームはコンサルティング領域を拡大している

近年では、各コンサルティングファームは提供するコンサルティング領域を急速に広げています。かつては、コンサルティングファームは各社の強みに対応しておおむね住み分けられていましたが、相互に進出し合い、現状では各コンサルティングファームを厳密に分類することにはあまり意味がありません。

そうはいっても、業界を俯瞰(ふかん)できたほうがコンサルティングの仕事を理解しやすくなりますので、あえて右図のようにコンサルティングファームを分類しました。

図の縦軸は「コンサルティングプロジェクトテーマ」、横軸は「クライアント企業の規模」です。

◇大きく７つに分類されるコンサルティングファーム

大手企業の代表者や経営幹部がクライアントであり、全社戦略・事業戦略を中心に、その他のコンサルティングの一部までを含めたサービスを提供しているのが「戦略系コンサルティングファーム」です。

一方、戦略から財務、組織人事、ＩＴ戦略・システム導入までのフルラインのサービスを提供し、数百人のコンサルタントを動員して大規模なプロジェクトを行なうことも可能なのが「総合系コンサルティングファーム（旧会計事務所系コンサルティングファーム）」です。

「シンクタンク系コンサルティングファーム」は親会社（金融機関など）の取引先を中心に、全社・事業戦略、業務・ＩＴコンサルティングを行なっています。コンサルティングファームによっては、組織人事コンサルティング部門を抱えているところもあります。

「業務・ＩＴ系コンサルティングファーム」は高い技術力を武器とし、ＩＴコンサルティング・業務コンサルティングプロジェクトにおいてビジネスを拡大しています。事業領域の拡大にともない、ＩＴ戦略・事業戦略コンサルティグを担当する部門を設立するコンサルティングファームもあります。

また、特定のコンサルティングテーマに特化したコンサルティングファームとして、「組織人事系コンサルティングファーム」「フィナンシャルアドバ

◉ 各ファームのビジネスドメイン（領域）◉

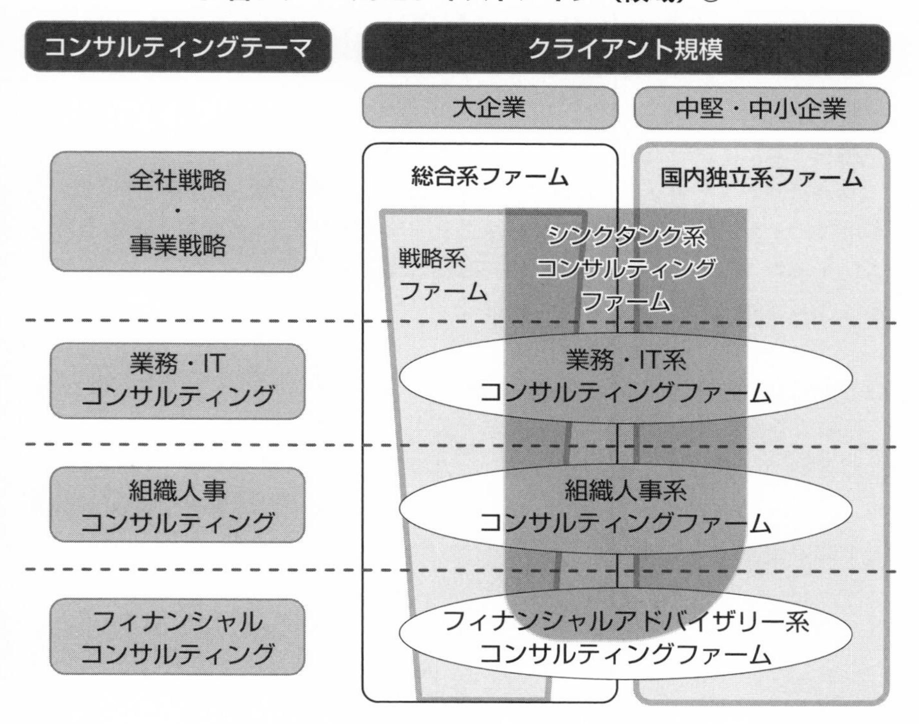

イザリー系コンサルティングファーム」が、コンサルティング業界の拡大とともに以前より存在感を増しています。

◇外資だけではなく、国内独自のコンサルティングファームも

中堅・中小企業を含めた経営者から部門長クラス向けに幅広いコンサルティングを提供する、日本独自のコンサルティングファームもあります。古くから日本で独自に発祥・進化を遂げており、幅広いコンサルティングを提供します。

日本能率協会などの「社団・財団法人系コンサルティングファーム」、船井総研などの「独立系コンサルティングファーム」に細かく分類できますが、本書では総称して「国内独立系コンサルティングファーム」と呼びます。

2 コンサルティングテーマ(領域)を俯瞰する

全社戦略から個別のテーマまで多岐にわたる

◇具体的なコンサルティングテーマを知る

前項ではいくつかの「コンサルティングテーマ（領域)」を取り上げました。本項ではそれぞれのコンサルティングテーマにおいて、具体的にどのようなプロジェクトが行なわれているかを概説します（代表的なプロジェクトの詳細は３～４章で紹介します)。

◇企業の方向性を左右する全社戦略

全社（企業）戦略は、「会社全体として、どのような企業をめざすべきか（中長期戦略)」「数百ある事業のうち、どの事業に資源を集中してどの事業から撤退すべきか（選択と集中)」といった、まさに大企業の経営者が多くの時間と労力を割いている問題に対してコンサルティングすることです。

「経営コンサルティング」という言葉にもっとも近いのが、全社戦略というコンサルティングテーマだと思います。

こうした全社戦略というテーマは、「規制緩和や大きな変化の潮流を前に、今後の企業経営をどうしていけばいいか？」といった、変化に対応しなければならないタイミングでニーズが発生する確率が高いです。

企業がコンサルタントを使って全社のことを考えるのには、理由があります。変化を前にしたときやリスクが顕在化したときなど、これまでのオペレーション（事業）の延長で対応できない場合が多いからです。

なぜならば、企業の命運を左右するような大きな変化は数十年に一度という場合もあり、前回の変化を経験した人材が存在しなかったり、いても当時は一般社員だったりして、企業内にノウハウが残っていない場合が多いのです。一方、コンサルタントはさまざまな企業で同様の局面での全社戦略立案を数多く経験しているので、スムーズに対応できるのです。

全社戦略は企業の方向性を左右する大きなテーマで、既述したように頻繁に発生するプロジェクトではありません。また、全社戦略は日本を代表する有名大企業だけではなく、業界の３番手、４番手の企業からの依頼も多くなります。

おもな全社戦略としては、「事業ポートフォリオ再構築」「長期ビジョン策定」といったプロジェクトが挙げられます。

◇企業の一部門の戦略を策定する事業戦略

事業戦略は「○○部門の業績を回復するにはどうしたらいいか？」「新商品のマーケティング戦略を考えてほしい」「新規分野に事業参入するにはどうすればいいか？」といった、企業の一部門の戦略を策定することです。

一部門といっても、大企業であれば売上高ベースで数千億円ということはざらで、非常にスケールの大きな話です。また、単一事業のみを営む会社であれば、「事業戦略 ＝ 全社戦略」となります。

おもな事業戦略として、「マーケティング戦略」「新規事業戦略」といったプロジェクトが挙げられます。

◇とくに重要度を増している業務・ＩＴコンサルティング

業務・ＩＴコンサルティングは「製品の供給プロセスを効率（ＩＴ）化して運転資本を20％削減」「製品開発のプロセスを見直して開発期間を60％に短縮」「Webを活用することで顧客企業へのプロモーション方法・価格設定を再構築する」といった、より現場に近いオペレーションの改革を支援することです。

現在では企業活動にＩＴは欠かせないので、業務プロセスを再構築するだけではなく、システムの設計・構築をともなったプロジェクトもたくさんあります。

システムの設計・構築がメインとなるプロジェクトもありますが、その場合でも「そもそもＩＴを導入してどのような課題を解決すべきなのか？」「課題解決のためにはどのような機能が必要なのか？」といった、業務・システム要件を定義するステップが必要です。要件定義の後に、初めてシステム構築のコンサルティングに入ります。企業によってはＩＴ戦略が全社戦略の１テーマとなる場合も増えています。

また、ＣＩＯ（最高情報責任者）が戦略的にシステム投資を実行するために、コンサルティングファームがアドバイザーとして、ＩＴ資産・投資の評価、情報セキュリティ体制についてのコンサルティングを手がけることもあります。

おもな業務・ＩＴコンサルティングとして、ＣＲＭ（カスタマーリレーションシップマネジメント）、ＳＣＭ（サプライチェーンマネジメント）、ＩＴマネジメント戦略、ＰＭＯ（プロジェクトマネジメントオフィス）、システムインテグレーションなどのプロジェクトが挙げられます。

◇人と組織を扱う組織人事コンサルティング

組織人事コンサルティングは、企業経営においてもっとも重要な資源といわれる「人材」、戦略や業務の企画と実行を担う主体となる「人と組織」を扱うコンサルティングです。

いくらすばらしい戦略と最高のシステムがあっても、それを使う「人」と「組織」がうまく機能しなければ、ビジネスで成果を出すことはできません。

おもな組織人事コンサルティングとして、組織・制度にアプローチするタイプのコンサルティング、業務改善を通して社員の意識変革を図るチェンジマネジメント系のコンサルティングがあります。

また、報酬制度の設計から派生した「退職金・年金制度のコンサルティング」「資産運用コンサルティング」を手がけているコンサルティングファームもあります。

具体的な組織人事コンサルティングとして、Attraction & Retention（優秀な人材の引きつけとつなぎ止め）、組織開発、リーダーシップ開発といったプロジェクトが挙げられます。

◇フィナンシャルアドバイザリー系コンサルティング

フィナンシャルアドバイザリー系コンサルティングは、財務･金融に関する専門性をベースとしたコンサルティングを行ないます。高度な専門性が求められる分野であるため、会計事務所のグループに所属するコンサルティングファームが代表的なプレーヤーです。

また、銀行・証券などの金融グループが、子会社としてＭ＆Ａのアドバイザリーを行なうコンサルティングファームを抱えていることもあります。具体的には、Ｍ＆Ａに関連するＭ＆Ａアドバイザリーや財務デューデリジェンス、バリュエーション（企業価値評価）を中心に、事業再生、不動産関連アドバイザリー、リスクマネジメントサービスなどを手がけています。投資銀行、証券会社、ＰＥ（プライベート・エクイティ：未公開株式に対して資金提供し、収益力を高めたうえで回収すること）ファームなどと協同でプロジェクトにかかわることもよくあります。

なお、ここで紹介したもの以外にもコンサルティング業界では数多くのプロジェクトがあり、近年ではさらに細分化されています。また、同時に新たなコンサルティング手法が日々開発されています。最新の動向をつかみたい方は、ムービン・ストラテジック・キャリアの情報を参考にしてください。

◉ 各コンサルティングテーマのプロジェクト例 ◉

・全社戦略コンサルティング

プロジェクト例
・長期ビジョン作成
・中長期経営戦略
・バリューマネジメント
・ケイパビリティ戦略
・グローバル戦略
・グループマネジメント
・事業ポートフォリオマネジメント
・CI（Corporate Identity)

・事業戦略コンサルティング

プロジェクト例
・マーケティング戦略
・営業戦略
・生産戦略
・R&D戦略
・多角化戦略
・新規事業戦略
・商品開発戦略
・Eコマース戦略
・ブランド戦略
・新規市場参入戦略

・業務・ITコンサルティング

プロジェクト例
・CRM (Customer Relationship Management)
・SCM （Supply Chain Management)
・ISO導入支援
・アウトソーシング導入支援
・PLM (Product Lifecycle Management)
・フィナンシャルパフォーマンスマネジメント
・IT戦略立案
・PMO (Project Management Office)
・システムインテグレーション
・ナレッジマネジメント
・システム開発支援

（次ページに続く）

• 組織人事コンサルティング

プロジェクト例
・人事制度コンサルティング
・退職金＆企業年金コンサルティング
・チェンジマネジメント
・グローバル人事
・モチベーションマネジメント
・リーダーシップ開発
・組織開発
・SHRM（戦略的人材マネジメント）

• フィナンシャルコンサルティング

プロジェクト例
・経理＆財務業務効率化
・上場支援
・リスクマネジメント
・財務戦略
・デューデリジェンス
・税金コンサルティング
・IR支援
・移転価格リスク分析

• 複合型コンサルティング

プロジェクト例
・M&A
・事業再生

2 3

大企業メインの戦略系コンサルティングファーム

戦略だけにとどまらず、業務・ＩＴコンサルティングにも進出している

◇グローバルに展開する戦略系コンサルティングファーム

多くの戦略系コンサルティングファームは、米国や欧州を本拠地にワールドワイドな展開をしています。日本ではコンサルティングフィーが高額なこともあり、基本的に大企業をクライアントとしており、規模の小さなベンチャー企業を支援することはあまりありません。

ただし近年では、上場後で資金に恵まれている「元ベンチャー企業」がさらなる成功をめざすためにコンサルティングを依頼する事例もしばしば見られるようになりました。

戦略系コンサルティングファームの日本オフィスは、ローカライゼーション（国や地域への適合）が進んでいく進出期・成長期を終え、グローバル化が進む成熟期へと入っています。

日本オフィス設立直後の進出期では、グローバルに展開するクライアントの日本進出に関するコンサルティングなどがおもなプロジェクトであり、外国籍のコンサルタント主体で運営されていました。しかし、成長期に入ると国内クライアントの開拓や現地での採用が進みます。日系企業や外資系企業の日本法人をクライアントとしたコンサルティングがプロジェクトの大半となり、日本人のコンサルタントによって運営されるようになります。

◉ ローカライゼーションからグローバル化への流れ ◉

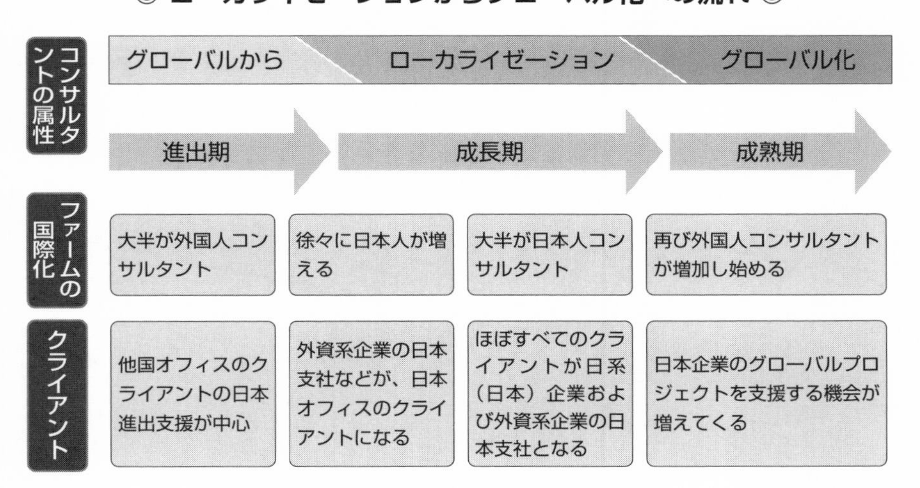

また、近年は外資戦略系コンサルティングファーム出身のコンサルタントたちの手による、日本発の戦略コンサルティングファームが複数生まれています。

◇グローバル展開支援、業務・ＩＴ・デジタル戦略のフルサポートが旬のテーマ

成熟期への過程において、日本ではコンサルティングそのものが浸透し、企業で日常的に利用される土壌ができ、日本のコンサルティング市場の活況が各コンサルティングファームの日本オフィスの地位向上につながりました。そのため、日本オフィスから世界に向けた発言力が増大したのです。

そして、日本企業のグローバル展開プロジェクトなどについては、海外オフィスを巻き込んで日本オフィスが主導権を握るケースが増えているようです。最近では、日本オフィスと日本オフィスのスタッフが中心に韓国・中国など、ほかのアジア諸国への進出を主導する例も出てきています。

◇コンサルティングファームの成長の流れ

通常、外資系コンサルティングファームにおけるグローバル化の段階は下図のような４つの段階があります。日本進出当初は他国のオフィスと連携があるといっても、多くはレベル１、レベル２の段階でした。

近年では、トップクラスのコンサルティングファームの多くが、レベル３やレベル４の段階へ移行しています（全コンサルティングファームがこの流れを強く意識しているわけではないので、差はあります）。

戦略系コンサルティングファームの旬なテーマとして、業務・ＩＴやデジタル領域への進出が挙げられます。以前から業務・ＩＴ領域への進出は見られましたが、あくまで業務戦略・ＩＴ戦略など上流フェーズの支援でした。しかし、近年ではデータサイエンティストやソフトウェアエンジニア、UXデザイナーなどを社内に抱え、上流だけでなくプロトタイプを開発するとこ

◉ 企業のグローバル化のレベル ◉

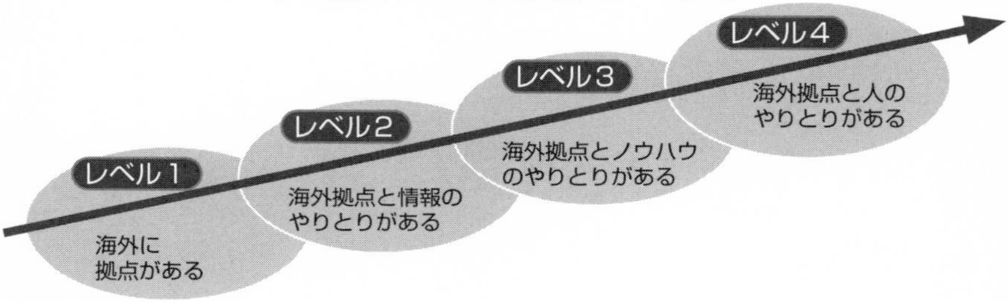

ろまで一気通貫で支援するファームも存在しています。

◇時代によって変わるプロジェクト動向

戦略系コンサルティングファームのプロジェクトは、時代によって大きく変わります。なぜならば、時代の流れによって市場に大きな変化が生じており、時代の変化に企業が対応しなければならない業界・企業がコンサルティングを依頼する傾向が強いからです。

たとえば、90年代後半では金融ビッグバンを迎えた金融機関、その後のＩＴバブルではＩＴ関連企業、最近は企業再生ブームに乗ったＰＥファンドなど、それぞれの時代で主要なクライアントも変わります。

なお、外資系企業全般や製薬業界の企業は、時代にかかわらず戦略系コンサルティングファームにコンサルティングを依頼しています。

また、日本でもＭ＆Ａが活発化してきたことにより、Ｍ＆Ａ絡みのプロジェクトも増えています。Ｍ＆Ａの戦略構築やビジネスデューデリジェンス（Ｍ＆Ａや事業再編などをする際、適切な投資なのかを判断するための詳細な調査）、ＰＭＩ（ポストマージャーインテグレーション：当初計画したＭ＆Ａによるシナジーを獲得するために、実質的な組織統合マネジメントを推進していくプロセス）などをＰＥファンドや事業会社をクライアントとして行なっています。

戦略立案にとどまらず、より具体的な成果の創出へのニーズが高まってきたことを受け「実行支援」系のプロジェクトも増えてきています。実行支援といっても以前は数か月のプロジェクトが多かったのですが、近年では「実行支援」専門の部隊を抱え、２～３年かけて実行フェーズを支援するプロジェクトも存在するようです。

2-4 フルラインサービスを提供する総合系コンサルティングファーム

幅広いサービスを提供することで戦略立案から運用までをサポート

◇会計だけにとどまらない、総合系コンサルティングファーム

総合系コンサルティングファームは、アクセンチュア（旧アンダーセンコンサルティング）や、PwC（旧ベリングポイント）など、かつて“ビッグ４（５）”と呼ばれた会計事務所を母体にしていました。そのため、従来は通称「会計（事務所）系コンサルティングファーム」と呼ばれていました。

しかし、現在では出身母体の会計事務所から独立したり、コンサルティングファーム以外の企業が買収したりといった事情で別法人となっています。そのため、本書では「会計系」の呼称は用いず、サービスラインナップが広いことから「総合系」と呼びます。

またベイカレントコンサルティングのように、会計事務所を母体としない総合系コンサルティングファームも誕生しています。

アクセンチュアやPwCといった、大手コンサルティングファームのテーマは経営戦略立案だけではなく、またシステムの構築・導入支援のみでもありません。クライアントの「全社・事業戦略立案 → ＩＴ戦略立案・システム化構想策定」といった、いわゆる“上流工程（フェーズ）”から、システムインテグレーション（ＰＭＯも含む）や業務・ＩＴアウトソーシングまでをトータルでコンサルティングできるフルラインサービスを提供しています。

戦略や組織人事、ファイナンスやＩＴなど、各種の専門家が協業してクライアント企業の変革を一貫してサポートできるという点が、クライアントにとっても、またコンサルタントにとっても大きな魅力となっているようです。

また、アウトソーシングビジネスなど、景気に比較的左右されにくく安定的な収益が見込めるビジネスが拡大してきたことから、コンサルティングファームのなかでもとくに経営が安定しているといえるでしょう。

なお、社内で期待できるキャリアパスもコンサルタント一本ではなく、ＩＴアーキテクト（システム設計のプロフェッショナル）や特定業務のスペシャリストなど、キャリアを選択できる幅が広くなってきています。

つまり、これまでの「コンサルティングファーム」から「事業会社（一般企業）」的な特質を身につけつつあるようです。日本だけで１万人を超える社員数のコンサルティングファームも出てきています。

◇デジタルや総合力を活かしたプロジェクトが活況

近年では、クライアント企業へのＤＸ（デジタルトランスフォーメーション：企業がビッグデータやデジタル技術を活用し、組織やビジネスモデルを変革すること）を支援するプロジェクトが活況です。単に、ＲＰＡ（ロボティクス・プロセス・オートメーション）やIoT（インターネット・オブ・シングス）技術の導入だけでなく、戦略立案からオペレーション設計、デジタル技術導入後の保守・運用やアウトソーシングサービスまで、総合系コンサルティングファームならではの総合力を活かした一気通貫したコンサルティングビジネスが拡大傾向にあります。

PwCがStrategy&（旧ブーズ・アンド・カンパニー）を、デロイトトーマツコンサルティングがモニターグループを買収するなど、総合コンサルティングファームが戦略コンサルティングファームを買収し戦略機能を強化することで、さらに総合力を高めるといった動きも見られます。

◉ 総合系はフルラインをサポート ◉

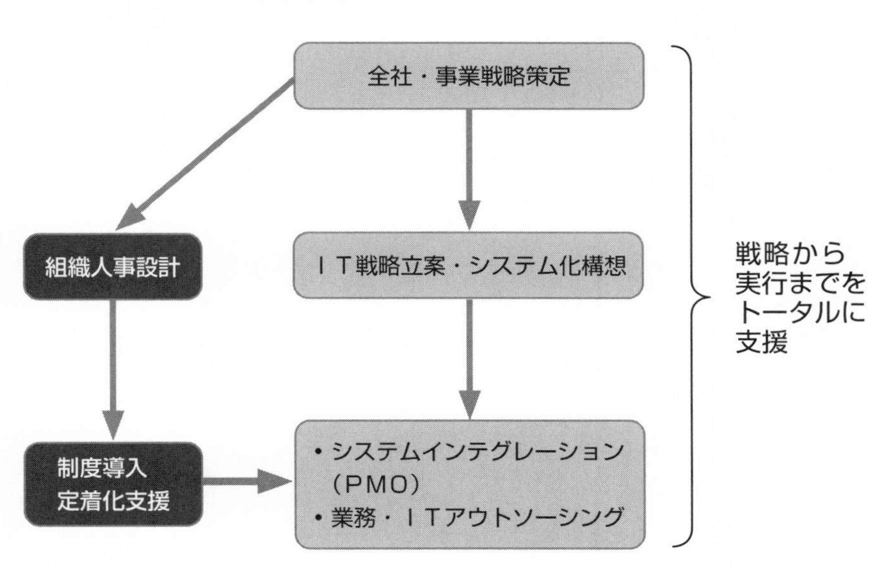

◉ 総合系コンサルティングファームの変遷 ◉

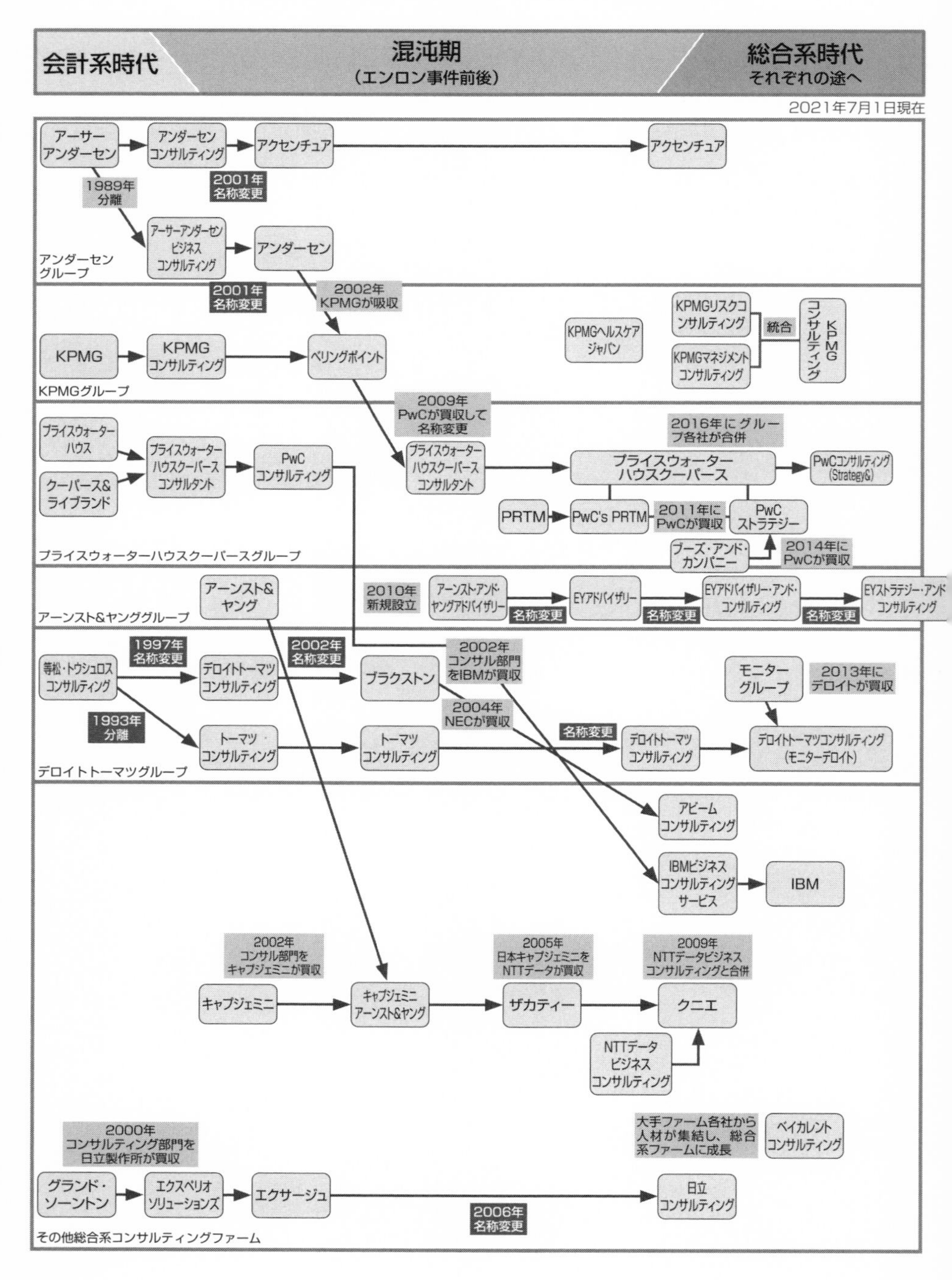

2-5 IT関連領域を扱う業務・IT系コンサルティングファーム

システム構築が最終目的のシステムインテグレーターとは違う

◇多種多様な特長がある業務・ＩＴ系コンサルティングファーム

業務・ＩＴ系コンサルティングファームの役割は、ＩＴ戦略立案、ＩＴ組織マネジメント、ＩＴシステム構築、M&A支援、DXなど多岐にわたり、総合系コンサルティングファームの業務・ＩＴコンサルティングの領域と競合します。

システム構築の領域におけるプレイヤーとしてはシステムインテグレーター（SIer）も存在しますが、業務・ＩＴ系コンサルティングファームは、業務設計、システム企画立案、ベンダー選定など上流フェーズを主に扱うのに対して、SIerはシステム設計・開発、システム運用・保守のフェーズを主に扱います。業務・ＩＴ系コンサルティングファームがシステム設計・開発のフェーズに参画することもありますが、PMOとして参画することが主です。ただし、業務・ＩＴ系コンサルティングファームとSIer両方の機能を併せ持つ企業も存在します。

◉ 業務・ＩＴ系コンサルティングファームの領域 ◉

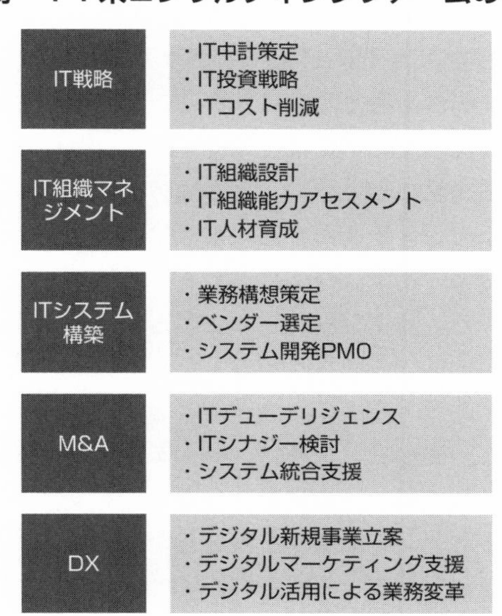

またSIerとの違いとして、システム構築・導入自体が目的となるのではな

く、クライアント企業の経営・業務上の課題解決のためのツールとしてのＩＴ活用を支援する点が挙げられます。そのため、場合によっては「ＩＴを活用しない」という意思決定を支援することもあります。

現在では、企業活動は高度に情報化されているため、ＩＴの要素を考慮することなく業務の変革を推進することはむずかしい状況です。

また、ＩＴを基点とした新たなビジネスモデルや業務プロセスの創造など、企業のビジネスのあり方を根幹から変えていくイノベーションにもＩＴは欠かせないものとなっています。

◉ ＩＴシステム構築における、業務・ＩＴ系コンサルティングファームとSIerの違い ◉

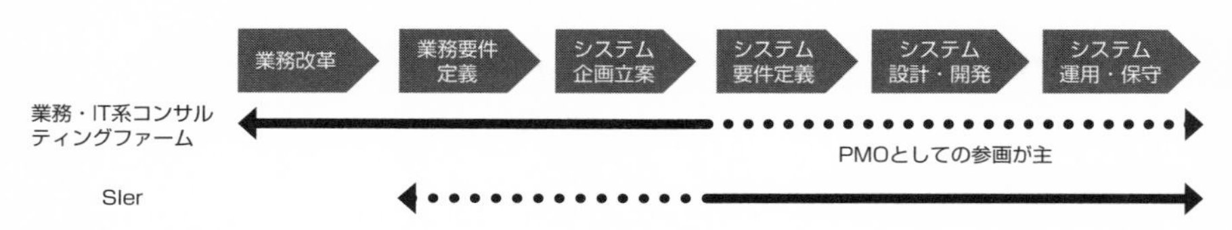

◇DX関連のプロジェクトが近年の大きなトレンド

全社的なシステム再構築支援や基幹業務再構築支援などのコンサルティングプロジェクトは引き続き好調ですが、近年はＤＸをテーマとしたプロジェクトが活況で、社内業務の効率化やコスト削減だけでなく、売上向上に直接寄与するプロジェクトも多く見られるようになりました。

たとえば、WebやＳＮＳを活用したデジタルマーケティング支援、そこから得られるデータ解析を通じたマーケティング戦略の立案、最先端技術を活用したデジタル新規事業立案支援などです。

デジタル新規事業立案においては、ビジネスモデルを策定するだけでなく、具体的にどのようなデジタル技術をどのように活用していくのか落とし込むところまでを支援しています。つまり、デジタル技術への落とし込みまでを見越して、ビジネスの企画立案段階から顧客と協働、そしてビジネスモデルの策定・オペレーションの構築をサポートしたうえで、必要なデジタル技術を導入支援するというコンサルティングが求められています。

ＤＸの登場により、業務・ＩＴ系コンサルティングファームの果たす役割は大きく広がりました。社内の業務変革・効率化を支援する分野においても、ＡＩ・ＲＰＡといったデジタル技術を活用したコンサルティングプロジェクトが活況です。ＤＸ以外には、「ＩＴ資産評価（デューデリジェンス）」「システム（ＩＴ組織・業務）統合支援」といった、Ｍ＆Ａに関連するプロジェクトなども大きなコンサルティングテーマです。

2-6 シンクタンク系コンサルティングファーム

リサーチ業務ではなく、コンサルティングが事業の柱となっている

◇ 4つの部門に大きく分けられる

シンクタンクと聞くと、「経済調査をしている」という印象を持たれる人が多いと思いますが、経済調査の売上構成比は高くありません。主要なシンクタンクの多くは次の4つの部門を持っています。

◉ シンクタンクの4部門 ◉

①経済調査
おもに親会社の依頼を受けて行なう、マクロ的な経済動向の調査
②官公庁向けのリサーチ
政策立案・政策決定のために必要なデータや根拠の調査、政策の波及効果の調査と算定など
③ＩＴコンサルティング
④マネジメントコンサルティング

上記の「③ＩＴコンサルティング」「④マネジメントコンサルティング」は民間企業を対象としており、この２分野に力を入れているシンクタンク系コンサルティングファームがたくさんあります。「シンクタンクは研究活動をしている」という印象を持つ人も多いと思いますが、大手のシンクタンクでは他コンサルティングファーム同様、クライアントからフィー（報酬）をとってコンサルティングを行なっており、研究活動を中心としているわけではありません。シンクタンク系コンサルティングファームのコンサルティング領域は、総合系の領域と同じく、戦略〜業務〜ＩＴと多岐にわたります。

ＩＴコンサルティング部門は、他SIer（システムインテグレーター）やＩＴベンダーなどと競合関係にあります。

マネジメントコンサルティング部門では、経営戦略立案、マーケティング、新規事業戦略、業務改善、組織人事など、幅広い分野にわたってコンサルティングを行なっています。そのため、それぞれの分野で、外資系の戦略系コンサルファームや外資系の組織人事系コンサルティングファームと競合関係です。

◇シンクタンクならではの特徴

マネジメントコンサルティングにおいては、上記のとおり、他のコンサルティングファームと競合することも多いのですが、シンクタンクならではの特徴が３つあります。

◉ シンクタンクにおけるマネジメントコンサルティングの特徴 ◉

①グループのバックアップが期待できる
所属している大手グループ企業のチャネルを使って営業をしかけたり、グループ内から案件が発生するなど、営業活動を組織的にバックアップしてもらうことができます。外資系のコンサルティングファームでは、パートナークラス（若くて30代半ばから）が自身の人脈と営業力を頼りに営業を進めますが、シンクタンク系コンサルティングファームでは若い人（30歳前後のプロジェクトマネジャークラス）でもグループのチャネルを活用することで、自分で関心を持っているテーマの案件を比較的容易に受注することが可能です。
②他部門との連携
調査・リサーチ部門との連携により、たとえば、AI、再生医療、ブロックチェーン、自動運転など最先端分野でも、最先端のナレッジを活かしたコンサルティングを提供することが可能です。そうしたナレッジを期待して、クライアントから声がかかってプロジェクトを受注するケースも多いようです。
③プロジェクトの遂行体制
戦略系コンサルティングファームや総合系コンサルティングファームの多くが、若手のうちはシングルアサインもしくはダブルアサインが一般的なのに対して、シンクタンクではマルチアサインが一般的です。会社によって異なりますが、1人で5プロジェクトに並行して参画することもあるようです。そのため、支援体制は“常駐型”ではなく“非常駐型”が基本です。

◇シンクタンクにおける採用の傾向と入社後のやりがい

シンクタンクは大学院卒を中心として新卒採用をしている会社が多いのですが、中途採用では大学卒でもまったく問題はありません。ただし、学歴だけではなく職歴も重視されますので、職歴と学歴の両方が基準をクリアしないと書類選考を通過することは難しく、書類選考については戦略系コンサルティングファーム以上に難関ともいえます。

一方、書類選考を通過する人材が少ないためかもしれませんが、面接の通過率は他のコンサルティングファームに比べて高いようです。

入社後は、若くして大規模プロジェクトの根幹にかかわれる可能性がある

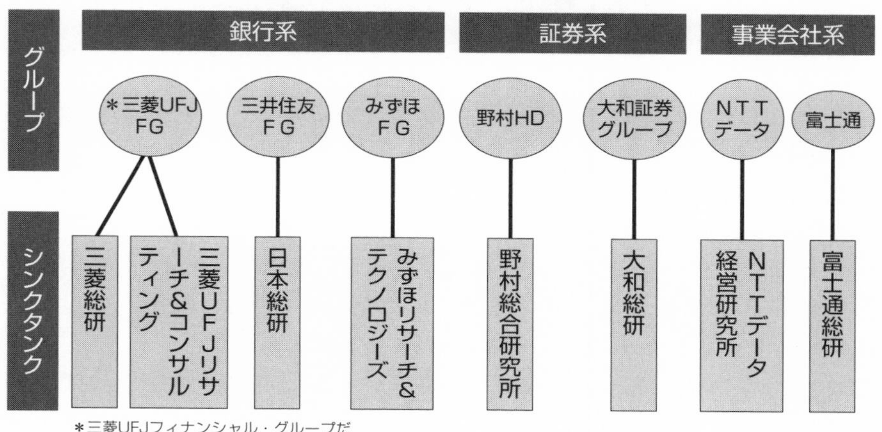

ことも大きな特徴です。比較的若いうちから営業活動に携われるので、実力さえともなえば「クライアントにどういうプロジェクトを提案すべきか」という、プロジェクトの大きな方向性を決める段階に若くからかかわることができます。

また、最近では親会社の取引先からの依頼も多く、親会社と連携して大手企業にプロジェクトを提案していくこともできます。とくにメガバンク系列の場合、親会社のＣＭに名前を併記させるなど、グループ全体としてコンサルティング機能を前面に押し出す動きがあるようです。

また、海外に関するプロジェクトも手がけていますが、通常は専門の海外部門が手がけていることが多く、海外部門以外では英語力が求められることは少ないという特徴があります。

2-7 組織人事&チェンジマネジメント系コンサルティングファーム

制度（ハード）から意識改革（ソフト）、HR Techまで幅広い領域を扱う

◇人と組織を変えるノウハウへの需要は近年増えている

組織人事コンサルティングは、企業の組織ビジョン・人事戦略の策定から人事制度構築・導入など、「人と組織を変えることで戦略を実現する」「企業を変える」ことを専門的に扱います。また、企業年金・退職金給付に関するコンサルティングも行なうコンサルティングファームもあります。

組織人事コンサルティング以外のいわゆる「チェンジマネジメント」系のプロジェクトを行なうコンサルティングファームも同じ分野となります。チェンジマネジメントとは、「戦略を立案しただけでは、そもそも社員が実行しない（できない）ので成果が出ない」といったクライアントニーズを受けて誕生した、社員の意識・行動変革までを含めて変革をしかけていくコンサルティングです。

企業再生や事業承継、M&Aの分野でも組織人事再編やチェンジマネジメントのニーズが高く、重要な分野です。そのため、戦略系やフィナンシャルアドバイザリー系コンサルティングファームでも、この分野のノウハウが取り入れられています。

近年では働き方改革が進み、それにともなった組織人事コンサルティングや、HR Techを活用したコンサルティングのニーズが増えています。

◇再注目される人事制度のコンサルティング

高度成長期には、終身雇用、年功序列、企業内労働組合など、世界的にも注目された日本型人事制度ですが、世の中が大きく変革するなかで、これらの仕組みが大きく見直される時期に入っています。そのようななか、欧米で一般的とされるジョブ型人事制度が注目を浴びており、日本従来の年功序列型の人事制度からジョブ型人事制度への転換にあたってのコンサルティングニーズが増えています。ジョブ型人事制度とは、職務等級制度（その社員が担当している職務の価値により等級を決定する仕組み）に基づいて設計された人事制度のことです。

時短・フレックス・テレワーク導入などの働き方改革が進み、年功や労働時間ではなく社員１人ひとりの成果の明確化がより求められるようになってきた時代背景もあいまって、今後もジョブ型人事制度移行のためのコンサル

ティングはニーズが加速していくと考えられます。

◇HR Tech活用によるタレントマネジメント機能の高度化

新たに注目されている分野として、HR Tech活用によるタレントマネジメント機能の高度化があります。ＡＩ、ビッグデータ、クラウドなど最新のデジタル技術を活用し、社内のあらゆる人事データを解析することで、社員の適材適所への配置、より適切な人材採用、育成、評価、リテンション（退職防止）などに活かす動きのことです。これまで属人的・感覚的に実施されることも多かった人事業務に、データ×テクノロジーというメスを入れることによって、公平・公正な人事業務の実現を可能とします。

労働人口の減少により人材獲得競争が激化するなか、適切な人事業務の実施は経営者の関心事の１つでありHR Techへの期待は高まっていますが、新しい分野のため何をすれば良いかがわからない企業も多く、コンサルティングファームへ依頼する事例が増加しています。

◇時代に即した働き方・ワークスタイルを実現する

上記の人事制度コンサルティングやHR Techともかかわりの深い分野が、

◉ 組織人事コンサルティングのテーマ ◉

人事制度設計・導入	組織設計・組織改革	人材開発・人材活用
・人事ビジョン・戦略の策定 ・トータル人事制度改革・再構築 ・人事諸制度改革・構築（資格・等級制度、コンピテンシー評価制度、目標管理・業績評価制度など） ・役員人事・報酬制度 ・企業年金・退職金制度 ・退職金制度改革 ・コーポレートガバナンス改革 ・制度定着支援 など	・組織構造・プロセスの再構築（フラット型、分社化、アウトソーシングなど） ・組織業績マネジメント ・チェンジマネジメント ・組織特性診断・従業員満足度調査 ・組織バリューマネジメント ・コミュニケーションマネジメント など	・リーダシップ開発 ・非正規社員活用 ・キャリアデベロップメントプラン ・アクションラーニングプログラム ・エグゼクティブ人材開発プログラム など

働き方・ワークスタイル変革のコンサルティングです。「長時間労働の是正」、「多様な働き方の実現」などが求められるなか、業務プロセス・組織構造の見直し、ＲＰＡなどテクノロジー活用による業務の効率化、タイム＆ロケーションフリーなどを通じて、時代に即した働き方・ワークスタイルを支援します。働き方・ワークスタイルを変革するためには、その働き方・ワークスタイルに即した人事制度の見直し・導入が求められるとともに、データドリブンによる適切な人材配置・評価が必要となりますので、働き方・ワークスタイル変革のコンサルティングは人事制度やHR Techのコンサルティングとも密にかかわっています。

◇ソフト面へのアプローチも大きくなっている

一昔前までは、ハード（制度設計）へのアプローチが主流でしたが、「組織活性化」「バリュー浸透（企業の経営理念や価値観への理解を促進する）」といった、意識改革・組織風土改革をめざすソフト面へのアプローチも多くなってきています。

また、企業活動のグローバル化の進展や合併統合など、人・組織のダイナミックな変革が求められるシーンが増えています。その結果、とくに海外の子会社や関連会社、その他海外拠点の人材をどう調達・育成してマネジメントしていくべきかという「グローバル人事マネジメント支援」、Ｍ＆Ａ後の組織統合（ＰＭＩ）支援に関する案件も増えています。

そしてチェンジマネジメントの分野では、ファンドの投資先に入り込んで経営改善を行なう例が増えてきています。

2 8

監査法人から分かれたフィナンシャルアドバイザリー系コンサルティングファーム

企業の統廃合が進むなかで存在感を増している

◇エンロン事件を契機に監査法人から独立

フィナンシャルアドバイザリー系コンサルティングファームは、もともとは旧４（５）大会計事務所の一部門として、監査業務以外の取引先への支援・アドバイザリー業務を行なっていました。

しかし、監査業務との利益相反を懸念されたことにより、別会社として分離されたのです。とくにエンロン事件（ＳＯＸ法の制定のきっかけとなった、歴史に残る米国の不正経理・不正取引事件）以降は、この流れが決定的になりました（ただし国内では、財務アドバイザリー業務を行なう子会社、関連会社を設けている大手金融機関があります）。

このように分社化がスムーズに進んだ背景として、監査法人に「１人のパートナーの下に複数の公認会計士が徒弟のようにグループを形成していた」という風土があることが挙げられます。

パートナーが動けばグループごと動くので、部門のパートナーが「新しいコンサルティングファームを設立する」と決めれば一挙に人が動き、人員の移動がスムーズに行なわれたのです。

◇Ｍ＆Ａの潮流に合わせて躍進した

フィナンシャルアドバイザリー系コンサルティングファームが設立されたのは2000年前後です。背景として、長引く不況で破綻（はたん）した企業をＰＥファンドが買収、邦銀の不良債権処理のための資産価値評価、ＩＴバブルによるＭ＆Ａ時代の幕開けが挙げられます。そのため、Ｍ＆Ａに関連する業務を中心としてサービスを提供しています。当初は投資銀行の依頼で財務デューデリジェンスやバリュエーションといった業務が多かったのですが、徐々にコンサルティング領域を拡大し、Ｍ＆Ａのストラクチャー（構造）を考えたり、財務リストラクチャリング（再構築）、事業再生の業務にも携わっています。

最近では財務面のコンサルティングにとどまらず、Ｍ＆Ａを切り口として戦略コンサルティングやＭ＆Ａ後の統合支援（ＰＭＩ）領域にもサービスの範囲を広げています。組織形態については、次ページの５部門に加えてファームごとに独自の部門があることが一般的です。

◉ 5つの組織形態 ◉

●Ｍ＆Ａアドバイザリー部門
Ｍ＆Ａ全体のストラクチャーを考え、交渉なども行なう
●コーポレートストラテジー部門
M&Aにおける戦略策定やM&A後の統合（PMI）を支援する
●トランザクション部門
財務デューデリジェンスなど、M&Aにおける取引（トランザクション）を支援する
●バリュエーション部門
企業価値評価算定を専門に行なう
●リストラクチャリング部門
企業再生（事業再生）コンサルティングを専門に行なう

なお、フィナンシャルアドバイザリー系コンサルティングファームは投資銀行と一部業務内容が似ていますが、あくまでコンサルティングファームであるため、「１時間１人あたりいくら」という形でフィーを請求します。

投資銀行のように「成功報酬は買収価格の○％」というフィーの請求はしないことから、よりクライアントに客観的なアドバイスを提供できるといわれています。

◉ フィナンシャルアドバイザリー系コンサルティングファームの組織図と業務 ◉

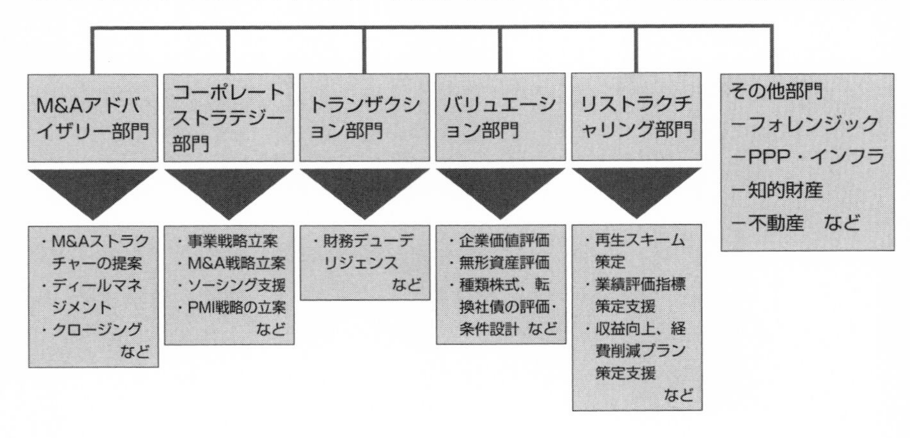

◇M＆A、財務リストラクチャリングがおもなコンサルティング領域

監査法人から分かれたコンサルティングファームの場合、ほとんどが上場企業クラスのクライアントへのコンサルティングとなります。国内金融機関グループ系の場合には、多くが中小企業へのコンサルティングです（大企業の場合には、親会社が担当することが多いようです)。また、いずれの場合にも監査法人または親会社の金融機関から紹介されて案件が舞い込むことが多く、プロジェクト数は非常に多くなります。

Ｍ＆Ａの場合、フィナンシャルアドバイザリー系コンサルティングファームで担当するＭ＆Ａ案件での対象企業はすでに決まっており、そのうえで「どのようなストラクチャーで、いくらで買収する（あるいは売却する）のが最適か」を考えることがほとんどです。

会社が売却オークションに出されている場合には、いくらで入札すべきかアドバイスもします。また、投資銀行からの依頼で財務デューデリジェンスのみを行なう場合もあります。

戦略コンサルティングの領域でもビジネスを展開しており、フィナンシャルアドバイザリー系コンサルティングファームでは、おもにＭ＆Ａ戦略の提案、ビジネスデューデリジェンス（対象企業のビジネスの成功に向けた企業再生についての課題の洗い出し)、買収後の統合支援（ＰＭＩ）といったテーマを扱います。

クロスボーダーの案件も多くなっています。外資系企業が日本の中小企業を買収する際に、売り手側のアドバイザーとしてＭ＆Ａに携わることが多くなりました。

クロスボーダー案件の場合、海外のオフィスとやりとりしながら業務を進めていくことも多く、ある程度のポジション以上では英語力が求められます。そのための支援制度は充実しており、海外オフィスへの派遣やＭＢＡ留学支援制度があるファームもあります。

Ｍ＆Ａ以外のプロジェクトでは、企業再生とフォレンジック（不正調査）関連のプロジェクトなどが活況です。その他のテーマとして、インフラ・ＰＰＰ（Public Private Partnership）アドバイザリー、知的財産アドバイザリー（企業の保有する知財の価値評価など)、不動産アドバイザリー（不動産売買に関するアドバイザリー）などが挙げられます。

2

9 中堅・中小に強い国内独立系コンサルティングファーム

将来の独立に必要な経験を積みやすい環境が特徴

◇実践的なコンサルティングから実行支援まで行なう

国内独立系コンサルティングファームには、ほかのコンサルティングファームに比べていくつか特徴的な点があります。

１つ目の特徴としては、中堅・中小企業を対象とした、より実践的なコンサルティング業務を軸とし、生産性向上や品質管理など現場レベルでの競争力増強に強みを持っていることが挙げられます。ただし、大企業向けのコンサルティングをしていないわけではありません。実際に東証一部上場クラスのクライアントを抱えているコンサルティングファームも存在します。

中小企業のみならず、新興・ベンチャー企業の経営支援や新規事業立上げを推進しているコンサルティングファームもあります。

２つ目の特徴として、「他のコンサルファームと異なり、若手のコンサルタントも営業活動を主業務として行なう」「中小企業のクライアントの場合にはカウンターパート（対応相手）が社長の場合も多く、若いコンサルタントでも直接経営者と話す機会が多々ある」ということが挙げられます。

さらに、単なる提案にとどまらず、実行支援まで入り込んで支援するスタイルが基本ですので、将来コンサルタントとして独立をめざす、起業したい人には実践的な経験を積めるよい環境といえます。

◉ プロジェクト型コンサルティングと顧問型コンサルティング ◉

	一般的なプロジェクト型	顧問型
コンサルティングスタイル	ほぼ毎日プロジェクトにつきっきりで顧客先に常駐することも	月に1～2回程度訪問し、その間に多少準備・分析を行なう
期間	1か月～1年 （システム導入をともなう場合は長期化することも）	1年契約のものが多い。終了後も、顧問契約は更新されることも多い
アサイン人数	4人～数十人 (システムが絡むケース)	通常は1人で、多くとも2人
コンサルタントが同時に抱える案件数	通常1件、多くても2件	ファームによって差があるが、通常4～10件程度。多いファームでは20件以上も
課金の仕組み	コンサルタント単価×稼働時間×人数	月額制（数十万／月）～

◇顧問契約コンサルティングが大きな特徴

プロジェクト型のコンサルティングファームのほかに、他領域にはあまり見られない「顧問型コンサルティング」が存在することも、国内独立系コンサルティングファームの特徴です。顧問型コンサルティングでは、コンサルティングファームとクライアントはプロジェクトベースではなく、一定期間（半年／１年など）のコンサルティング契約を結びます。

通常では、１クライアントに対してはメイン担当のコンサルタントが１人、場合によってはサブでもう１～２人のコンサルタントがつきます。契約期間中にコンサルタントは月に１～２回程度クライアント先を訪問し、コンサルティングを行ないます。その際には、経営会議に参加することも求められます。

１か月に１～２回の訪問において、顧問としてすべての相談に乗っているのかというと、多くの場合はそうではありません。一般的には、契約の前に経営診断を行なって経営上の問題点を明らかにしているので、その問題を解決するために一定期間にわたってコンサルティングを行ないます。

通常は契約時に具体的な内容を定めますが、テーマはさまざまで、営業部門の改革、製造部門の生産性向上、経営計画策定支援などが挙げられます。

コンサルタントが同時に抱えるクライアント数は、コンサルティングファームによってさまざまで、多いところでは１人当たり20社以上のクライアントを抱えることもあります。

そうすると、１社に割ける時間はどうしても限られてくるので、業界ごとのベストプラクティス（成功事例）をマニュアル化し、それに基づいてクライアントの問題箇所を「業界のスタンダードにまで引き上げる」形のコンサルティングになることもあります。

ただし、マニュアルベースのコンサルティングだからといって、決して価値がないわけではありません。資金的・人的な制約が大きく、社内リソースも限られている中小企業の「弱い部分をまずは標準的なレベルまで引き上げたい」というニーズを満たしてくれる意義のあるコンサルティングなのです。

また、人材育成に関する研修カリキュラムや出版物などのパッケージ商品もそろえており、経営者や管理者に対する人材育成にも力を注いでいます。

◇コンサルティングテーマは幅広く、現場の深部まで踏み込める

プロジェクト型コンサルティング、顧問型コンサルティングのいずれも堅調に推移しています。コンサルティングテーマは幅広く、ほぼすべてのテーマをカバーしています。

また現場に張り付いて経営改善をしていくようなプロジェクトも多く、たとえば、旅館の再生プロジェクトについて経営方針から顧客のターゲット設定、マーケティング方法に従業員の指導、日々のサービスのチェックまでトータルに携わりながら実践するものもあります。

ほかにも事業承継のためのＭ＆Ａ支援や相続税対策、ベンチャーインキュベーションなどのコンサルティングを手がけるコンサルティングファームもあります。クライアントはとくに製造業・小売・流通・サービス業が中心です。

◉ 多種多様なセミナーテーマ ◉

経営全般	営業	マーケティング	業種別
経営幹部研修セミナー	新規開拓営業実践トレーニング	予算5万円以内のプチ販促講座	年商15億円以上を目指す倉庫業経営者向けセミナー
キャッシュフロー経営のツボ	30代子育て世代からの契約率を2倍にする営業セミナー	商品戦略見直しセミナー	住宅会社の経営者がいま聞いておくべき「お金」の話で受注を２倍にする!! セミナー
戦略的中期経営計画策定支援	おもしろいほどよくわかる営業戦略のつくり方	投資倒れを防ぐ出店立地見極めセミナー	伸びる保険代理店３つの法則
計数管理力強化研修	本当の営業部強化策	儲かる会社に変わるための企業ブランドのつくり方	美容外科医院向け広報・増患フォーラム

今後も成長が見込まれる医療・ヘルスケア系コンサルティングファーム

未開拓な分野であるものの、今後の発展が期待される

◇今後も成長が見込まれる分野

医療・ヘルスケア系コンサルティングファームは、医療メーカーやバイオベンチャー、病院、社会福祉法人、老人ホームなどが主なクライアントですが、2009年頃からは健康経営が注目され、社員のメンタルヘルス向上に関わるコンサルティングサービスを展開するなど、その領域を広げてきました。

また、高齢化社会に突入し、医療費問題などに付随して、医療業界を取り巻くルールが変化してきている中で、医薬品メーカーや病院・クリニックなどの医療機関の経営環境が目まぐるしく変わり、コンサルティングファームのニーズは今後も拡大していくと考えられます。

しかしながら、まだまだ未開拓の分野で今後の動向が注目されます。コンサルティングファーム側も試行錯誤の段階で、進出したものの撤退したケースも散見されます。

◇コンサルティング内容は独特で多岐にわたる

医療・ヘルスケア系コンサルティングファームは、医薬品メーカー、医療機器メーカーなど営利組織を対象としたコンサルティングと、病院・クリニック、社会福祉法人など非営利組織を対象としたコンサルティングに分かれます。

営利組織向けのコンサルティングでは、全社戦略の策定、事業戦略の策定、業務改革、デジタル・トランスフォーメーションといった他業界向けのコンサルティングでも見られる内容から、医薬品ポートフォリオの最適化、ブランド管理と新製品の上市（市場に出すこと）管理、ＭＲ（メディカル・リプレゼンタティブ：医薬品メーカーの医療情報担当者）の営業効率化、マネージドケアと一般用医薬品の管理、投資収益率の向上と高品質のヘルスケア提供といった医療業界特有のものまで、さまざまなプロジェクトが存在します。

また、医薬品の流通データなど自社で持つ特有の医療データを活用したマーケティング・コンサルティングを行なうファームもあります。

非営利組織向けのコンサルティングでは、電子カルテやレセプトなどの病院向けシステム導入、ＤＰＣデータ分析による経営改善支援、管理会計導入によるコスト削減、病院・クリニックのＭ＆Ａ・事業承継、病床の機能転換、病院の建替えにおける構想策定など、幅広いサービスを提供しています。

ただし、病院の場合はカウンターパート（対応相手）が医者・非営利組織という特殊性から、民間企業へのコンサルティングとは違ったむずかしさがあるようです

◇対象の特殊性に苦労しているコンサルティングファームもある

また、バイオベンチャーに対して、知的財産戦略の立案、Ｒ＆Ｄ（リサーチ・アンド・ディベロップメント：研究・開発業務および部門）体制の最適化、クライアント企業の費用負担を可能な限り減らすファイナンスアレンジ、経営管理体制の構築、大手企業との提携やネットワーク構築、人材スカウティングなどを実施するコンサルティングファームもあります。

最近では、病院に投資し、ハンズオンでコンサルティングをするような投資会社とコンサル会社の両方の機能を持ったファームも出現しています。株式会社とは異なるため、投資や経営支援において医療業界の知識や慣習への理解が求められることも多いようです。

◉ 医療・ヘルスケア系コンサルティングファームの支援対象 ◉

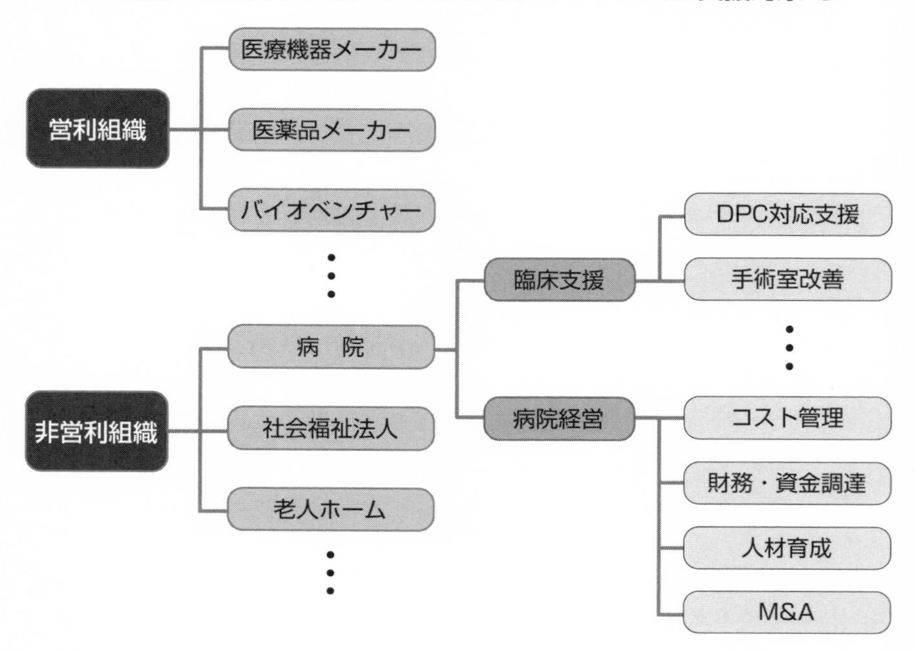

時代に即した新しいコンサルティングファーム

コンサルティング業界の市場拡大とともにファームも変化している

◇時代の変化に合わせてコンサルティングファームも変化する

ここまで多くの領域のコンサルティングファームを分類しましたが、それ以外にも、最近ではさまざまな専門プロフェッショナルファームが登場しています。

たとえば、コンサルティング業界の市場拡大・コンサルティングニーズの多様化にともない、大手コンサルティングファームのコンサルタントの一部が独立して、新たにコンサルティングファームを設立するという事例は、依然として続いています。

また、企業が子会社としてコンサルティングファームを新規に設立したり、買収したりする例も見られます。企業が新規設立する背景としては、外部のコンサルティングファームに発注するだけではなく、内部にノウハウや人材を蓄積させていきたい事情があったり、スポットでの発注ではなく会社全体を見たうえで、一気通貫でコンサルティングをしたいというニーズがあります。こうしたコンサルティングファームは、親会社及びグループ会社へのコンサルティングのみならず、グループ各社と協力してグループの顧客企業に対してサービスを提供するなど、幅広いコンサルティングを手がけています。

さらに、大手コンサルティングファームが自社のサービスラインを拡充させるために、特定の業務や特定業種に特化したブティック系のコンサルティングファームを買収する事例も多数見られます。

その他の流れとして、特定の業界・機能に特化したコンサルティングファームや、コンサルティングファームから派生したような企業も急速に成長してきています（コンサルティングファームではありませんが、同じようなサービスを提供しています）。たとえば、デジタルマーケティングに特化したコンサルティングファームや、近年、注目度が上がってきているデジタル、アナリティクス、サイバーセキュリティ、AI、デザイン…等の分野に特化したコンサルティングファームなども見受けられます。

何かしらの領域の専門人材が、その専門領域に特化したコンサルティングサービスを手がける、ひいてはそうした領域に特化したコンサルティングファームが登場するという流れは、時代の変化に合わせて続いていくものと考えられます。

◉ 新規に設立されるコンサルティングファームの狙い ◉

①業界特化型
- 製造業
- 金融業

…

②テーマ特化型
- デジタルマーケティング
- サイバーセキュリティ
- コスト削減
- デザイン
- PMO
- AI

…

③コンサル＋追加機能 or 他事業への展開
- 経営者派遣、ハンズオン支援
- 自己勘定投資、インキュベーション
- 自社事業

…

④事業会社によるコンサル設立（インハウスコンサル）

◉ 特定の業界・機能に特化したコンサルティングファーム ◉

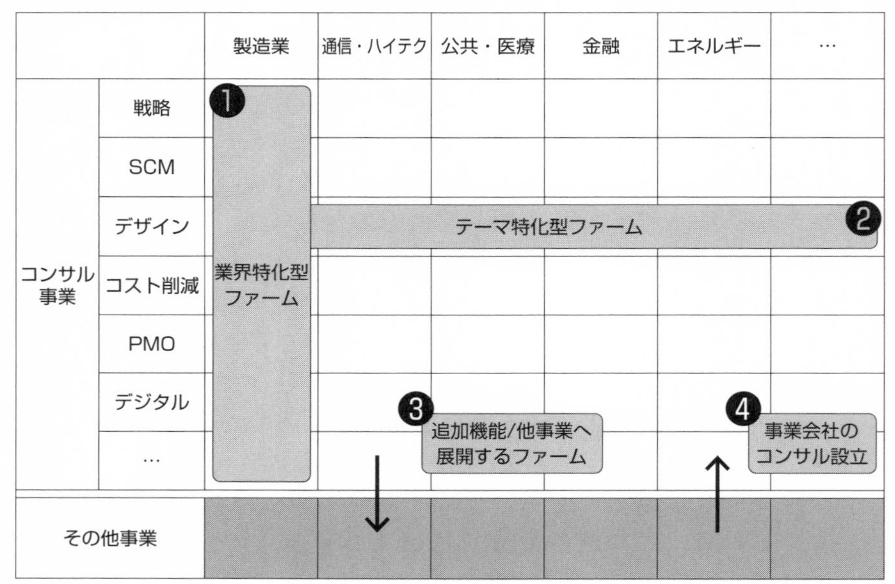

※具体的な企業情報や最新の動向については、弊社HPをご覧ください。
https://www.movin.co.jp/

第3章

戦略／業務・IT
コンサルティングプロジェクト

3-1 プロジェクトの受注から終了までの仕事の流れ

コンサルティング内容は多岐にわたるがフローは決まっている

◇営業活動からコンサルタントの仕事は始まる

１章から２章にかけて、コンサルティング業界およびコンサルタントについて概説しましたので、３章から４章にかけて、実際のコンサルティングプロジェクトの詳細に迫っていきます。それぞれのコンサルティングプロジェクトについて触れる前に、「そもそもプロジェクトとはどのような流れで進んでいくのか」について説明します。

コンサルティングファームがクライアントから打診を受けてから、プロジェクトが終了するまでのステップを大きく分けると、図の８ステップになります。

１章でも少し触れましたが、コンサルティングファームによって、どの職位のコンサルタントが営業活動を担当するかは異なります。一般的な外資系コンサルティングファームの場合は、パートナーが営業活動する場合がほとんどです。シンクタンク系コンサルティングファームであれば、プロジェクトマネジャーでも営業活動を行なうこともあります。

一方、国内独立系コンサルティングファームであるならば、若手コンサルタントも営業を行ないます。また、それぞれのコンサルティングスタイルに応じて営業スタイルも大きく異なります。

◉ プロジェクト受注から終了までの流れ ◉

パートナー

マネジャー

コンサルタント
アナリスト

ここで、もっとも「一般的なコンサルタントのイメージ」に近いと思われる、外資系コンサルティングファームのスタイルを想定して、プロジェクトの流れの詳細を説明します。

①クライアントから相談を受ける

営業活動が実り、「○○についてのコンサルティングをお願いしたい」と相談を受けた時点から、プロジェクトは始まります。

コンサルティングの相談を受けた時点で、すぐに担当コンサルタントは経営企画室のメンバーや社長、または企画部門の担当役員などを訪問し、意見交換をします。

ただし、この段階ではクライアント側も複数のコンサルティングファームに打診し、どのファームに依頼すべきかを見極めている場合もあります。日系の大企業の場合には、“見極め”のプロセスが長くなる傾向があります。とくに、経営企画室などがイニシアティブをとって進めている場合には、この傾向が顕著に見られます。

一方、社長みずからがコンサルティング依頼の発起人となって進めている場合、非常にスムーズに話が進むこともあります。

どちらにしろ、何回かヒアリングをして、ある程度、関係構築ができた段階で提案書の作成に移行します。

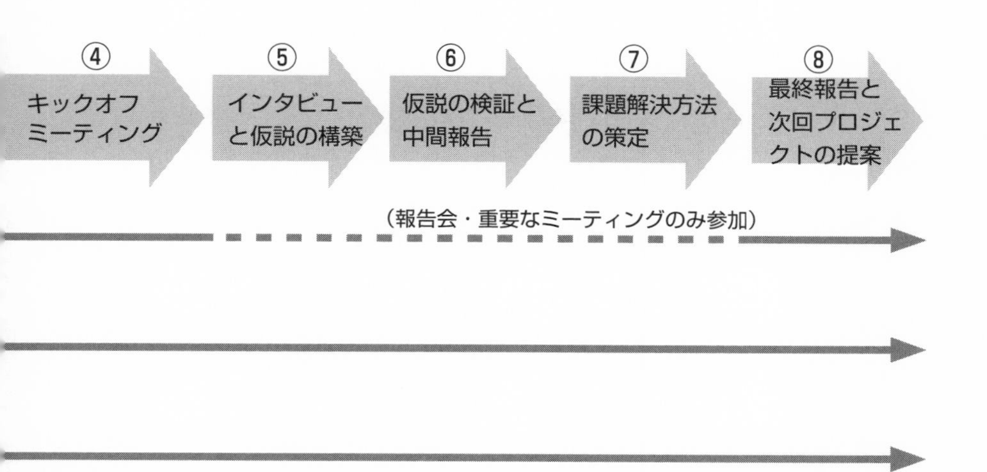

◉ プロジェクトの各ステップにおけるコンサルタントの忙しさ ◉

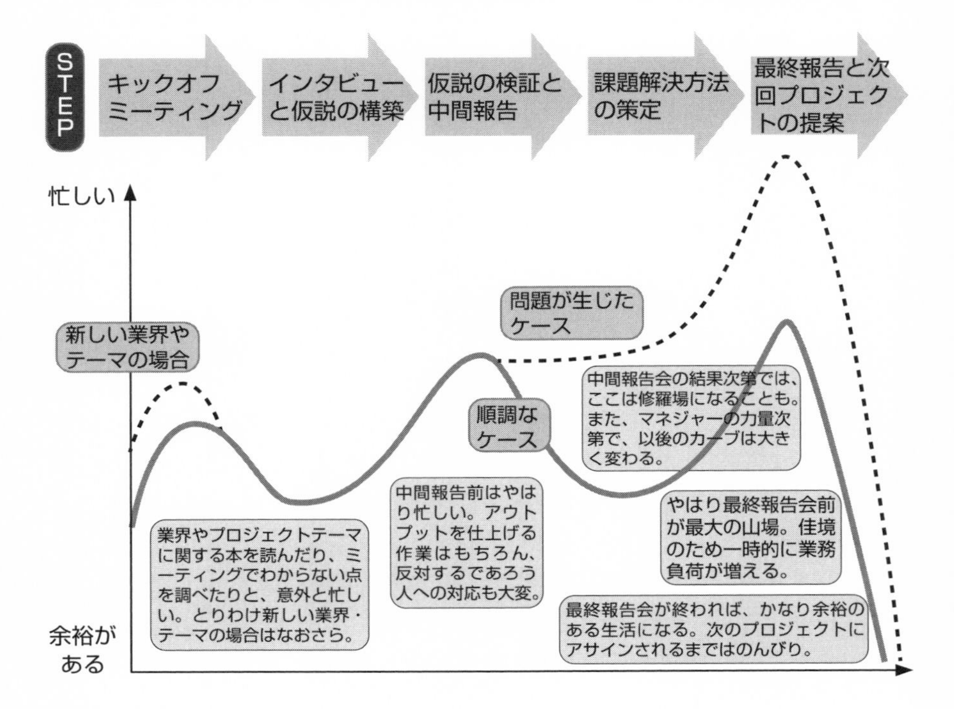

②提案書を作成する

相談を受けてある程度の関係を構築できたら、続いて提案書を作成します。外資系コンサルティングファームの場合、提案書作成の段階になると、パートナーのみならずプロジェクトマネジャーもかかわることもあります。

提案書には、「企業の置かれている状況の認識」「問題の背景」「課題の設定」「解決へのアプローチ」「具体的な作業内容」「アウトプットの概要」「取組み体制」「プロジェクト期間」「コンサルティング料」などを記載します。

クライアントが複数のコンサルティングファームに打診していた場合、提案書で２～３社に候補を絞り込み、コンペ（入札）を行なうこともしばしばあります。

③ファーム＋クライアントのプロジェクトチームの立ち上げ

クライアントに提案を受け入れてもらい、正式にプロジェクトを受注すると、プロジェクトチームが結成されます。ただし、提案書を作成する段階において、すでにマネジャーを始めとする一部のプロジェクトメンバーにはパートナーから声がかかっており、実質的には主要メンバーが決定されているケースもあります。メンバーは過去に経験したプロジェクトや前職の経験、時間単価などを基準に選定されます。

コンサルティングファーム側で正式にプロジェクトチームが発足すると同時に、クライアント側にもプロジェクトメンバーの選出を依頼します。関連の経営メンバーをトップとする「○○委員会」や当該事業部のエースを中心とするチームを設立し、優秀かつ影響力のある人を集めて社内の推進役を務めてもらいます。

④キックオフミーティングで顔合わせをする

プロジェクトチーム発足後、まずは全員が集まって、キックオフミーティング（サッカーのキックオフに由来）を行ないます。

キックオフミーティングでは、クライアント側チームへのオリエンテーションや作業スケジュールの設計、各コンサルタントへの担当の割り振りなどが行なわれます。キックオフミーティング後は、基本的な分析とインタビューの準備に入ります。

⑤最終成果物の土台となるインタビューと仮説の構築

インタビューは基本分析と合わせて、初期仮説を構築するための材料になります。クライアントの主要幹部はもちろん、第一線にいる現場の社員までインタビュー対象とすることが多いようです。

プロジェクトによっては、クライアント企業の顧客との接点である営業部へのインタビューはとくに重視され、ときには営業部の社員に同行する場合もあります。

なぜならば、できるだけ早いうちに現場感覚を身につけ、後に立案する仮説が現場から大きく乖離（かいり）したものになることを防ぐためです。業務コンサルティングやシステムを導入するＩＴコンサルティングプロジェクトの場合でも、実際に当該作業に携わっている現場の社員やエンドユーザーである現場の人の声を重視します。

ここでのインタビュー結果と「④キックオフミーティング」の基本分析の結果をまとめて、第一次仮説をつくります。この段階である程度有力な仮説を立案することで、結論を導き出すために必要な調査を絞り込むことができます。ただし、あくまでこれは「仮説」です。この段階では仮説を立証する情報は不足しており、まったく違う結論になる可能性もあります。

こうして、戦略コンサルティングの場合にはおおまかな戦略の方向性、業務コンサルティングならば改善すべきビジネスプロセス、ＩＴコンサルティングならばシステムの要件、といった最終成果物の「土台」となる部分の仮説ができてきます。

⑥仮説の検証と最初の関門である中間報告

ある程度初期仮説がまとまった段階で、仮説を証明するために不足している情報をリサーチし、仮説の検証と修正作業に入ります。⑤と同じようにインタビューと追加的分析を繰り返し、仮説をよりよいものにブラッシュアップしていきます。この段階のインタビューでは、外部（クライアントの取引先、競合企業など）も対象になります。

また、リサーチと並行して公式・非公式にクライアント側のプロジェクトメンバーとコミュニケーションをとり、仮説の考え方やコンセプトを理解してもらいます。調査分析結果と客観的事実が出そろった段階で、客観的事実をプロジェクトの総意として合意します。まずはプロジェクトチーム内での事実の認識を一致させ、次に「第一次報告会」で関係するミドル層（マネジャークラス）と個別に議論します。

そして、最後に経営者層に向けて「中間報告」します。この中間報告がコンサルタントが最初に直面する難関といえます。

なぜならば、それまで社内で受け入れられていた事実と報告内容がかなり異なり、社内から猛烈な反発をくらうこともしばしばあるからです。この反論を説得するためには、いままでの調査分析手法・内容が確固たる客観的事実に基づいており、論理的に矛盾してはなりません。

また、合意に向けたプロセスでは、社内事情を熟知した評価の高いクライアント側のチームメンバーが大きな力を発揮するため、この段階までに彼らとどれだけ信頼関係を構築でき、合意できているかが重要になります。

⑦チームとして課題解決方法を策定する

中間報告までに客観的な事実と分析結果が出そろったので、解決すべき課題の目星はつきました。ここからは課題の解決方法を考えます。

これまでに集めたデータを基にして課題解決のための方法を策定していくわけですが、その場合には現実的な複数の代替案を設定し、それぞれの案でシナリオを描くアプローチをとることが多くなります。

業務・ＩＴコンサルティングでも、いくつかのビジネスプロセス案・システムの仕様案を出しながら、最終的に１つに絞り込んでいきます。視点や考え方が異なるなかで１つの案に絞り込み、複数の代替案を比較しながら選択することで、納得性・説得性を得ることができます。

ここでも中間報告前と同様に、まずはチーム内で議論し、合意したうえでチームとしての結論を出します。チームとしての結論を持ったうえで、関係幹部や主要経営メンバーに個別インタビューを実施して意見を聞きます。

これらのプロセスを経たうえで、最終的に提案するシナリオを固め、中身を充実させてから「最終報告」に臨みます。

⑧最終報告は次回プロジェクトの提案の最高の機会

最後にプロジェクトの最終的な結論を公式の場で発表します。多くの場合には複数回、クライアントの役職ごとに分けて発表しますが、やはり経営層への報告と提案が最大の山場になります。経営層への報告が無事すめば、ひとまずプロジェクトは終了です（戦略立案コンサルティングの場合は、ここでプロジェクトは終了します）。

システム導入をともなう業務コンサルティングやＩＴコンサルティングの場合、ここでシステムの仕様が決定されてからシステム構築（ＰＭＯ：実行支援）に入ります。

システムの構築段階でも、これまでと同様に定期的に顧客と意見交換しながら、より顧客にとって使いやすいシステム構築を行ないます。システムが無事完成し、問題なく作動した段階でプロジェクトは終了となります。

しかし、クライアントとの付き合いはここで終わりではありません。無事プロジェクトが終了し、顧客が満足したときこそ、次のプロジェクトを提案する最高のタイミングなのです。

営業戦略を提案した後にその実行支援プロジェクトを提案したり、Ｍ＆Ａプロジェクトで特定の企業の買収をした後にＰＭＩプロジェクトを提案したりと、１つのプロジェクトを次のプロジェクトにつなげていくことがマネジャーの力の見せ所です。

3 2

全社戦略①

「選択と集中」を支援するグループマネジメント

多くの事業を展開している企業においてグループマネジメントは重要

◇複数の事業をコントロールするグループマネジメント

グループマネジメントとは、企業が抱える複数の事業をどのようにコントロールしていくかを設計するプロジェクトです。

総合商社や家電メーカーなど、多様な事業を展開している企業においては、個々の事業の経営課題以外にも多くの課題があります。たとえば、「グループとして今後どの事業に注力していくのか？」「各事業にどれくらいの自由度を持たせるか？（本社はどれくらいコントロールすべきか？）」「どのように事業部間のシナジーを出していくか？」といった、「多様な事業の複合体としての企業」をマネジメントする経営課題が挙げられます。

◇どんな経営モデルをめざすか決める

クライアントの状況によって手順は異なりますが、一般的には「①めざす経営モデルの決定 → ②事業の評価と戦略的方向性の決定 → ③最適な組織形態の策定」のようなプロセスでグループマネジメントを進めていきます。

この３つのプロセスがすべて１つのプロジェクト内で実施される場合もあれば、①～②など範囲を限定したり、１つのみを行なう場合もあります。

①経営モデル

経営モデルの決定は、「どのような事業の複合体をめざすか」を定義することから始まります。よく取り上げられるモデルとして、「ストラテジー型経営」「ポートフォリオ型経営」という２つのモデルがあります。

ストラテジー型経営とは、会社のビジョンやコーポレートブランド、コアコンピタンス（核となる強み）などに基づいて、全社で統合的な戦略を推進する経営のことです。

ある一定の事業領域全体で競争力を強化し、事業間のシナジーを追求して新たな事業を創造していきます。日本の大手家電メーカーなどが代表例といえます。

ストラテジー型経営においては、経営企画室は全社戦略・ビジョンの策定と浸透、事業間シナジー創出、コーポレートブランドの維持向上などを担うことになります。

一方、ポートフォリオ型経営とは、個々の事業価値の最大化と投資効率の高い事業・成長性の高い事業へのシフトをめざしていく経営です。個々の事業の内容や成功要因がまったく異なる場合に非常に有効となります。

ポートフォリオ型経営における経営企画室の役割は、個別の事業に対する目標設定と客観的な評価基準の策定、事業買収・売却の検討、汎用性の高い経営インフラの構築などになります。

◉ グループマネジメントの課題 ◉

■グループ戦略策定

- グループ経営理念・ビジョンの共有、浸透
- グループとしての事業ドメイン、コア事業の定義
- 成長戦略とグループシナジー
- グループ拡大のためのM＆A方針
- 事業の投資・撤退基準策定　など

■グループガバナンス整備

- 本社とグループ会社の役割分担
- 効果的なガバナンス体制の確立
- 内部統制システムの整備と浸透
- コンプライアンス体制とリスクマネジメント
- グループ全体の資本政策、配当政策　など

■グループ業績評価・人事制度

- 業績評価システムの最適化
- グループ各社の強みを生かすマネジメント体制の構築
- グループ会社の業績評価と役員報酬の連動性の検討
- グループ全体の人事、人材育成、採用戦略・計画の策定　など

②未来予測も含めた事業の評価と戦略的方向性の決定の実施

経営モデルを策定したら、各事業の自社での位置づけを定義します。多くの企業はＥＶＡ（経済的付加価値）などの株主価値を示す指標を使って事業を管理していますが、これらはあくまで「過去の実績」であり、「将来の見通し」を示すものではありません。

コンサルティングファームではＥＶＡなどに代表される定量的評価と、将来性や戦略的意義などの定性的評価を組み合わせて事業を評価します。

古典的な評価方法として、ボストン・コンサルティング・グループ（ＢＣＧ）がつくり出したＰＰＭ（プロダクト・ポートフォリオ・マネジメント）があります。

ＰＰＭは市場の成長率（キャッシュ需要）と相対シェア（キャッシュ創出力）を軸に事業をマッピングする方法です。ＰＰＭは考え出された当時には画期的なアイデアでしたが、現在のコンサルティングではこのフレームワーク（仕組み）がそのまま使われることはほとんどありません。

なぜならば、たしかに競争優位性や市場の魅力度というのは大事ですが、企業の置かれている状況によって、“何を優先するか”は変わってくるからです。

また、そもそも何をもって自社にとっての「市場の魅力度」や「競争優位性」を測定するのかという問題もあります。実際のコンサルティングプロジェクトでは、まずはマッピング（対応づけ）のための「軸出し」からスタートします。

◉ BCGが策定したオリジナルのPPM ◉

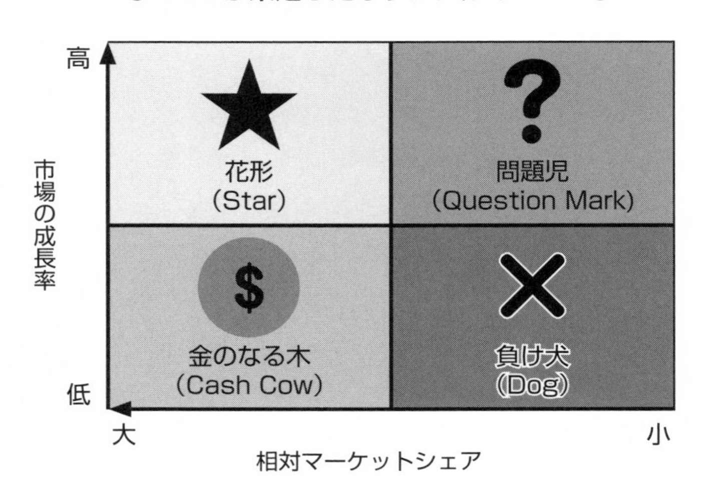

この“軸”が何になるかはクライアントの状況次第です。たとえば、事業の魅力度（市場の魅力度 ＋ 競争優位性）と全社的意義（他事業とのシナジーやビジョンとの適合性など）で分類することもできます。

市場の魅力度は市場規模や成長率、収益性等を精査し、競争優位性については製品技術、ブランド、顧客基盤、オペレーションの強さなどを加味して総合的に評価します。

マッピングが終了したら、その結果に基づいて方向性を決定します。下図の各軸設定の例において、左上の象限（枠）の事業には積極的に投資し、右上の象限は状況を見守りつつ、必要に応じて投資します。

左下の象限は基本的には維持ですが、いい機会があれば売却となります。右下の象限は売却・撤退・縮小となります。

◉ マッピングのための軸設定の4例 ◉

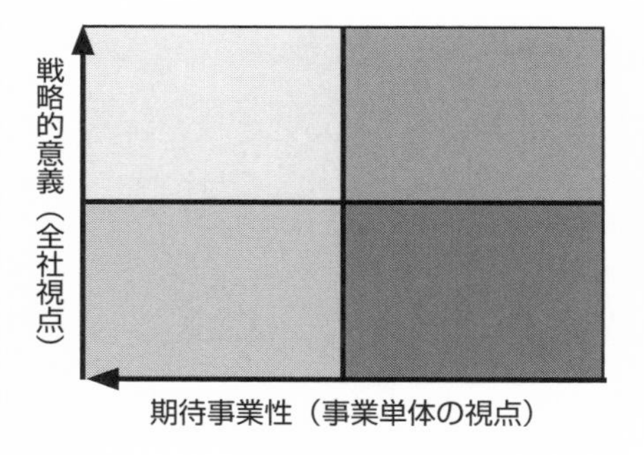

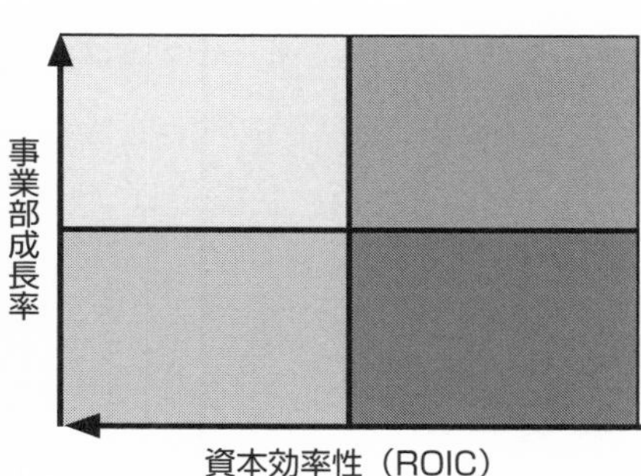

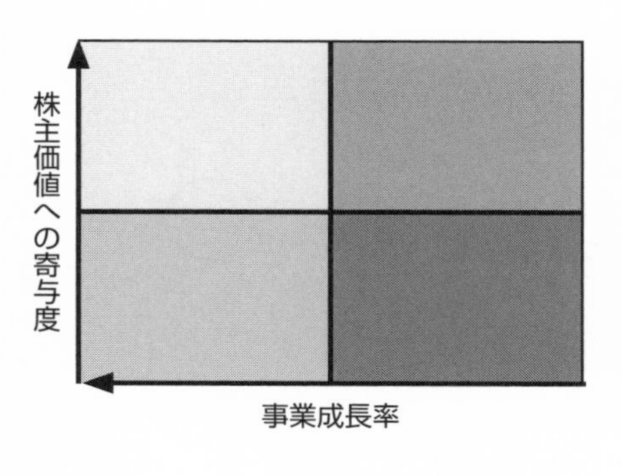

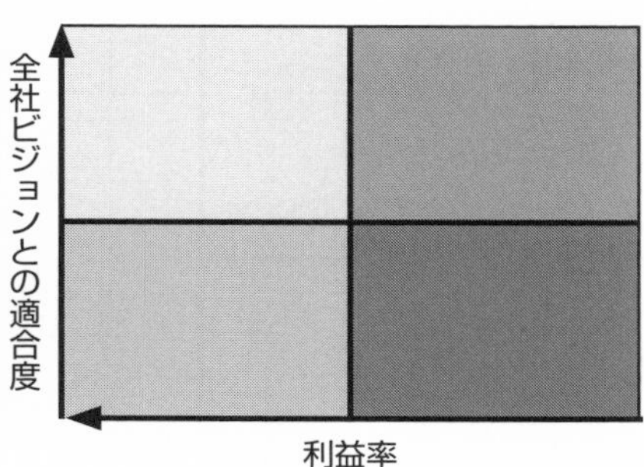

③最適な組織形態を策定する

グループマネジメントの最後には、めざす経営スタイルに現在の組織形態が最適かを検討します。複数の事業を抱える企業が成長戦略を実行するにあたって、グループの最適資源配分、意思決定スピード、グループ内のシナジー創出などが欠かせないからです。

これらの中からとりわけ自社に重要な観点を抽出し、それに基づいて最適な組織形態を決定します。

一般的によくある組織形態は、「事業部制」「ビジネスユニット（社内カンパニー）制」「持ち株会社制」の３つです。どれが最適な組織形態かは、重視する観点によって異なります。

どの組織形態をとるかを決定したら、続いて実際の体制構築へ話が進んでいきます。またこの段階になると、組織人事系コンサルティングファーム主導で人事制度をつくっていくこともしばしばあるようです。

◉ 各組織体制の特徴 ◉

	事業部制	カンパニー制（ビジネスユニット制）	持ち株会社制
事業の意思決定スピード	○	○	△
全社最適	×	△	○
ポートフォリオ再編コスト	△	△	○

○：適している
△：やや適している
×：適さない

3 全社戦略②
社員と経営層の“思い”をたな卸しする長期ビジョンの策定

問題を可視化するだけではなく、具体的な案も複数準備する

◇長期ビジョンの“見える化”から策定までを実施する

コンサルティングプロジェクトで一般的にいわれる「ビジョンの作成」は大きく2つの重要な作業に分けられます。1つ目の作業は、企業の重視する価値観や社員・経営者の“思い”を汲み上げて整理し、企業の理念・ビジョンを“見える化”することです。

また2つ目の作業は、“見える化”した理念やビジョンに基づいて、中長期的に企業はどの事業領域をカバーし、どのビジネスを柱として育てるのかを決定する「長期成長戦略」を策定することです。

そのため、長期ビジョンの作成プロジェクトはクライアント企業の将来について経営者やミドルマネジメント層と熱く議論し、一緒になって考える「コンサルタントの醍醐味」を感じられるプロジェクトの1つといえるでしょう。

クライアントの状況によって手順は異なりますが、大まかなプロセスは、「①“思い”のたな卸し → ②事業の現状分析 → ③戦略オプション案の抽出 → ④中長期経営目標への落とし込みと企業ビジョンのまとめ」という順序になります。

◉ 長期ビジョン作成のプロセス ◉

プロセス	詳細
「思い」のたな卸し	「企業理念」や「価値観」の調査と、それに基づく「あるべき企業像」の定義
事業の現状分析	既存事業の製品・競合・市場などの分析
戦略オプション案の抽出	企業が長期的にとるべき戦略オプション案の抽出と、経営者ないしはミドルマネジメントを巻き込んだオプション案のブラッシュアップ
中長期経営計画への落とし込みと企業ビジョンのまとめ	・中長期経営目標・数値目標の策定と、優先順位づけ ・ビジョン・ステートメント（組織のもっとも望ましい将来、およびその実現のためにもっとも注意すべきことを記述した文章）骨子やVision movieの作成を通じた、ビジョンの“見える化”

①ヒアリングで経営陣や社員の"思い"をたな卸しする

長期ビジョン作成の際、まずは経営層への個別ヒアリング、従業員へのアンケート調査などを通じて、社員が自社に対してどのような"思い"を持っているかを明らかにします。

具体的には、自社の「企業理念」「価値観」などをどう評価しているか、日々の行動に浸透しているかを再考してもらいます。一見、長期的な成長戦略の策定とは何の関係もないように見えますが、このような社員の"思い"が「めざすべき企業像」を明らかにするためのヒントとなり、それが戦略オプション案（選択肢）につながるのです。

②競合企業を含めて事業の現状を分析する

経営陣や社員の思いをたな卸ししたら、クライアント企業の各事業に関して現状を分析します。既存事業に関しては、販売する製品群に関連する技術動向、競合の戦略、顧客のニーズ、自社の強みなどをたな卸しします。

そして、競合企業をベンチマークして比較します。さらに、競合企業のベンチマークの分析を基に新規事業の可能性を分析することもあります。

③コンサルタントだから可能な戦略オプション案の抽出

②の結果を基にして、企業が長期的にとるべき複数の戦略案（戦略オプション）を抽出し、それをベースにしてクライアント企業とディスカッションします。オーナー企業など、トップダウンで意思決定を行なえる企業であれば、経営者層を対象に複数回の経営ワークショップを実施し、戦略オプションをブラッシュアップします。

一方、ミドルマネジメント層が大きな権限を持ち、ボトムアップの意思決定がなされる場合には、彼らを集めて合宿やワークショップ（問題解決に向けた体験型の講座）をまず行ない、そこでの結果を経営者層に報告する場を設けることもあります。ワークショップでは抽出された戦略オプションを土台とし、カバーすべき事業領域、柱とする事業の選択、それぞれの事業の差別化要因を明確にしていきます。

ワークショップでは、コンサルタントの「ゼロベース思考機能」「ファシリテーション機能」が発揮されます。なぜならば、クライアントだけのワークショップでは重要なことが暗黙の了解となっており、見えにくいことも多いのです。そのため、実際にもっとも大きな柱である事業の差別化要因が実は明確ではなく、守備範囲も曖昧（あいまい）だったというケースもあります。

また、自社の経営層だけで議論する場合、どうしてもほかの取締役の管轄する事業についてなかなか突っ込んだ議論をできないこともあります。しかし、コンサルタントという第三者の知見を反映した戦略オプションを土台として利用することで、課題の細部にまで踏み込んだ議論が可能となります。

その結果、精度・実行可能性が高いビジョンや戦略策定を実施できます。

④中長期経営目標への落とし込みと企業ビジョンのまとめ

最後に、ここまでのステップで完成した戦略オプションを具体的なスケジュールと数字に落とし込みます。

優先順位をつけて中長期経営目標・数値計画を作成することで、クライアントである経営者層が「自社が今後に取り組むべきこと」について共通認識と確信を持ち、実践していくことが可能となります。

戦略オプションの落とし込みと同時に、中長期企業ビジョンを全社に浸透させるための仕掛けがつくられます。例として、最終的な戦略的方向性を「ビジョンステートメント骨子」の冊子にして全社員に配布したり、全社員向けの報告会・ワークショップを企画したりすることが挙げられます。

また、最終的な戦略的方向性を「Vision movie」という映像に落とし込む方法もあります。そうすることで「自社のビジネスがどのような目的のために存在し、それを実現するためにどのような理念を持ってビジネスを展開していくのか」ということを可視化し、社員に伝えることができます。

映像そのものはプロフェッショナルの映像制作会社が制作しますが、コンセプトや伝えるべきメッセージなどの全体像をおさえ、マネジメントするのはコンサルタントの役割になります。制作されたVision movieは自社社員向けだけなく、社員採用や顧客向けのイベントの際などにも使われます。

◉ 長期ビジョンと戦略オプション案の関係 ◉

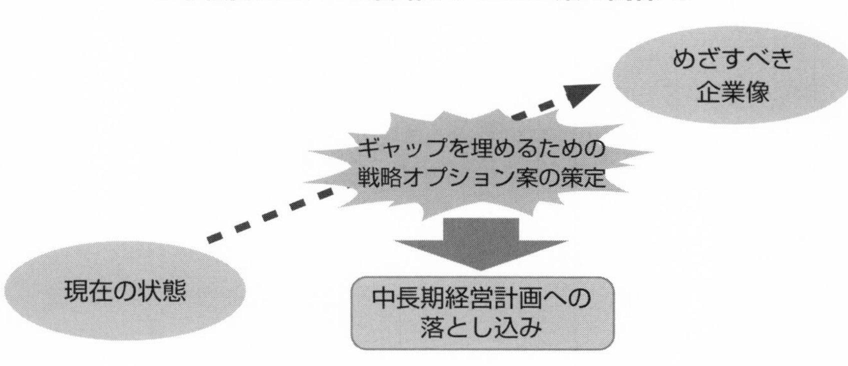

4 事業戦略①
複雑化しているマーケティング戦略

これまでのマーケティング手法では結果を出しにくくなった

◇多種多様なテーマがあるマーケティング戦略

マーケティング戦略は、「どうすれば自社の製品をお客様に買ってもらえるか」ということを考えることです。しかし、マーケティング戦略と一口にいっても、実際には多種多様なプロジェクトテーマがあります。主要なテーマとして、下図のものが挙げられます。

◉ マーケティング戦略のプロジェクトテーマ例 ◉

- 価格戦略
- 製品戦略
- 店舗戦略
- 流通戦略
- 顧客分析
- 富裕層マーケティング
- ブランドマネジメント
- マーケティング効果検証
- マーケティング組織能力向上支援

また、近年では顧客分析の手法として、ＣＲＭ（カスタマー・リレーションシップ・マネジメント）戦略など、ＩＴの発展でより深く・タイムリーに顧客（消費者）情報を収集することが可能になりました。

そのため、「いかにすばやく現場のオペレーションに顧客情報をフィードバックしていくか」という領域が非常に注目されています。

◇顧客分析の５つのポイント

マーケティング戦略は多岐にわたりますが、本書ではマーケティング戦略でもとくに需要が高い「顧客分析プロジェクト」を紹介します。

顧客分析プロジェクトでは、自社の製品の顕在的・潜在的顧客を分析し、「この製品はどのような顧客をターゲットとすべきか」「現在カバーできていない顧客はどのようなカテゴリーで、そのカテゴリーの顧客にアプローチするにはどうすればよいか」「既存・新規の顧客のなかで、高収益成長につながる優良顧客は誰か」といったことを明らかにして、クライアントの売上・利益の向上をめざします。

顧客分析では、「①購買決定プロセス」「②顧客セグメンテーション」「③顧客ニーズ分析」「④ターゲット設定」「⑤アプローチ戦略の策定とテストマーケティング」のような点を検討します。

なお、中堅・大企業では顧客分析の際に必要な情報を収集する際、一元的に管理できる大規模なシステムを利用することがほとんどです。

①購買決定プロセス分析

顧客が自社製品および他社の競合製品を購入するにあたって、まずは「どのようなプロセスを踏んでいるか」をモデル化します。なぜならば、顧客の行動を購買決定プロセスのある時点で変える（自社製品を購入するように誘導する）ことが製品の売上増加に結びつくからです。

しかし実際には、クライアントが「変化させるべき顧客行動」をわかっていないことが多く、そもそも購買決定プロセスがモデル化されていないこともあります。そこで、購買決定プロセスにおける顧客の行動や体験を把握・定量化する必要があります。

購買決定プロセスを通じて、「顧客行動を体系的に理解するためのモデル作成」「モデルを利用した、顧客がとるさまざまな行動が自社の売上や利益にどのように結びついているかの理解」「顧客へのアプローチ方法の費用対効果がもっとも優れているステージを特定し、明確かつ実行可能な施策の導出」を実施します。

◉ 購買決定プロセスのステージ例 ◉

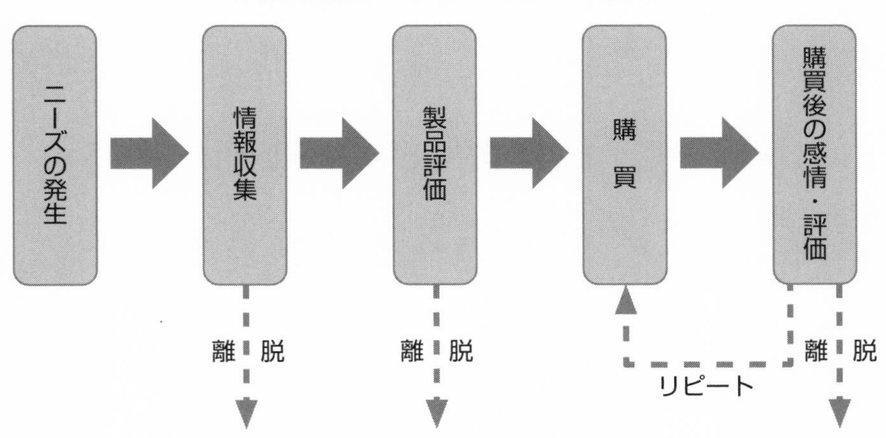

②顧客セグメンテーション

①では、まるですべての顧客が同じような行動をとり、同じようなニーズを抱えているかのように説明しましたが、現実にはさまざまなニーズを抱えた多様な顧客が存在します。

そのため、自社の顧客をいくつかのグループに細分化（セグメンテーション）してグループ別に最適なアプローチ方法を考える、あるいは注力すべき顧客層を見つけ出すことで、売上と利益の向上を図ることが必要になってきます。ただし、細かくすればするほどいいわけではありません。なぜならば、セグメンテーションを細かくすればするほど、それにともなうコストが大きくなるからです。

顧客をニーズやウォンツ（潜在的な要求）別に細かくセグメント分けし、セグメントごとに商品・サービスを提供できれば売上は増加します。しかし一方、各セグメントに個別の商品・サービスを開発し提供するコストも上がります。

そのため、“売上増大”というプラス効果と“提供コスト増”というマイナス効果がもっともバランスをとったレベルでセグメンテーションをする必要があります。

◉ 従来のセグメンテーションの最適点 ◉

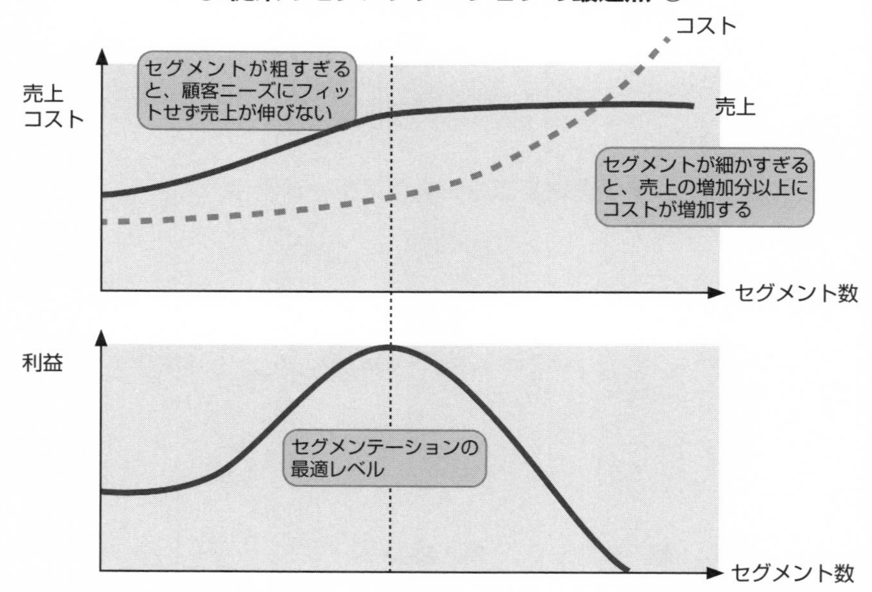

注：『CRM 顧客はそこにいる 増補改訂版』（アクセンチュア　村山徹/三谷宏治＋戦略グループ/CRMグループ著、東洋経済新報社）より作成

◉ ロングテールの例 ◉

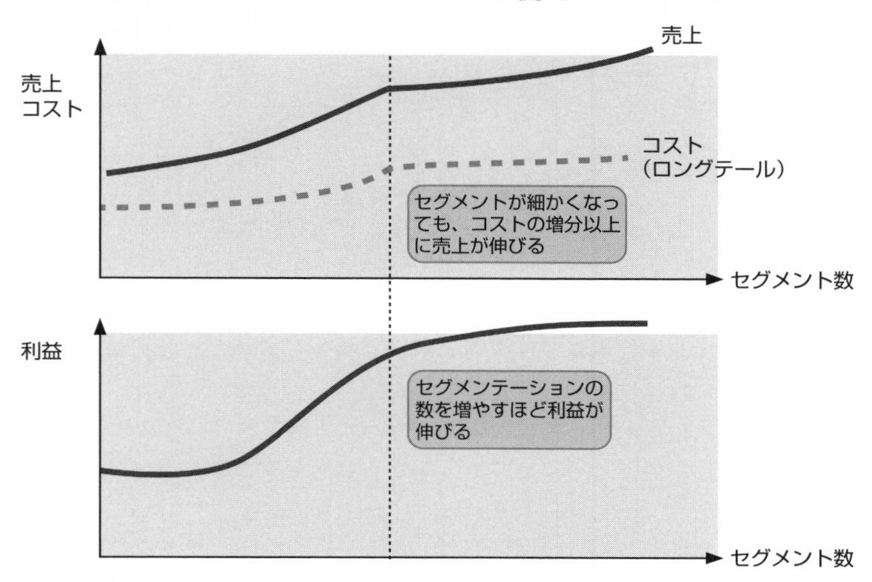

しかし、インターネットビジネスのようにロングテールが成り立つケースにおいては、従来のセグメンテーションは必ずしも当てはまらない状況が出てきました。セグメンテーションを細かくしても、付随して発生する費用は微少なので、売上げ増大のメリットのほうが費用よりも大きくなります。そのため、ロングテールが成立する場合、ニッチなニーズもどんどん取り込んでいくことが望ましくなります。

実際に顧客をセグメンテーションすることは、非常にむずかしい問題となります。ここで大事なことは「有意義（meaningful）」かつ「実行可能（actionable）」であることです。

たとえば、スマートフォンを購入するユーザーを年齢や性別といった「属性」でセグメント分けをするのは簡単、かつ「実行可能」です。しかし、この切り分けに意味があるかといえば、疑問が残ります。

なぜならば「20代男性と30代男性でどのようにニーズが異なるのか」「どのようにアプローチを変えればいいのか」ということを説得力を持って説明するのは困難でしょう。この場合であれば、むしろ95ページ図のように顧客の「嗜好(しこう)特性」に注目してセグメンテーションしたほうが効果的といえるでしょう。

ではどうやって「嗜好別」に分類すればいいのでしょうか？　ここで、「どのようなセグメンテーション手法を用いるか」ということがテーマになりますが、このテーマは２つの問題を抱えています。

１つ目は、「どのような情報を使用するか」という問題であり、大きく分けると「属性情報」「意向情報」「行動情報」の３つがあります。２つ目は「どのような数学的手法を使うか」という問題であり、代表的な方法としては「主成分分析」「数量化Ⅲ類」「クラスター分析」「多次元尺度構成法」などが挙げられます。これら数学的手法については、それぞれの専門書を参考にしてください。

一昔前は年齢、性別、職業、家族構成などの「属性情報」が使われることが多かったのですが、現在ではこれを基にしたセグメンテーションでは限界があります。

なぜならば、たとえ同じ属性の顧客であっても同じ購買行動をとらなくなってきており、かつ、必ずしもはっきりした意向を示さなくなってきたからです。

しかし、そうはいっても「属性情報」がまったく意味をなさなくなったわけではなく、「意向情報」「行動情報」と組み合わせて仮説をつくる材料としての価値はあります。

無事セグメント分けができても、まだ１つ問題があります。それは、「顧客をどうセグメントに当てはめるか？」という問題です。

たとえば、「家電メーカー系列店を活用している層を狙え」といわれても、「目の前の顧客のうち、誰が家電メーカー系列店を活用している層に当てはまるのか？」ということはわかりません。

この疑問をクリアするためにはシグナル情報を選定し、シグナル情報を得るためのツールを作成する必要があります。シグナル情報とは、「この５問にこう答えたら、その人は家電メーカー系列店の活用層である」といった、各セグメンテーションの特性を表わす情報であり、かつ、答えやすい・推定しやすい情報となります。

これら一連のプロセスを行なうのがセグメンテーションであり、地道なデータ分析とクリエイティビティの両方が要求される作業といえます。

◉ セグメンテーション例 ◉

年齢や性別でセグメント分けをしても、商品と結びつかない。下図のようにすると、各セグメントに応じて訴求すべき商品が明確になる。

単純に年齢と性別のみでセグメンテーション

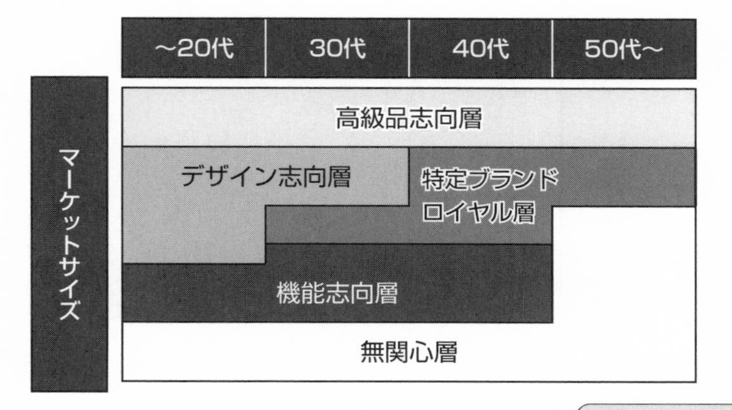

顧客の志向に基づいたセグメンテーション

注：『CRM 顧客はそこにいる 増補改訂版』（アクセンチュア　村山徹/三谷宏治＋戦略グループ/CRMグループ著、東洋経済新報社）より作成

③顧客ニーズ分析

セグメンテーション作業を円滑に進めるために、顧客のニーズを徹底的に分析することもしばしば行なわれます。具体的には、「顧客がどのような方法・理由でサービスを購入するのか」「どのように行動し、何が行動の引き金となるのか」「製品の機能、ブランドイメージ、自己表現、デザイン、価格などにどのようなニーズを持っているか」「購買行動の背後にはどのようなストーリーがあるか」といったことを分析します。

◉ 顧客ニーズの分析例 ◉

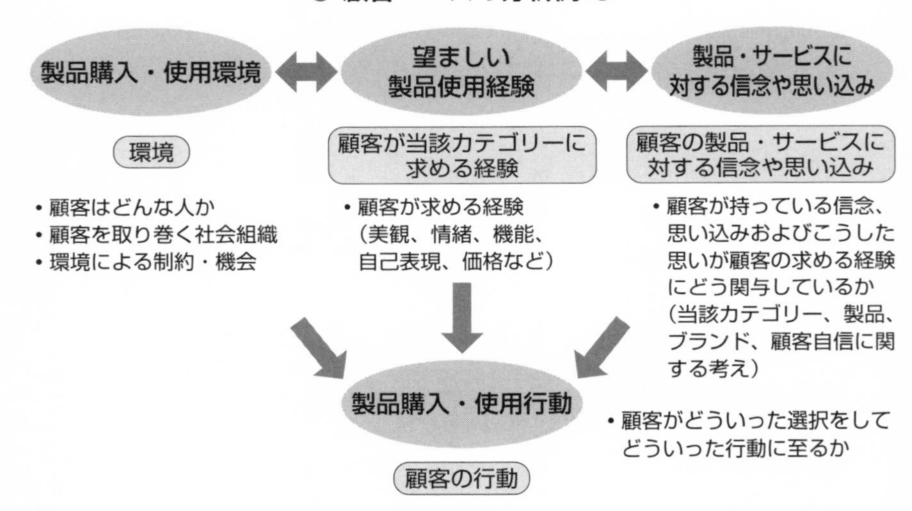

④多様な意図を反映できるターゲット設定

顧客のニーズを分析したら、いくつかの顧客セグメントのなかでも「どのセグメントに注力すべきか」を決定します。ただし、必ずしも特定のセグメントのみに注力し、そのセグメントにのみ具体的なプランをつくるわけではなく、優先順位づけをするためにターゲット設定を行なう場合があります。

また、とくにターゲット設定をせずに、セグメントごとのプランをきめ細かにつくって進めていく場合もあります。ターゲットの設定方法は何通りもあり、たとえば自社のシェアが低いセグメントや成長性の高いセグメントをターゲットにすることもあります。

また、次ページ図のように顧客別に収益性を分析し、収益性の高いところに注力することもあります。収益性の分析にはさまざまな手法がありますが、図では横軸に「売上」、縦軸に「顧客別営業利益率」をとって分析しています。

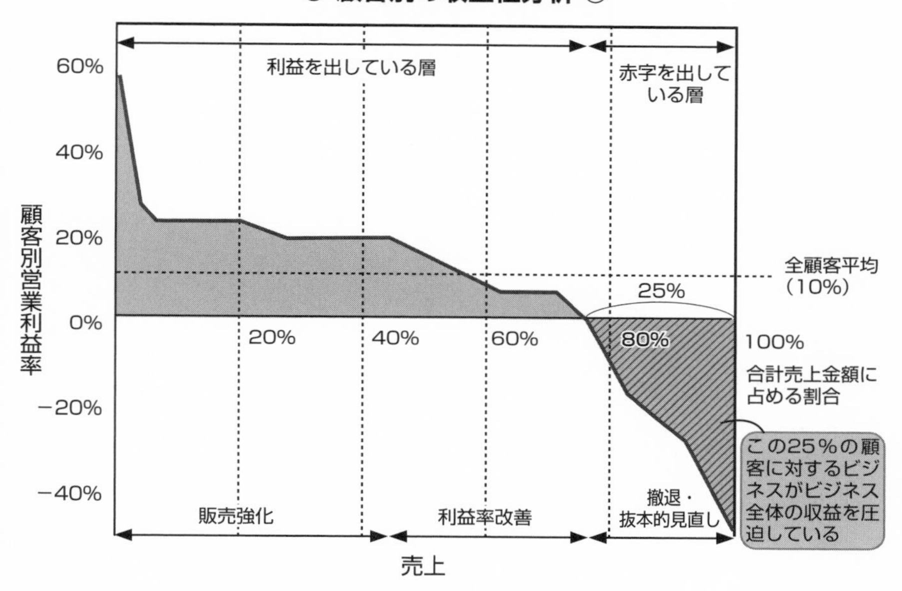

⑤アプローチ戦略の策定とテストマーケティング

最後に、①から③までの分析結果を基にターゲット（および各セグメントの顧客）に対して、どのようなアプローチをとるかを考えます。分析した顧客のニーズを基にして、購買決定プロセスのどのステップで、どのように製品を顧客に訴求するかを立案します。

プランを考えたとしても、ただちにプランを実施するわけではありません。特定の地域、ないしは店舗などでテストマーケティング（パイロットプロジェクト）を行ないます。

テストマーケティングの実行支援に加え、その後の全社展開のアクションプラン策定までまるごと支援するコンサルティングファームもあります。

5 事業戦略②
安定低成長を打破する新規事業戦略

新規ビジネスの成功確率を上げるためのコンサルティング依頼が増えている

◇ビジネスプロデュースタイプのコンサルティングが増加している

既存事業が成熟期に入って「安定低成長」の段階になると、企業はさらなる成長のために新規事業の創出を検討します。しかし、新規事業の創出では未経験のことに取り組むことも多く、困難や苦労がつきまといます。

そのため、成功確率を少しでも上げるために、積極的にコンサルタントを利用することが多くなっています。ドリームインキュベーターやイーソリューションズなど、「ビジネスプロデュース」タイプのコンサルティングを積極的に行なうコンサルティングファームも出てきており、コンサルタントに「ビジネスプロデューサー」としての役割を求めるクライアントが増えているようです。

本書では、一般的な新規事業戦略プロジェクトに加え、「技術開発」プロジェクトやインキュベーションとも呼ばれる「新技術実用化」プロジェクトを紹介します。

◇新規事業戦略プロジェクトはこう進む

新規事業戦略プロジェクトでは、一般的には下図のようなステップを踏んでプロジェクトを進めていきます。

◉ 新規事業戦略プロジェクトの流れ ◉

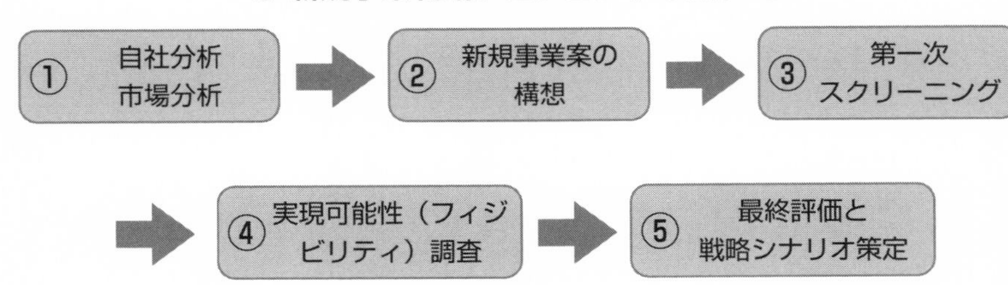

①自社分析・市場分析

新規事業案を作成するにあたって、まずは下調べをします。自社が現在持っている経営資源（人材、技術、ブランド、販売チャネル、顧客基盤など）をたな卸しして、自社の強みがどこにあるかを丹念に分析します。

同時に、マクロ的な社会動向・市場動向も分析していきます。将来の環境変化を予測することで、今後成長が見込める分野を絞り込んでいくのです。これらの2つの分析から、新規事業の“種”を発掘します。

②新規事業案の構想

先のステップで集めた情報・分析結果を基に、新規事業案をいくつか作成します。この時点では既成概念にとらわれず、コンサルタントの「ゼロベース思考機能（ゼロから何もとらわれずに自由に考える思考法）」をフル活用して事業案をつくります。初期の事業案として検討する項目には、下図のような内容が含まれます。場合によっては、この段階で30～40の事業案を出すこともあります。製品・サービスありきの発想にならないよう、ターゲットとニーズを見据えながら事業案を考える必要があります。

◉ 新規事業案の検討項目例 ◉

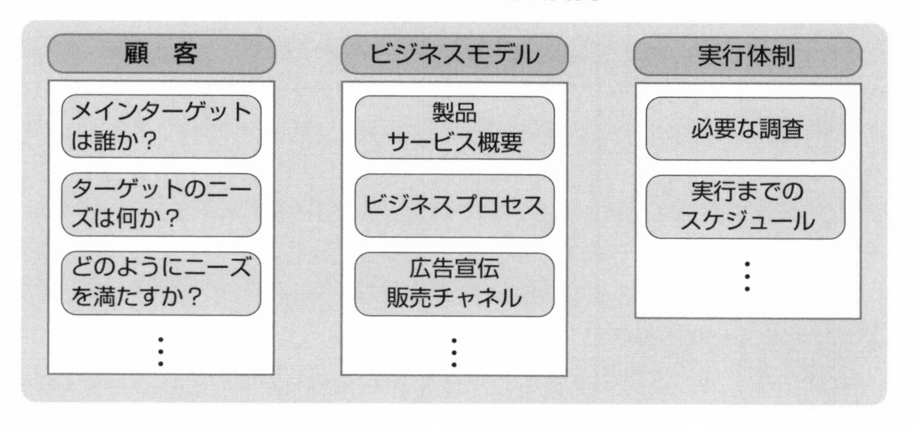

③第一次スクリーニング

ある程度の事業案が出そろった段階で、新規事業候補の絞込みに入ります。事業計画を客観的に評価するための基準を設定し、市場の成長性やビジネスの採算性、競合への優位性、参入障壁、法的・技術的な課題、リスクなどを評価します。

この段階で有力な数個の事業案に絞り込みます。

④実現可能性（フィジビリティ）の調査

次に、各事業案をさらに細かく精査します。必要に応じて外部調査のデータも利用して、ビジネスの採算性、需要見込み、課題を洗い出します。

そのうえで、調査によって得られた結果を基にビジネスモデルを修正して事業計画書に落とし込んでいきます。

具体的には「収益モデルと収益計画の作成」「組織体制・スケジュール」「オペレーション詳細」「プロモーション方法」「必要となる投資」「競合分析」「課題およびリスク」といった点をつめていきます。

⑤最終評価と実行のための戦略シナリオ策定

最後に、④の調査結果を基にして最終的な新規事業案を決定します。新規事業案を決定した時点でプロジェクトが終了することもありますが、もう一歩踏み込んで、この後に具体的な戦略シナリオを策定することもあります。

中長期および短期の目標を設定し、具体的なスケジュール・組織体制構築・オペレーションの手順をさらに細部まで落とし込み、マーケティング戦略を立てます。マーケティング計画について関係者や顧客候補へのヒアリングを繰り返し、マーケティング戦略を修正していきます。

また、シナリオ・プランニング手法により未来予測をすることもあります。確率の高い「メインシナリオ」と複数の「サブシナリオ」を描き、各シナリオが事業に与えるインパクトをパラメーター化・数量化します。そして、シナリオごとに戦略オプションを設定することで、柔軟に経営の方向性を転換できるようにしておくのです。未来予測で完全に将来を予測できるわけではありません。しかし、不確実で予想不可能なことが多いからこそ、可能な限り状況の変化に対応できるように複数のシナリオを描いて、各シナリオでベストだと考えられる戦略をあらかじめつくって備えておくことが有効です。

3 6

業務・IT①
顧客戦略を円滑に実施するカスタマー・セールス・マーケティング領域

顧客情報の活用が今後のビジネスのカギに

◇個々の顧客に最適なサービスを提供するのが目的

マーケティング戦略の項目でも簡単に触れましたが、近年では、デジタル化の進展や、分析技術の発達により、カスタマー・セールス・マーケティング領域のコンサルティング分野が非常に注目を浴びています。

本領域は顧客接点に関わる領域を中心に扱っており、大きく分類すると、5つに整理されます。

◉ カスタマー・セールス・マーケティングの領域の変化 ◉

取り巻く環境変化	・企業に集まるデータ量の膨大化、データが集まる速度の加速、データ元・チャネルの多様化による、顧客情報のビッグデータ化 ・機械学習、データマイニング、統計分析などの技術・手法の発展 ・スマートフォンの普及などにより、顧客が主体的に情報収集し、サービスを選ぶ世の中に ・製品・サービスの売り切り型から、サブスクリプションなどのサービス型・体験消費型への変化 など

▼

当該領域の変化	既存領域		新規領域
	①マーケティング 顧客接点周りの企業活動全般。商品・サービス企画、新規事業、マーケティング戦略　など ②セールス 営業業務にかかわる領域。営業生産性向上・効率化、業務標準化　など ③カスタマーサービス コンタクトセンター、Webサイトやソーシャルメディア等、顧客接点にあわせた戦略立案、実行にかかわる領域　など	＋	④カスタマーインテリジェンス 顧客情報の収集および分析、それに伴うPDCAにかかわる領域　など ⑤カスタマーエクスペリエンス 顧客の一連の購買行動（カスタマージャーニー）における各接点での顧客体験を検討する領域。オムニチャネル構想策定、顧客体験デザイン など

◇カスタマー・セールス・マーケティング領域を取り巻く環境の変化

近年、IoTの進展などにより、企業に集まるデータ量の膨大化、データが集まる速度の加速、データ元・チャネルの多様化により、顧客情報がビッグデータ化してきています。さらに、ＡＩ分析技術の発展もあり、いかに顧客情報を収集し、有効活用できるかが、企業の競争優位確立における要点となってきています。

また、チャネルの多様化にともない、適切なチャネル活用（オムニチャネル構想・カスタマージャーニー）だったり、商品を提供するのみというモノ消費から、顧客体験にフォーカスしたコト消費への変化も、主要なコンサルティングテーマになってきています。

◇各領域における具体的な内容

前ページの図に掲げた５領域の具体的な定義、プロジェクト例、直近の動向についてまとめると、以下のようになります。

①マーケティング

マーケティングの定義はさまざまで、かつ、コンサルティング実務においてどういった切り出し方をされるかも多様ですが、どんな顧客に対し、どんな商品・サービスによって、どんなチャネルを通じて、どんな価値提供をするかといった論点を検討します。具体的なテーマとしては、マーケティング戦略、ブランディング戦略、新規事業開発、マーケットリサーチ等、幅広いテーマを含みます。いずれにおいても顧客や顧客接点が起点となったテーマを取り扱うことが多いです。

②セールス

自社の営業チームのパフォーマンス向上のため、営業組織の組織力強化・生産性向上、業務標準化等を検討します。ＳＦＡ（Sales Force Automation）・営業支援システムの導入による営業プロセスの可視化や、ＣＲＭ（Customer Relationship Management）システムの導入による顧客情報の管理なども主要なテーマの１つです。

営業部隊は短期的な目標達成に追われていることが多く、そうしたなかで営業方針の変更、新しいツールや評価制度の導入や、業務改革等を行なうのは多くの困難をともないます。短期的な目標を追いかけていたために、長期的に重要なビジネスチャンスを逃してしまった、競合他社の後塵を拝してしまったということもありえます。

また、システムやツールを導入したものの、現場の負担が増加するだけ、といった事態になることも少なくないようです。

コンサルティングファームは、こうした状況において、長期的な目線に立ちながら営業組織のあるべき姿・向かうべき方針を整理し、現場感を持ったうえで実現可能な改革を行なっていくことが求められます。

③カスタマーサービス

従来はコンタクトセンターの効率化がメイントピックではありましたが、Webサイトやソーシャルメディアなど多様化する顧客接点に合わせたデータ分析、それらに基づく戦略立案・実行が求められるようになってきています。

また昨今、製品・サービスが売り切り型から、サブスクリプションなどのサービス型・体験消費型へと変化しているのにともない、長期的な顧客関係維持、顧客の声の分析が重要になってきています。それに対応するため、アフターサービスプロセス改革、VoC（Voice of Customer）分析・活用といったコンサルティングテーマも手がけています。

最近では、IoTの普及や通信環境の整備により、顧客が何らかのデバイスに常時接続されているコネクテッドな環境が増加してきています。そうしたデバイスから収集される顧客の利用状況のデータに基づき、新しい提案（欠品補充、故障余地、新商品提案等）を行ない、継続的な顧客との関係構築をすることが非常に重要になってきています。

④カスタマーインテリジェンス

デジタル化の進展によりデータが膨大かつ加速度的に集まるようになり、さらにデータ分析技術が進化してきたことにより、顧客理解を深めることが競争優位を保つうえで非常に重要になっています。そのため、コンサルティングにおいても、１つの大きな領域として注目されています。

機械学習、データマイニング、統計分析などの手法を用いたデータ分析系のプロジェクトや、アナリティクス部隊立上げ、データ予測モデルの構築等のデータ収集体制の整備系のプロジェクトなどが増えてきているようです。

昨今では、ＡＩを活用したコンサルティングをメインに行なっているコンサルティングファームやスタートアップも増えてきています（コンサルティングファームとスタートアップの協業も増えています）。また、コンサルティングファームがデータサイエンティスト、データエンジニアの採用を行なうようになっているのも最近の動向です。

⑤カスタマーエクスペリエンス

昨今はスマートフォンの普及などにより、消費者が自分でツールや情報を収集し、使いこなしています。顧客は自分で安くてよい商品を効率よく見つけ出し、購買するようになりました。そうした流れのなかで企業は、顧客の動きを予測して、「どうすれば自社を購買検討の対象に位置づけてもらえるか」と考えるようになり、さらに企業自体が顧客の動きの道筋を設計していくようになってきています。

こうした顧客の流れ・動きを「カスタマージャーニー」と呼び、その中の各顧客接点において、顧客にどういった経験をしてもらい、自社のブランドとの絆を作ってもらうかを検討する必要があります。この経験にフォーカスした領域のコンサルティングを「カスタマーエクスペリエンス」と呼びます。

たとえば、オンラインショッピングにおいて、「アプリやWebサイト上での顧客の動きにあわせて、どういった商品を提案するか」、「過去の購買履歴がある顧客にまた購入してもらうにはどういった情報を届けるとよいか」、「購入後もどんなアフターフォローをすることで心地よく使い続けてもらい、今後の購入につなげていくか」などについて設計していきます。また、１人の顧客の情報を基に、他の顧客の購買体験におけるレコメンドの参考にするなど、よりブラッシュアップされていく形をとることもあります。

これらの流れを実現するうえでは、テクノロジー・システムおよびその裏にある顧客情報の連携、データ分析の基盤構築などが重要になってきます。

3

7 業務・IT②
最適な購買・在庫・生産管理を実現するSCM

SCMによって製品ライフサイクルすべてを管理できるようになった

◇SCM（サプライチェーンマネジメント）とは？

ＳＣＭ（サプライチェーンマネジメント）は、「原料を調達 → 製品を製造 → 製品を輸送 → 販売 → アフターサービス」のような一連の需給・調達・生産・販売活動を最適化することで、コストを削減し、安定的かつ柔軟な製品供給、確実性の高い需要予測と在庫管理を達成する仕組みです。

とくに製造業においては、ＳＣＭによるサプライチェーンの効率化によって業績を劇的に向上させることができた事例が多く、コストが数十％削減できたという事例もあります。海外にも生産・販売拠点があるような場合、非常に複雑かつ規模の大きいグローバルプロジェクトになります。

ＳＣＭプロジェクトは需給・調達・生産・物流の４要素に関するリアルタイムの情報を集め、情報をただちに各業務にフィードバックする必要があります。そのため、巨大なシステム構築と導入をともなうことが多いプロジェクトとなります。またＳＣＭでは各業務領域が密接にかかわっているため、ハッキリ分類することはむずかしいのですが、下図のような主要テーマがあり

◉ SCMの主要テーマ一覧 ◉

テーマ	概　要
サプライチェーン全体の戦略立案	現状のサプライチェーンの問題点を洗い出し、改善計画を立案する
各拠点配置の最適化	生産・物流・販売などの拠点配置を見直す
需要予測・計画立案・実績管理	販売・調達・生産などの計画と実績の管理方法を見直す
物流サービス・物流コスト・在庫最適化	倉庫内のオペレーション改善と、輸送・配送プロセスの改善
トータルシステムの導入によるシステムの全体最適化	ERP同士および各種周辺アプリケーションの統合・結合プロジェクト
テクノロジー活用によるサプライチェーン変革	AI技術を活用した最適価格の導出や、RFIDを活用した情報の収集・活用のしくみの構築
アウトソーシング	ノンコア業務のアウトソーシングによるコスト削減

ます。

ＳＣＭもほかのプロジェクトと同様、前ページ図に掲げた７つのテーマのうち１つだけを扱うこともあれば、複数テーマを１つのプロジェクトで同時に扱うこともあります。

①サプライチェーン全体の戦略立案

サプライチェーンを改革するためには、構想立案の段階で現状分析に基づいた「ボトムアップ型のアプローチ」をとるとともに、戦略に基づいた「トップダウン型のアプローチ」も併用する必要があります。

ビジネスプロセス全体を改革するため、まずは現状のサプライチェーンにおける問題点を分析します。たとえば、「サプライヤー、顧客、社内を対象としたアンケート」「需給・調達・生産・販売のデータから抽出した主要なパフォーマンス指標に基づいた業務パフォーマンス評価」「問題識別のための現場へのインタビュー」などを通して、一連のサプライチェーンのどの段階に、どういう問題があるのかを分析します。

その分析結果を踏まえて、業界のトレンド、ベスト・プラクティス、サプライチェーンに関するコンサルティングファームのナレッジなどを用いてサプライチェーン最適化に向けた戦略を立案します。

②各拠点配置の最適化

各業務の最適化をする前に、マクロな視点、またグローバルな視点でサプライチェーン・ネットワーク全体を分析して、「生産・物流・販売といった各拠点の配置が最適かどうか」ということから問い直すこともあります。

各拠点の再編が必要になれば、生産拠点・物流センター・販売店の統廃合や移設が検討されます。また新拠点の立ち上げの際には、新たな業務フロー、組織体制、管理システムなどを設計します。

さらに、新たに海外市場に参入する（生産・販売）場合、既存拠点の活用と新規拠点設立の両方の可能性を考慮しつつ、どのように生産・物流・販売を行なうのが最適かを検討します。

③需給予測・計画立案・実績管理

サプライチェーン全体の戦略立案と拠点最適化をしたら、各業務プロセスを再設計し、より効率的なサプライチェーンを構築する段階になります。需給・調達・生産・販売の流れでは、大きく２つの領域があります。

◉ ＳＣＭシステムのプロセスモデル ◉

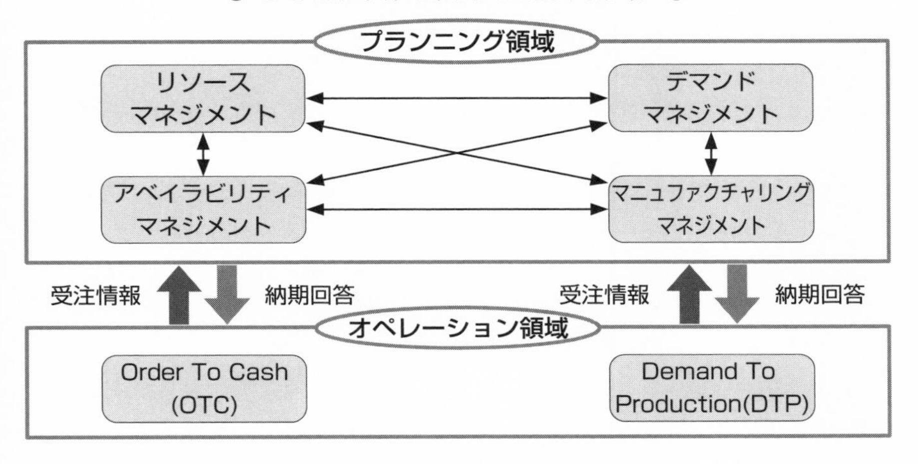

１つ目の領域は「プランニング領域」であり、「いつ、どこに、何が、どんな状態で、いくつ」必要なのかを計画・管理する領域です。具体的には、「需要管理」「生産管理」「納期回答」といった項目が挙げられます。

プランニング領域での改善活動は、「需要予測の可視化、高精度化」「需給変動への対応の迅速化」「リソース管理（何を、どんな状態で、どこに、いくつ持つか）の最適化」「納期回答の高精度化、迅速化」などを目的にしています。

サプライチェーンにおける問題が発生する原因として、「情報が一元化されておらず信頼性が低い」「リアルタイムでの情報管理ができていない」という状況がよくあります。そのような問題を解決するために、サプライチェーンにかかわる各部門が一元化されたリアルタイムな情報に基づいて需給計画を策定するように変革することが必要です。これにより、各部門の業務が高精度化かつ迅速化されます。

２つ目の領域は「オペレーション領域」であり、プランニングに基づいて実際に行なわれる活動を管理します。具体的な項目としては、「販売管理」「調達管理」「製造管理」「出荷管理」などといった、サプライチェーン全体における「モノの場所や状態の変化」に関する実績管理です。

プランニング通りに確実に実行されているのかをリアルタイムに把握することで、「いつ、どこに、何が、どんな状態で、いくつ」必要かというプランニングに対して、その実績を把握できるようになり、遅延が発生した時にはすぐにフィードバックして必要に応じてプランニングの変更ができるようになります。

④物流サービス・物流コスト・在庫最適化

①、②、③では拠点そのものの管理や、各オペレーション領域における数量管理がメインテーマでした。しかし、サプライチェーンにおいては実際に「原料・製品を輸送する」という重要プロセスもあります。この「物流」のプロセスを最適化するプロジェクトもしばしば立ち上がります。

物流プロセス最適化は、ミクロな視点での「倉庫内のオペレーション改善」、マクロな視点での「輸配送プロセス改善」、数量という視点での「在庫最適化」の３種類に大きく分けられます。

倉庫内のオペレーション改善では、入荷から出荷までの一連の業務プロセスを個別に見直して再設計し、ＷＭＳ（倉庫管理システム）も再設計します。倉庫内のオペレーション改善を通じて、倉庫内業務のＱＣＤ向上（高精度化・低コスト化・リードタイム短縮）を図ります。また、従来は人の介在が必要とされるオペレーション（入出庫や倉庫内運搬など）をすべて自動化することで倉庫を無人化するという改革も業界各社で進んでいます。

また、輸配送プロセス改善では、ＴＭＳ（輸配送管理システム）の導入によるオペレーション改善プロジェクトがよく見受けられます。もちろん、システムを導入するだけではなく、輸配送管理のベストプラクティスをクライアントの業界ごとにカスタマイズして提供します。

最後に、②で拠点配置が最適化され、③で需要と実績の管理が最適化され、④で倉庫内オペレーションと輸配送プロセスが最適化されることで、在庫最適化、つまり「どこに、何が、どんな状態で、いくつ」ある状態がベストなのかが導かれます。在庫は、多いとＣＣＣ（キャッシュ・コンバージョン・サイクル）の悪化、少ないと納期遅延の原因となるため、健全な企業経営のためにも在庫最適化はとても重要な改善活動といえます。

⑤トータルシステムの導入によるシステムの全体最適化

サプライチェーンマネジメントにかかわる業務領域には数多くのシステムが導入されています。各システムの導入がある程度進んだ、あるいは大規模システム導入を検討しているケースからは、「サプライチェーン全体を俯瞰（ふかん）して、サプライチェーンにかかわるすべてのアプリケーション（ソフトウェア）を最適化し、より柔軟で変化に適応できるトータルシステムを実現したい」というニーズが生まれました。

◉ トータルシステムのイメージ ◉

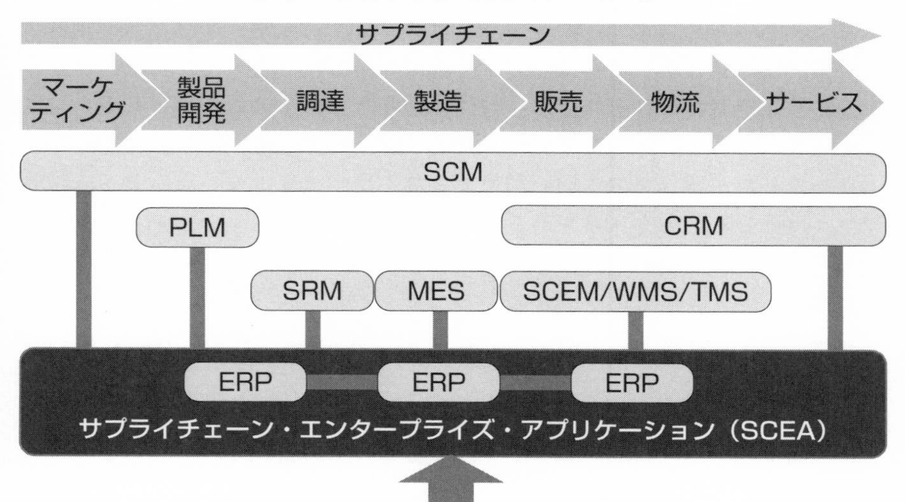

ＭＥＳ＝Manufacturing Execution System　ＰＬＭ＝Product Lifecycle Management
ＳＲＭ＝Supplier Relationship Management　ＳＣＥＭ＝Supply Chain Event Management

なぜならば、トータルシステムの導入によって、サプライチェーン全体がネットワークで結合され、環境変化に対応できるようになるからです。

そのためには、サプライチェーンの根幹となるアプリケーション（SAP S/4HANA、Oracle EBSなどのＥＲＰパッケージ）の導入、ＥＲＰ同士の統合と各種周辺アプリケーションとの連携・最適化が必要となります。

クライアントがＥＲＰを新規導入しようとしている、既存のシステムをＳＣＭ領域にも対応できるように機能拡張を希望している、もしくはほかのアプリケーションとの統合を検討されている場合、このようなシステム統合・結合プロジェクトが実施されます。

⑥テクノロジー活用によるサプライチェーン変革

オペレーション改善による合理化やＥＲＰパッケージ導入による一元管理化のみならず、テクノロジーの活用による抜本的な業務変革も実施されています。

たとえば、ＡＩ技術を活用したダイナミックプライシングがその一例です。需要に応じて価格を変動させる仕組みは従来もありましたが、売上や顧客動向などのインプットから人間が最適価格を算出していました。

ＡＩを活用することで、需要データだけでなく、天候、イベント、競合などの外部情報も利用した精度の高い分析が可能になりました。また、これらの分析結果が蓄積されることで、時間経過とともにその分析精度も向上します。

また、ＲＦＩＤ（無線タグ）の導入も例に挙げられます。メーカーはこれまで、出荷したその商品をどのような客が購入し、いつ・どのような修理の依頼があり、いつ廃棄されたかなどということはわかりませんでした。紙の伝票や手入力などによってバケツリレーのようにバリューチェーンの前後では情報が伝えられていたものの、それ以上の範囲においては、各個体情報を正確に追跡することは、非常に骨の折れる作業でした。

ＲＦＩＤ導入により、同じ型番の商品であってもそれぞれを“固有のモノ”として区別して認識でき、製造から修理、そして廃棄までのライフサイクル全般にわたって大量の情報を把握することができるほか、その情報を関係各社間で共有することが可能になりました。

◉ ＲＦＩＤの活用構想 ◉

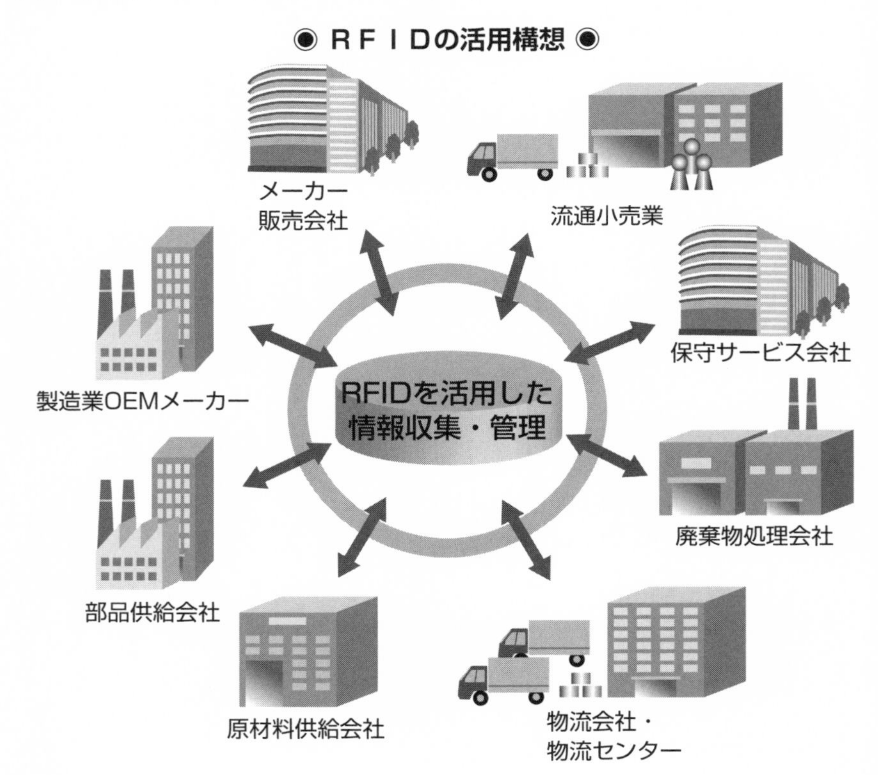

ＲＦＩＤを活用することによって、各サプライチェーン領域では多くのメリットがあります。

◉ ＲＦＩＤの活用例 ◉

(1) 製造（OEM、部品メーカーなど）

・使用した部品や原材料のロットを把握できることで、市場トラブルや生産トラブルが発生した時に、原因分析や対策などを迅速に実施することができるようになります。

(2) 販売（OEM販社、販売店など）

・商品の安定供給が可能になり、短いリードタイムで売れ筋商品の販売促進キャンペーンが可能になります。
・「ＯＥＭから直接提供される商品情報」と「販売会社から提供される納入情報から販売情報」の一元化を図り、店頭受け入れや棚割りなどの作業効率が上がります。
・顧客からの問い合わせに対して一元化された情報提供ができるようになり、サービスの高精度化や迅速化につながります。
・顧客情報（ポイント会員情報など）と商品購入情報が正しくひも付くので、追加延長保証業務の迅速化や買い替え販促、アップセル（同等以上の代替品にすることで、顧客単価を上げる方法）などのパーソナライズ化にも役立ちます。
・小売業などの場合、複数のチップを一括で読み取ることでレジ作業の時間短縮化、検品作業や棚卸作業の時間短縮化、高精度化につながります。
・ＲＦＩＤタグには情報の書き込みもできるため、レジ通過時にその情報を書き込むことで精算前後の商品を区別することができます。店の入り口にリーダーを設置することで万引きを防止できます。

(3) 物流

・在庫情報を正確に把握することにより、混載による積載効率向上や、配送ルート最適化が図られるようになります。その結果、緊急出荷などのムダな物流コストを減らすことができます。
・複数のチップを一括で読み取ることで検品作業や棚卸作業の時間短縮化、高精度化につながります。

(4) 保守

・製品製造情報（製品構成情報や製造時の情報など）をメンテナンス情報の基礎情報として用い、保守などの履歴を蓄積して、より的確かつ効率的な保守ができます。

・購入したユーザーの情報とその利用状況を面的・時系列的にとらえることにより、メンテナンスサポートやリコールへの対応の人員配置、コストの平準化、サービスパーツの手配とパーツセンターの在庫再配置の迅速化なども期待できます。

⑦アウトソーシング

ＳＣＭにおける人件費削減テーマの１つとして、サプライチェーンの一部業務のアウトソーシングが挙げられます。総合系コンサルティングファームの紹介でも述べたとおり、総合系コンサルティングファームにおいてもアウトソーシングビジネスによる売上が増えてきており、ＳＣＭのアウトソーシングコンサルティング案件の受託もしています。

メジャーなアウトソーシングの１つが、物流業務のアウトソーシングです。３ＰＬ（サード・パーティー・ロジスティクス）と呼ばれ、売り手（メーカー）や買い手（卸売業・小売業）ではない第３者の物流業者がメーカーに対して物流業務全体を提案し、メーカーは全面的に物流業務を委託します。物流のプロフェッショナルに物流業務全体を委託することで生産性向上に繋がるほか、機器やシステムの導入・維持費も委託になることでコスト削減に繋がります。

また、間接財購買業務のアウトソーシングもあります。たかが間接費といっても、企業売上高の10〜15％に達し、数億円から数千億円に達する企業もあることを考えれば、決して無視できない費目です。

コンサルティングファームがアウトソーシング案件を受託すると、戦略的なアウトソーシング先の選定だけではなく、オペレーションの集約化や標準化、オフショア・ニアショア化などを行なうことで、購買コストの削減効果を実現します。また､「どの部門が何をどのくらい購入しているか」といった、会計情報だけでは見えない間接財購買のコスト構造を可視化できる効果もあり、内部統制にも貢献します。

このように、自社だけではノウハウやリソースが足りずに最適化が進まないような業務を外部に委託することにより、従来の担当者がコア業務に専念できる効果もあります。

3

8 業務・IT③ 多数のプロジェクトを円滑に動かすPMO

プロジェクト整備とクライアント社員へのノウハウ移転が大きな役割

◇複雑・大規模化するプロジェクトの増加で需要が増している

ＰＭＯ（プロジェクトマネジメントオフィス）とは、企業内で進行中の多数のプロジェクトを一元的に管理し、個々のプロジェクトが円滑に進行できるようにサポートする部門（役割）です。とくに、専門知識がないとわかりにくいＩＴ系のプロジェクトではＰＭＯが非常に重要な役割を果たします。

自社だけではなく、グループ会社まで含めたネットワークにおいて、「どのようなプロジェクトが、どういうつながりをもって進行しているのかを一括して把握したい」というニーズが多くの企業において存在します。しかし、大企業になればなるほど複雑で大規模なプロジェクトが多く、個々のプロジェクトの掌握がむずかしいのが現状です。

プロジェクトを一括して把握できないという問題に対し、コンサルティングファームがプロジェクトの運営・管理のノウハウを武器にＰＭＯとしての役割を果たす、あるいは既存のＰＭＯを支援して機能を向上させることが、ＰＭＯプロジェクトの大きな目的になります。

ＰＭＯプロジェクトにおけるコンサルタントの大きな役割として、「①プロジェクト運営ノウハウの整備」「②プロジェクト運営支援」「③クライアント社員へのノウハウ移転」の３つが挙げられます。なお、ＰＭＯ（プログラムマネジメントオフィス）は別の用語であり、社内全体のマネジメントという意味が強くなります。

◇プロジェクト運営のノウハウ整備

ＰＭＯが設立されていない、あるいは十分な役割を果たせていない場合、日常的に開発ベンダーに依存したプロジェクト運営となってしまいます。

その結果、プロジェクトごとにまったく異なる方法で管理され、担当者は自分以外の状況を把握できないケースが散見されます。

プロジェクトが混迷している状況を解決するためには、まずはプロジェクトを遂行・管理する技能を１か所に集約し、一貫性のある標準化されたプロセスを導入します。

そのうえで、統一されたツールやプロセスに則って、プロジェクトが管理・進行されるように働きかけます。具体的に標準化される点には「システム開

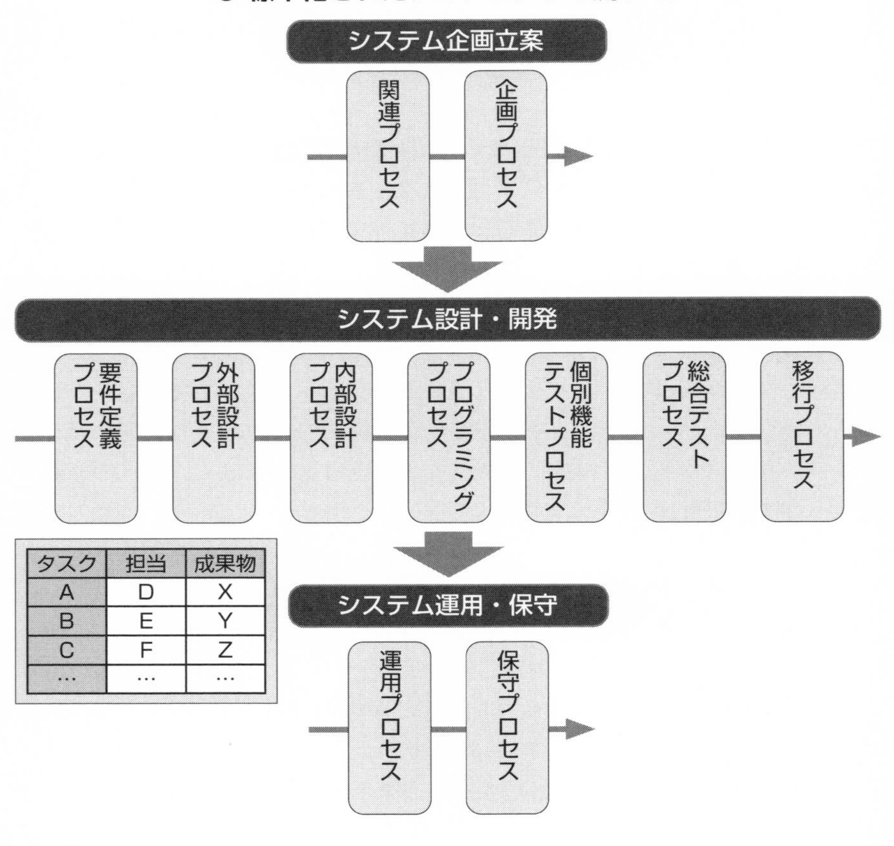

発基準」「プロジェクト管理基準」などがあります。

「システム開発基準」では、システムの企画から運用・保守のフェーズまでをいくつかのプロセスに分け、プロセスごとに「タスクの洗い出し方法」「役割分担」「成果物」を規定します。

規定をすることによって、「各プロジェクトが現在どのプロセスであり、どのタスクがクリアできていないのか」が明確になります。プロセス設定の例は上図のようになり、システム設計・開発フェーズを「どのようなプロセスで分けるか」がプロジェクト成功への大きなカギとなります。

一方、「プロジェクト管理基準」とは各フェーズを横断した管理基準です。進捗管理、課題管理、リスク管理など、プロジェクトの主要な管理項目の管理手法・成果を規定します。

◇プロジェクト運営支援

プロジェクトの運営基準が整備されたら、今度は各プロジェクトが基準に基づいて進行できるように支援します。そして、毎日各プロジェクトが円滑に進んでいるかどうかをモニタリングして問題に対応します。

それと同時に、全プロジェクトを俯瞰して全体最適化を図ります。たとえば、ＰＭＯにリソース配置に関する権限を持たせて、従業員の生産性を向上させたり、優先順位の高いプロジェクトに最良のスタッフを割り当ててプロジェクトに専念させ続けたりします。

また、場合によっては費用対効果が悪いプロジェクトを中止したり、延期・縮小したりする際に必要となる情報を可視化する支援もします。ＰＭＯの役割は次のように大きくまとめることができます。

◉ PMOの５大機能 ◉

●資源管理

・的確なデータに基づく人員・資金・設備の配分

●プロジェクト計画とアップデート

・プロジェクト遂行上のマイルストーンとスケジュールの策定

・各プロジェクトや活動間の連携促進と調整

●進捗管理

・活動の進捗状況の正確な把握

・進捗に基づく各種資源の調整と再配分

・リスクと課題の網羅的把握、解決の優先順位づけ・解決状況の管理

●ベンダー管理

・ベンダーの調達手続き、契約交渉の管理

・契約上の重要事項の識別と交渉のコントロール

●レビューと監査

・レビュー観点の抽出とチェックリスト化

・各工程におけるレビュー目的と、とくにカバーすべき品質特性の特定

・最終的な成果物の妥当性・有効性のチェックと担保

ＰＭＯプロジェクトでは、全体を通してクライアント先に常駐することが比較的多くなります。

◇クライアント社員へのノウハウ移転

ＰＭＯのもう１つの重要な役割が、「クライアント社員へのノウハウ移転」となります。コンサルタントが半永久的にクライアント先に常駐して、ＰＭＯの役割を果たすわけにはいきません。ある程度の期間が過ぎた後は、クライアント社員だけでＰＭＯの役割を果たせるように体制を構築しなければなりません。

そのため、意識的にクライアント社員にＰＭＯのノウハウを伝えます。冒頭のように各種手法を整備し、クライアント先のチームメンバーと日々仕事をしながらＯＪＴでノウハウを伝えることはもちろん、クライアント社員向けのトレーニングを企画して実行することもあります。

なかには、自社向けのＰＭＯトレーニングプログラムをカスタマイズし、クライアントに提供しているコンサルティングファームもあるようです。

多くのコンサルティングファームは各プロジェクトで得られた知見を社内で共有し、最新の情報に基づいた質の高いトレーニングプログラムを作成しています。このノウハウをベースとして、顧客のニーズに応じてその都度カスタマイズし、コンサルタントが実際にクライアント企業社員を対象に研修をしているのです。

3　9　業務・IT④

企業の競争力を高めるITマネジメント戦略

業務の効率化だけではなく、全社戦略・事業戦略と並ぶウェイトが置かれている

◇ＩＴ戦略は全社戦略・事業戦略と一体で考えられるようになった

最近では、ＩＴは単なるバックオフィス（事務・管理・間接）業務の効率化だけではなく、ＳＣＭやＣＲＭに代表されるように、自社のビジネスプロセスの変革にも活用されています。

その結果、全社戦略･事業戦略とは別に考えられがちであったＩＴ戦略の重要度が高まるとともに、３つの戦略をトータルで１つの一貫した戦略として策定する必要性が高まっています。

ＩＴ戦略の重要化にともない、ＣＩＯや情報システム部門には「ＩＴ戦略が全社戦略・事業戦略にどのような価値を提供し貢献していくか」という視点が求められています。また、ＩＴ戦略がカバーする範囲も拡大しており、複雑性が増しているＩＴリソースを効率的に管理することも課題です。

◇ＩＴマネジメント戦略はこう進む

このように、ＣＩＯや情報システム部門を支援するのがＩＴマネジメント戦略です。ＩＴの進化とともに、さまざまなコンサルティングプロジェクトが運営されており、企業のＩＴ活用方針を決定する「①ＩＴ活用プランニング」、ＩＴ活用プランを確実に実行するための「②ＩＴ投資管理」「③ＩＴ活用体制構築」の３つの役割に大きく分けられます。

◉ＩＴマネジメントの全体像◉

アクセンチュアのITケイパビリティ・モデル

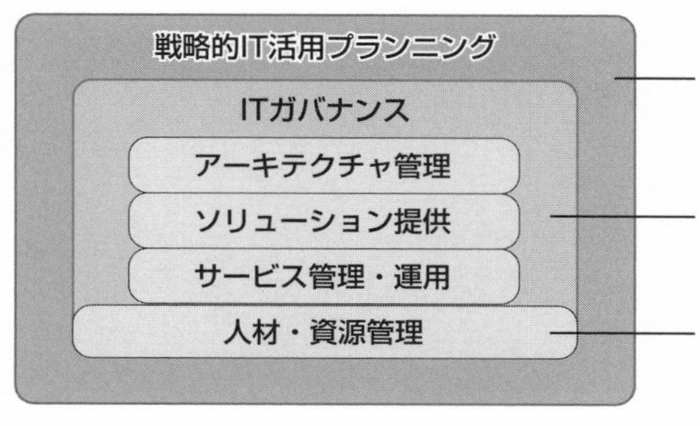

事業ビジョン/戦略を中期のIT投資計画や実行計画に落とし込む。また、ITの企業業績への貢献度を測る

組織内外における、ITに関する意思決定・予算化・執行・評価を行なう

人的資産やIT資産、知的財産を管理し、サービスの提供を支える

注：アクセンチュア会社説明資料より作成

①ＩＴ活用プランニング

事業戦略の企画や推進にほんとうに役立つＩＴシステムを構築し、競争優位性を築くためのＩＴ戦略の立案がＩＴ活用プランニングです。大まかな流れとしては、「ＩＴ活用に関する企業のビジョン・方針の決定 → ＩＴと人手の機能配分 → ＩＴを利用して集める情報の規定 → ＩＴの活用における競合との差別化ポイント・重点領域などの規定」となります。

ＩＴ活用の方針が立てられたら、次に事業戦略とＩＴ戦略を結びつけます。そのためには、業務プロセスのどこで競争優位性を構築するかを明らかにした「業務プロセス戦略」を策定しておく必要があります。業務プロセス戦略を媒介とすることで、「事業戦略 － 業務プロセス － ＩＴ」の３点が１つのラインとしてつながれ、事業戦略とＩＴ戦略の乖離(かいり)を防ぎます。

それに基づいて全社・全業務で利用される全システムのあるべきアーキテクチャを規定し、必要なＩＴプロジェクトを識別します。このように「事業戦略 － 業務プロセス － ＩＴ」の３点をつなげることで、業務とＩＴの整合がとれた一貫性のある意思決定が可能になり、情報システムが業務ニーズを迅速に取り込むことができるようになります。また、注力すべきポイントを規定することで、費用対効果の高いＩＴ投資が可能になります。

②ＩＴ投資管理

ＩＴ活用プランニングで立案した戦略を実現するために、「具体的なＩＴ投資をどのようなプロセスを経て行なうか」を規定することがＩＴ投資管理です。ＩＴ投資は「ＩＴ投資計画立案」と「ＩＴ投資管理プロセス構築」の２種類に大きく分けられます。

ＩＴ投資計画立案とは、企業の現在のＩＴシステムの構築状態を評価し、プランニングで定めた姿へと近づけるための計画を立案することです。事業や商品･サービスの収益性や成長性、業務プロセスにおける差別化ポイント・重点領域などを基準にして今後のＩＴ投資の優先順位をつけます。この優先順位を基にして最適なＩＴ投資ポートフォリオを構築するとともに、中長期的なＩＴ投資・改善計画を立案します。

中長期的なＩＴ投資や改善計画を立案するにあたっては、将来の事業展開計画に対応するために必要なシステム要件を抽出し、現行システムの不十分な点を明らかにしたうえで計画を立案します。

ＩＴ投資管理プロセス構築では、ＩＴ投資計画立案からＩＴシステム導入後の効果測定までの間にどのようなプロセスを踏み、どのような評価基準を

◉ ＩＴ投資管理の流れ ◉

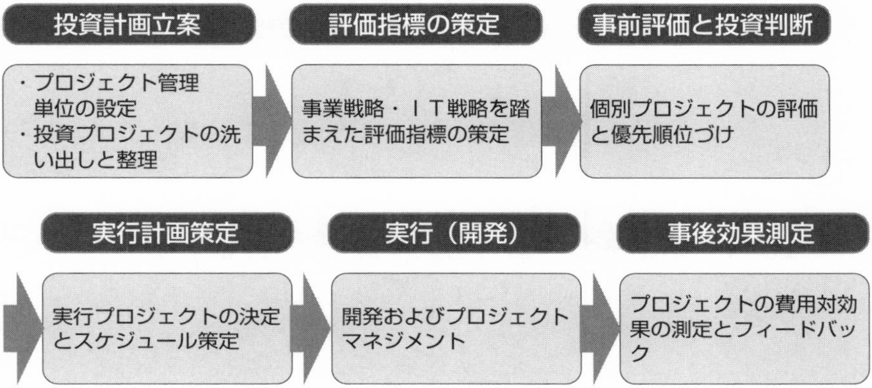

投資計画立案	評価指標の策定	事前評価と投資判断
・プロジェクト管理単位の設定 ・投資プロジェクトの洗い出しと整理	事業戦略・ＩＴ戦略を踏まえた評価指標の策定	個別プロジェクトの評価と優先順位づけ

実行計画策定	実行（開発）	事後効果測定
実行プロジェクトの決定とスケジュール策定	開発およびプロジェクトマネジメント	プロジェクトの費用対効果の測定とフィードバック

使用するかを策定します。プロセス分けの例として、「投資計画立案」「評価指標の策定」「事前評価と投資判断」「実行計画策定」「実行（開発）」「事後効果測定」などが挙げられます。

投資管理という意味では、「評価指標の策定」と「事後効果測定」がとくに重要になります。ＩＴ投資案件、とりわけ全社レベルで競争力向上を狙った戦略的ＩＴ投資案件では定量的な効果測定が困難な案件が多く、この問題をいかにクリアするかがカギになります。

投資管理のための手法にはさまざまなものがあり、ＩＢＭが提唱するＳＣＮ（Strategic Capability Network）、ＫＧＩ（Key Goal Index）、ＫＰＩ（Key Performance Index）を組み合わせた手法が一例として挙げられます。この手法では、「ユーザーは誰で」「システムを通じてどのような価値を提供するのか（Value）」「そのために何ができるようになればいいのか（Capability）」を定め、Valueを「Key Goal」、Capabilityを「Key Performance」と位置づけ、複数のKey Goal、Key Performanceがどの程度達成されたか効果測定を行ないます。

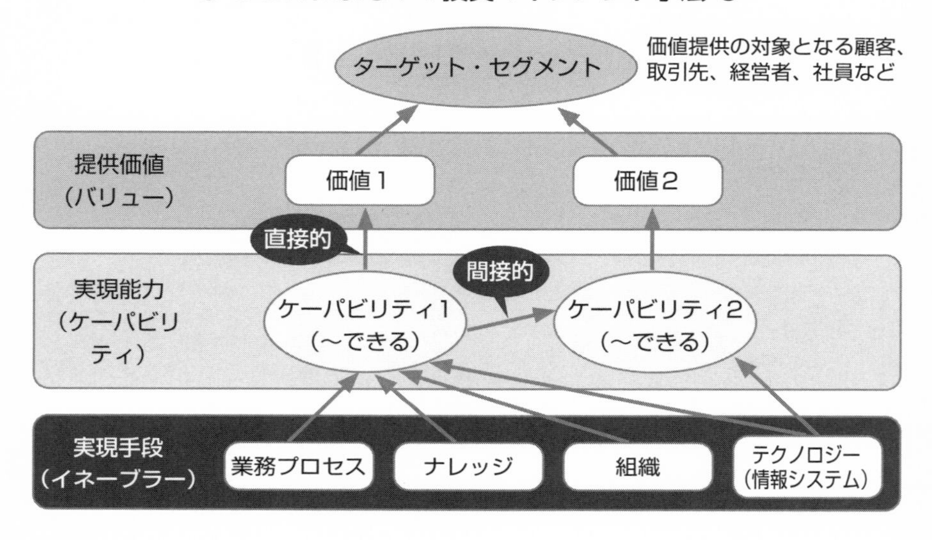

出典：日本アイ・ビー・エムWeb資料より作成

③ＩＴ活用体制構築

ＩＴ戦略を策定したら、ＩＴ活用プランニングからＩＴ投資の管理までを社内で推進できる体制づくりが必要になります。従来、情報システム部門の多くが情報システムの企画・開発・管理を主務としていました。しかし、今後は企業・企業グループ横断での業務改革の旗手、グローバルオペレーション標準化に向けたコントロールタワーの一翼、ＩＴガバナンスの統括主体として、幅広く奥深い役割を果たすことが期待されています。そのため、他部門との新たな関係性の構築、機能分担を含めた部門全体の組織再設計が必要になっています。

そのためのアプローチの一例を紹介します。まずは経営層・ビジネスユーザー・情報システム部の責任と権限を最適化し、そのうえで情報システム部門の新たなコアコンピタンスの定義、機能・人材強化シナリオの策定や、バランストスコアカードなどを用いたパフォーマンス管理手法の導入などを行ないます。その後、企業ごとの文化や戦略に即したスキルセットを定義したうえで、その評価・育成を推進するための人材戦略、評価・育成プロセスを設計し、個人のスキルパスやキャリアパスを描くことまで支援するのです。また、クライアント企業がシステム子会社を抱えている場合、子会社の戦略策定などをプロジェクトに含むこともあります。

業務・IT⑤
おもに上流工程を担当するシステムインテグレーション

ＩＴコンサルタントは、全体像を描く点でＳＥと異なる

◇ＩＴコンサルタントとＳＥの違い

いままで紹介してきたＣＲＭ、ＳＣＭなどのプロジェクトは、最終的には業務プロセスを踏まえたシステムの導入を行ないます（システムインテグレーションのみを単独で行なうコンサルティングプロジェクトは年々増えています）。

システムインテグレーションというと、ＩＴコンサルタントよりもむしろベンダー・システムインテグレーター（SIer）といった企業のＳＥが行なう業務というイメージがあると思います。「ＩＴコンサルタントとＳＥはどう役割が違うのか？」はよく議論されるテーマですが、厳密に分けられるものではなく、お互い重なっている部分もたくさんあります。

一般的な定義では、ＩＴコンサルタントは、システムの設計・構築に入る前までの議論・決定事項・プロセスを踏まえたうえで、「システムの具体像」を描きます（要件定義）。つまり、どのような機能が必要であり、どのようなフローになるのかという「全体像」をつくるわけです。また、インテグレーションのプロジェクトマネジメントもＩＴコンサルタントが実施します。

一方、ＳＥは具体像・全体像を基にして、実際にプログラムを書いて構築する業務がメインになります。「どのような基盤・アプリケーションが必要か」「どの製品を使うのがベストか」「どういったプログラムを書くのがもっともよいか」という課題について、システムに関する知識を武器に実際にシステムを構築します。

◉ ＩＴコンサルタントとＳＥの違い ◉

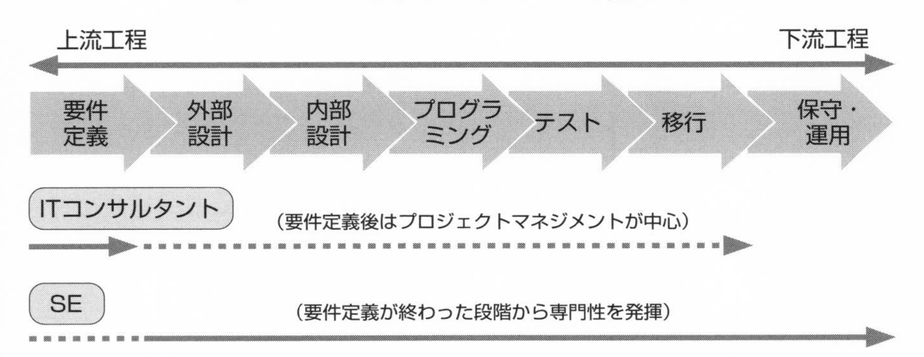

もちろん、このことはあくまで一般論であり、若手のＩＴコンサルタントであれば実際にプログラミングをすることもありますし、自社内にシステムの開発・構築を専門に行なう部門を抱えているコンサルティングファームもあります。

また、上流工程を手がけるからといっても、ＩＴコンサルタントのほうが優れているわけでは決してありません。特定の製品・分野のスペシャリストとしてコンサルティングファームに入って大活躍するＳＥはいますし、少し前までＳＥだった人がＩＴコンサルタントに転身して高い成果を出している例も多々あります。

◇「インフラ基盤」「アプリケーション」構築が大きな業務

一般的に、プロジェクトで導入するような大規模システムは「インフラ基盤」「アプリケーション」の２つに大きく分けて構成します。なお、ミドルウェアを区別して、「インフラ基盤」「ミドルウェア」「アプリケーション」の３つに分けられることもあります。

インフラ基盤の構築には、ベンダーから提供されている製品を選定する「システム基盤の整備」、システム基盤を用いてアプリケーションにサービス・プラットフォームを提供する「インフラアーキテクチャの構築」という作業があります。

◉ システム全体構造のイメージ ◉

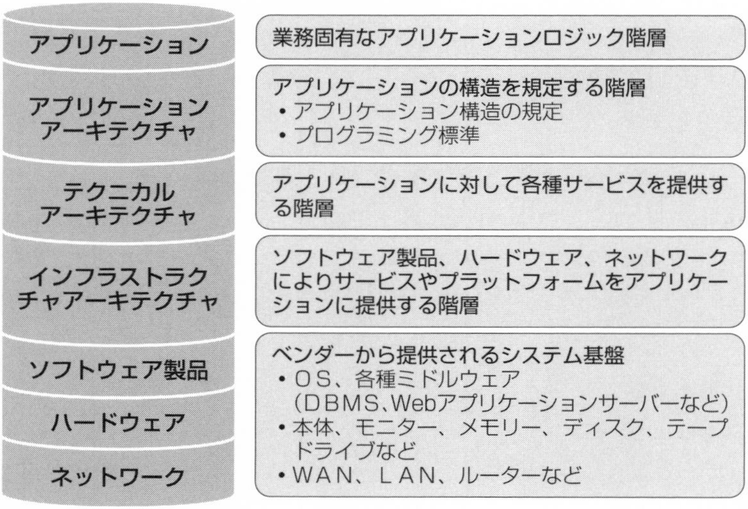

アプリケーション	業務固有なアプリケーションロジック階層
アプリケーションアーキテクチャ	アプリケーションの構造を規定する階層 •アプリケーション構造の規定 •プログラミング標準
テクニカルアーキテクチャ	アプリケーションに対して各種サービスを提供する階層
インフラストラクチャアーキテクチャ	ソフトウェア製品、ハードウェア、ネットワークによりサービスやプラットフォームをアプリケーションに提供する階層
ソフトウェア製品 ハードウェア ネットワーク	ベンダーから提供されるシステム基盤 •ＯＳ、各種ミドルウェア（ＤＢＭＳ、Webアプリケーションサーバーなど） •本体、モニター、メモリー、ディスク、テープドライブなど •ＷＡＮ、ＬＡＮ、ルーターなど

注：アクセンチュア会社説明資料より作成

システム基盤には、ＷＡＮ・ＬＡＮ・ルーターなどの「ネットワーク」、ＰＣ・モニター・メモリーなどの「ハードウェア」、ＯＳ・各種ミドルウェア（DBMS：データベースマネジメントシステム、Webアプリケーションサーバー）などの「ソフトウェア製品」があります。

インフラアーキテクチャは、これら機材やソフトウェアなどを用いてサーバー構成・ネットワーク基盤といったプラットフォームを整備し、クラスターサービス（システムの冗長化）、ＯＳサービスなどを構築します。

アプリケーションの部分では、全アプリケーションに対して開発・実行・運用をサポートする「テクニカルアーキテクチャ」の構築作業、アプリケーションの構造を規定する「アプリケーションアーキテクチャ」を構築したうえで、個々のアプリケーションを組んでいきます。

テクニカルアーキテクチャでは、開発環境の整備や実行・運用をサポートするロギングやＤＢ（データベース）アクセス機能を構築します。それら機能を利用して、アプリケーションアーキテクチャにおいては汎用的なアーキテクチャの構造パターンの定義、アプリケーションタイプごとのブループリント（設計図）の作成、個々のアプリケーション開発での作業の定義などをします。

◉ デリバリアーキテクチャの構成階層 ◉

デリバリアーキテクチャ構成階層		内容
アプリケーションアーキテクチャ	パターン	汎用的なアーキテクチャの構造をパターンごとに定義
	ブループリント	アプリケーションタイプごとにアプリケーションの構造を規定した青図
	プラクティス	実際のプロジェクトの成功事例から開発者がするべき作業を定義
テクニカルアーキテクチャ	開発	アプリケーション開発をサポートする環境、ツールリポジトリなど
	実行	アプリケーションの実行をサポートする機能（例：ロギング、ＤＢアクセス）
	運用	アプリケーションの運用をサポートする環境、機能など
インフラストラクチャアーキテクチャ	サービス	クラスタービス、負担分散、ＯＳサービスなど
	プラットフォーム	サーバー構成、ネットワーク基盤など

注：アクセンチュア会社説明資料より作成

デジタルコンサルティング

ビッグデータ、RPA、ＡＩなどで進むデジタルトランスフォーメーション

◇デジタルコンサルティングについて

コンサルティングの領域に「デジタル」という名称が出てきて久しいですが、今やデジタル×コンサルティングはかなり広範囲にわたっています。90年代のＩＴ革命以降、企業経営や業務オペレーションのＩＴ化が進み、前章で解説した通り、コンサルティングの領域にも業務、ＩＴコンサルティングが出てきましたが､これらはコンサルティングの領域においては「デジタル」とは呼びません。

◇デジタルコンサルティングの大きな２つの領域

デジタルコンサルティングを大まかに説明するとしたら、「ビッグデータアナリティクスや新しい技術（ＲＰＡやＡＩ、IoT、クラウド、４Ｇ／５Ｇ移動通信規格､ＸＲなど）を取り入れてクライアントの課題を解決すること」といえます。転機は、2007年に発売されたiPhoneに代表されるスマートフォンと３Ｇ移動通信規格の普及です。これらによりインターネットの利用主体が個人になったことからデータ量が爆発的に増加しました。また、個人を特定することが可能になったため、大量のデータを解析（ビッグデータアナリティクス）した結果をマーケティング・セールスの領域に応用するコンサルティングのデジタル化が進みました。次に、ＲＰＡやＡＩ、IoTの登場、４Ｇ移動通信規格の普及により業務プロセス改革の領域でコンサルティングのデジタル化が進みます。

このようなマーケティング・セールス領域のデジタル化や、デジタルを用いた新規商品・サービスの創出、さらには新しい技術の適応による業務プロセス改革やビジネスモデル変革を手がけるのがデジタルコンサルティングであり、企業のデジタルトランスフォーメーション（Digital Transformation；ＤＸ）を実現します。

本項では、デジタルトランスフォーメーションを実現するためのデジタルコンサルティングを、デジタル化が進んだ経緯を踏まえつつ大きく２つの領域に分けて説明します。

◇マーケティング領域のデジタルコンサルティング

マーケティング・セールス領域のデジタルコンサルティングでは、ビッグデータアナリティクスに基づいて可視化され、より費用対効果が高いマーケティングやセールスができるようになったばかりか、コンサルティング業界が拡大していくことにもなりました。

もともとコンサルティングファームが手がけるマーケティング領域のコンサルティングでは、企業理念やブランド戦略策定から製品のコンセプト設計、マーケティング戦略策定などを行ない、マーケティングや営業活動によるコストや収益を定量的分析に基づいてモデル化したりしていました。そのため、クライアントのカウンターパートは社長や経営幹部が多く、最終的な製品のデザインやネーミング、プロモーションなどは広告代理店やデザイン事務所に依頼していました。

こういった状況がデジタル化の進展により一変していきます。それまでのマーケティングやプロモーションは、マス広告や販売促進が主流でしたが、WebやＳＮＳの普及により企業が顧客にダイレクトにアプローチできるようになってきました。また、顧客のWebやＳＮＳ上での閲覧履歴がデータとして手に入るので、この大量のデータを分析すること（ビッグデータアナリティクス）によって、これまでになかった新しい顧客のニーズや嗜好性などを発見できるようになりました。コンサルティングファームが、もともと定量的な分析が得意だったことも大きな要因です。その結果として、コンサルティングファームがマーケティング、プロモーションの実行領域に進出するようになりました。これがマーケティング領域のデジタルコンサルティングです。マーケティング領域のデジタルコンサルティングでは、コンサルティングファームと広告代理店が競合するようになったわけです。

デジタル化で得られる情報は、これまで以上に顧客を深く知ることができるものなので、マーケティング以外の領域でも利用することができます。とくにソーシャルメディアによる口コミなどからは、購入時の接客や店舗の心地よさ、顧客の情緒や探求心に訴えかける価値などの心理的・感情的価値を取得できるため、このような“顧客の体験”を商品やサービスそのものの価値に新たに付加し顧客満足度の向上をはかる“カスタマーエクスペリエンス”という考え方が出てきました。さらには、購入検討時から購入時、購入後と時系列に沿って、顧客の行動・思考・感情の動きを“見える化”する“カスタマージャーニー”によって、適切な場所・タイミングで適切なマーケティング施策を行なうことができ、カスタマーエクスペリエンス施策の実施、最終的な売上・利益の向上を実現できるようになりました。デジタル化によりマーケティング・セールス領域でのビジネスモデルの変革を実現するデジタルトランスフォーメーションです。

また、これらのデジタルコンサルティングを行なう過程では、顧客が使いやすくかつ興味をひくようなＵＩ／ＵＸデザインやシステムの開発が必要になります。開発期間を短縮してプロトタイプをすばやくリリースし、実際に顧客に使ってもらいながらより良いものに改善していく、というアジャイル型の開発手法で行なうことになります。そのため、デザインやシステム開発を内製化するために、コンサルティングファームがデザイン会社やシステム開発会社を買収したり、さらにはマーケティング・広告機能を強化するために、デジタルマーケティング企業や広告代理店を買収したりする動きも出てきました。

一方、コンサルティングファームの業容拡大に対抗するために、広告代理店がデジタルコンサルティングファームをグループ内に設立する動きがあるなど、デジタル化によりコンサルティング業界が一層拡大しています。

◉ 広告代理店の市場シェア世界ランキング（2020年）◉

デジタル広告の成長を背景に、大手コンサルティングファームが広告代理店業界の上位に

1位	WPP
2位	オムニコム・グループ
3位	ピュブリシス・グループ
4位	アクセンチュア
5位	電通
6位	インターパブリック・グループ
7位	デロイトデジタル
8位	IBM ix
9位	PwCデジタルサービシーズ
10位	藍色光標伝播集団
11位	博報堂DY

出所：ディールラボ株式会社公表データより作成

◇業務改善領域のデジタルコンサルティング

業務改善領域のデジタルコンサルティングでは、これまで以上に業務プロセスを大幅に改善しコストを削減できるだけでなく、ビジネスモデルそのものを変革し企業のデジタルトランスフォーメーションをも実現するに至っています。

コンサルティングファームの業務・ＩＴコンサルティングでは、さまざま

な業務領域においてプロセスを改革・再構築したり、システムを導入したりすることで業務改善を行なってきました。ときにはアウトソーシングによって業務・システムそのものを外部に移管し、コスト削減を実現することもありました。ですが、どれだけ最適な業務やシステムを構築しても、アウトソーシングしても、最終的には人によるデータ入出力や資料作成などの手作業が発生します。また、時間の経過とともに業務オペレーションが変わっていき、システムから出力される帳票のレイアウトが古くて一から作り直し…、という話も珍しくありません。もちろん業務オペレーションの変更に合わせてシステムも更新しますが、システムの更新には時間とコストがかかるので、よほどの変更がない限りは現行システムを使い続けることも多いです。エクセルのマクロやＶＢＡなどを用いて作業の効率化を行なったり、派遣社員を雇ったりして効率化・低コスト化を図りますが、マクロやＶＢＡはMicrosoft社のOfficeアプリケーションでの作業に限られますし、人件費は高コスト要因になります。

このようなホワイトカラーの事務作業が、ＲＰＡ（Robotic Process Automation）によって大きく改善されたのが業務改善領域のデジタル化の始まりです。ＲＰＡは、パソコン内で行なう作業を、特定のアプリケーションに限定せずに自動化することができます。かつ、プログラミングする必要がないので、現場社員がＲＰＡの作業内容をPC画面上で作成することができます。ホワイトカラーの事務作業を自動化し、人間よりも正確かつ効率的に作業を行なうことができるため、「ソフトウェアロボット」と呼ばれます。

ＲＰＡは、パソコン内での作業に限定されますが、もっと幅広いさまざまなデータを自動で処理できるのがＡＩ（人工知能：Artificial Intelligence）です。ＡＩは、大量のデータ（ビックデータ）をもとに自ら学習し、要求に対する最適な判断を自ら下すことができます。扱える情報は幅広く、テキストや画像、音声などのさまざまなデータを処理することができ、手書きの資料からテキストデータを抽出し必要な処理を自動的に行なったり、コールセンターの問い合わせに自動で対応することができたりします。自ら学習するので、処理を行なうたびに精度が上がります。

また、ＲＰＡ・ＡＩと似たものにBot（ロボット）があります。Botは、自動処理をプログラミングされたアプリケーションです。検索エンジンのクローラーは、Webサイトを自動巡回しデータベースを作成したり、価格比較サイトの価格調査もBotが行なったりします。iPhoneのSiriもBotの一種です。コールセンターやヘルプデスクのチャットボットは、予め想定したよくある質問をプログラミングすることで自動応答します。ですが、BotもＲＰＡ同様に予めプログラミングされた処理しかできず、学習能力はありません。ちなみにＲＰＡとBotの違いは、Botはプログラミングされたアプリケーションなので、ＲＰＡのように比較的誰でも容易に作れるものではありません。

ＲＰＡやＡＩ、Botとは違うタイプの新しいテクノロジーでは、IoT（Internet of Things）の活用も進んでいます。IoTとは、今までインターネットにつながっていたＰＣやスマートフォンなどだけではなく、あらゆるモノがインターネットにつながり情報を通信することです。テレビや冷蔵庫などの家電製品がインターネットにつながるようになってきましたが、高性能センサーや４Ｇ／５Ｇなどの新しい移動通信規格の登場により、これまで以上にあらゆるモノがインターネットに接続できるようになりました。これを企業の業務領域に応用することで、遠隔操作により自動化したり、センサーにより在庫を管理したり、無人店舗を実現できたりします。IoTによって取得した生産設備や機械の温度や振動などのデータをＡＩが分析することで異常を検知し、故障する前に交換するなどの故障診断を行なったり、在庫データを分析し需要予測を行なったり、あらゆるモノの情報を取得・分析することによって業務改善やビジネスモデルの変革を実現することができます。

以上のように技術の進歩によってコンサルティングのデジタル化が進みましたが、今ではデジタルトランスフォーメーションによってあらゆる業務領域の改善やビジネスモデルの変革が行なわれています。

◉ デジタルコンサルティング領域 ◉

マーケティング・セールス領域と業務改善領域のコンサルティングのデジタル化が進み、ビジネスモデルそのものの変革やこれまでにない新規の事業を創出するデジタルトランスフォーメーションをコンサルティングファームも支援するようになった

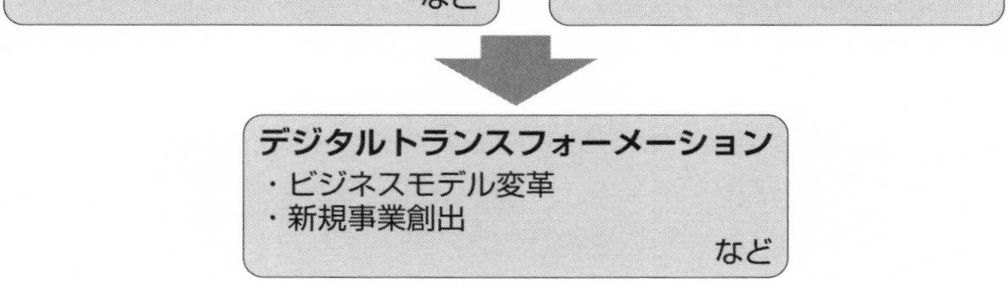

マーケティング・セールス領域
・ビッグデータアナリティクス
・カスタマーエクスペリエンス
・カスタマージャーニー
など

業務改善領域
・RPA　・AI
・Bot　・IoT
など

↓

デジタルトランスフォーメーション
・ビジネスモデル変革
・新規事業創出
など

第4章

組織人事／M&A／その他 コンサルティングプロジェクト

4 1

組織人事①

戦略的人材マネジメント

組織と人に最大限のパフォーマンスを発揮させる

◇人材争奪戦を勝ち抜くために重要視されているSHRM

2000年あたりまでは、人事コンサルティングは「人事の領域に閉じた形で、人事評価制度の構築・報酬制度の改革といった人事制度に焦点を絞った」コンサルティングプロジェクトが主流でした。しかし、人事にも経営的観点が求められ、人事の役割を経営戦略・事業戦略を組織ビジョンや人事戦略に翻訳したうえで、人事制度・業務全体の最適化を目的とするようなコンサルティングが非常に増えています。

優れた経営戦略や事業戦略が優れた成果を生み出すためには、戦略を担う主体である「組織」、そして組織を構成する「人」が戦略の趣旨や戦略実現のための業務のあり方などを正しく理解、実行することが必須となります。また、「人」は理屈だけでは動かないので、個々の組織の現実や現場の実態を把握し、物理的な面、マインド面ともに実効性の高い施策を戦略に組み合わせていくことが必要となります。

グローバルレベルでの競争激化にともない、優秀な人材を激しく奪い合う「War For Talent（人材争奪戦）」の時代になりました。他社よりも優秀な人材を惹(ひ)きつけて育て、そして定着させていくことに秀でた魅力的な組織を構築する必要性が高まっています。そのような企業の組織や人的側面における魅力と戦略実行力を構築し高めていくためのコンサルティングが「ＳＨＲＭ：Strategic Human Resource Management（戦略的人材マネジメント）」です。

ＳＨＲＭを大きく分けると、採用、異動・配置、評価・育成といった人材フローにかかわる諸制度を設計する「人材マネジメント」領域と、戦略・制度を実際に組織"活用"に展開する「組織マネジメント」領域があります。

◇人事制度を設計する人材マネジメント

人材マネジメントの領域で全体的にコンサルティングする場合、おもに次のような手順でプロジェクトは進みます（一部だけを扱うプロジェクトもあります）。

◉ 人材マネジメントのフロー ◉

①人事戦略の策定

全社戦略・事業戦略を「人」レベルにまで落とし込む。「どのような組織モデルを描き、どのように運営するのか」「どういった人材をそろえ、どのような方針でマネジメントするのか」などについて、全社戦略・事業戦略の趣旨を踏まえたうえで規定する。人事戦略の策定が具体的な制度設計を行なううえでの上位概念となる。

②人事制度改革

①で策定された人事戦略を基に具体的な制度設計を行なう。「①採用」「②異動・配置」「③評価（昇進・昇格）」「④育成」「⑤退社」の５つの人事機能に対して、各社固有の事情を踏まえたうえで体系的に設計する。

採用では求められる人材ポートフォリオを明らかにし、必要な人の質と数を「どのような時間軸で」「どこから調達（開発・抜擢・採用）し」「どのように配置・処遇していくのか」を考え、人事制度に落とし込む。

評価ではコンピテンシー評価、スキル評価、成果・業績評価（目標管理）、組織業績評価、業務実行度評価、360度評価（上司だけではなく、部下や同僚、場合によっては顧客などから多面的に評価してもらう制度）などをどう取り入れるかを検討するとともに、密接に関係する報酬制度や等級制度といった制度も設計する。

育成では、求める人材要件に照らしたときに必要な能力・スキルを洗い出し、育成体系やキャリアステップを構築したうえで、育成メニューを企画・開発する。

退職であれば、退職金制度・企業年金制度などを見直す。特定の年齢層・職位の離職率と全体的な離職率が高ければ、離職率を低下させるための仕組みを考えることもある。

③実行支援

②で設計された各種制度・仕組みを実行に移す段階においても、クライアント企業に入り込んでサポートする。制度の成否は運用主体の当事者の意識次第であり、変革の推進者となるべき経営層・部門責任者や管理職層を始め、その他社員向けにマネジメント研修やワークショップを行なう。

たとえば、マネジメント層向けには「変革リーダーの意識改革研修」「評価能力向上研修」「コンピテンシー（高業績者の行動特性）活用力向上研修」といった研修を提供し、社員間コミュニケーション支援のために社員説明資料の作成、社員意識調査による運用状況の検証などを行なったりする（③は組織マネジメントのカテゴリーに入るという意見もある）。

◉ SHRMの全体像 ◉

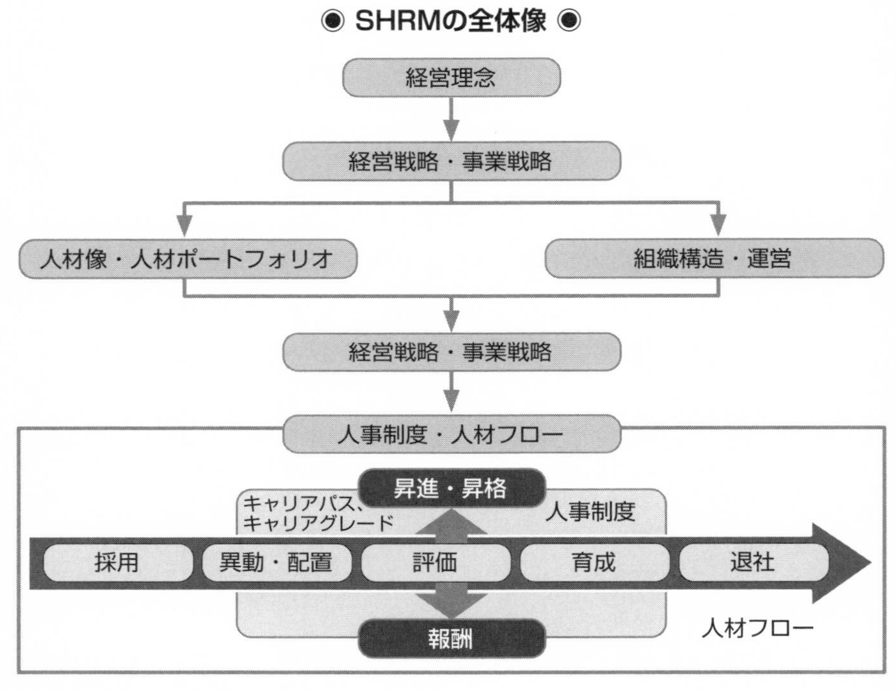

注：マーサー ジャパン資料より作成

◉ 人事戦略の論点 ◉

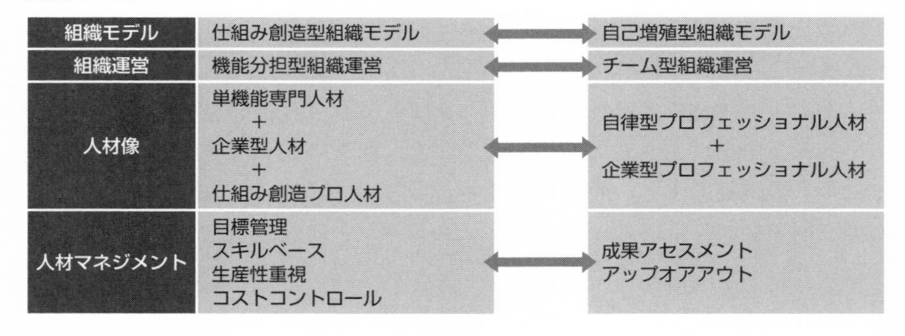

組織コンセプト

組織モデル	仕組み創造型組織モデル	⟷	自己増殖型組織モデル
組織運営	機能分担型組織運営	⟷	チーム型組織運営
人材像	単機能専門人材 ＋ 企業型人材 ＋ 仕組み創造プロ人材	⟷	自律型プロフェッショナル人材 ＋ 企業型プロフェッショナル人材
人材マネジメント	目標管理 スキルベース 生産性重視 コストコントロール	⟷	成果アセスメント アップオアアウト

注：ワトソンワイアット（現・ウイリス・タワーズワトソン）資料より作成

◇人事制度を活用する組織マネジメント

いかにすばらしい全社戦略・事業戦略、戦略に基づいた人事戦略・人事制度ができ上がったとしても、人事制度を活用する側が正しく戦略・制度の意図を理解し、積極的に活用しなければ意味がありません。

戦略・制度を組織に浸透させ、人材の意識や行動の変革をうながし、進化を「実体化」させることを組織マネジメントといいます。組織マネジメントサービスは「①問題点の可視化」「②実行支援」「③モニタリング調査」の３種類に大きく分けられます。

◉ ３つに分けられる組織マネジメントサービス ◉

①問題点の可視化

全社のビジョンや戦略、業務のマネジメント、社員個人の成長実感等が正しく結びついているかを社員の意識から測定し、測定結果から組織の現状を包括的に可視化して、今後の成長のボトルネックとなる組織課題とその発生のメカニズムを解明する。

標準的な方法として、40〜50問の質問に全社員がWebで匿名回答し、その結果を分析するという手法が挙げられる。

②実行支援

①で明らかになった問題を解決するために実行支援を行なう。たとえば、ＩＴの活用や会議の変革などをベースにして、新しい働き方の定義と導入を支援したり、各種トレーニングやコーチングを通じて人材の意識を改革したりする。ときには、人事部門・人事機能の組織としての課題分析や改善策の実行、業務プロセスを再設計することもある。

③モニタリング調査

変革を一過性のもので終わらせないためには、流れを止めずに定着させることが重要となる。そのためにも、社員意識調査やインタビューを通じて新しい仕組みの定着状況をモニタリングするとともに、定着率を高めるために効果的な仕掛け（コミュニケーションツール、インセンティブなど）の設計・導入も支援する。

4 2 組織人事②

社員の力を最大限に引き出す組織開発

組織開発は新しい時代のコンサルティングテーマ

◇増加する「ソフト面」へのアプローチ

最近では「ソフト面」にアプローチする組織人事系コンサルティングファームが増えてきています（厳密にカテゴライズをすれば、先に紹介した「人材マネジメント」や「組織マネジメント」の一部として、このようなプロジェクトがあるともいえます）。本書では、近年増加している「ソフト面」にアプローチするコンサルティングプロジェクトとして、「組織開発」を取り上げ、そのなかでもとくにニーズが高まっている「リーダーシップ開発」については、さらに個別に取り上げます。

◇組織開発プロジェクトとは？

組織開発とは、「組織が優れたリーダーシップによって統率され、効果的なチームワークにより支えられ、多様なメンバーが価値観を共有しながら、一体となって変革を推進できるようにする」コンサルティングです。組織人事系コンサルティングファームの「ピープルフォーカス・コンサルティング」では、組織開発を次の５つの要素で定義しています。組織開発においては、これら５つの各機能を強化しつつ、全体として整合性をとるようにしなければなりません。

①リーダーシップ
組織の方向性を示し、メンバーの才能を育み、成果に導く力
②チーム
個々の力を活かし、協業しながらチームの成果を最大化する力
③チェンジ
変革を企て、関係者を巻き込み、実行を管理する力
④ダイバーシティ
メンバーの多様性を生かし、組織の強みにする力
⑤バリュー
個人および組織の価値観を明らかにし、求心力を高める力

「①リーダーシップ」は139ページで詳説しますので、②～⑤の機能を強化

◉ 組織開発の全体像 ◉

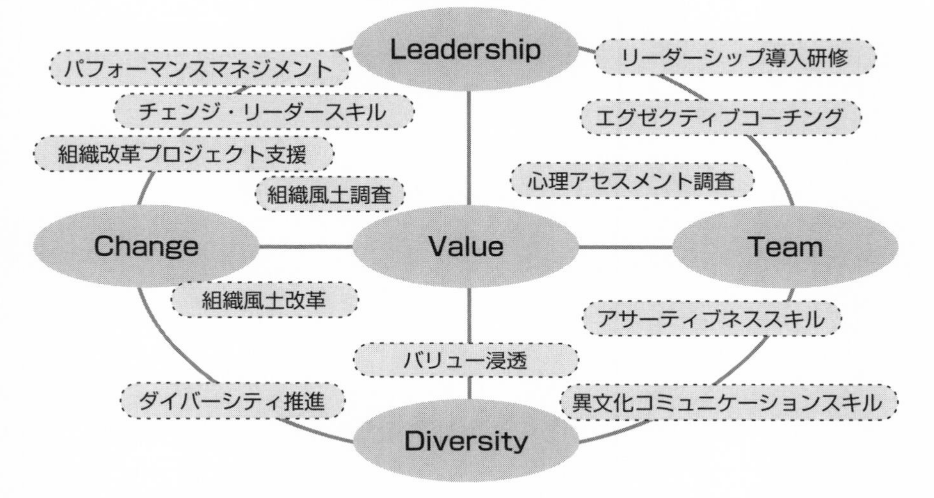

注：ピープルフォーカス・コンサルティング資料より作成

するためのプロジェクトを説明します。どの機能を強化する場合でも、研修やワークショップをともなうことが多いのが組織開発の特徴です。

②チームの強化

チーム機能を強化する場合のアプローチは「①組織診断」「②社員のコミュニケーション力強化」の２種類に大きく分けられます。

組織診断の手法自体は、133ページで紹介したようにWeb経由で匿名アンケートを実施し、結果を集計・解析します。なおWeb経由にするのは、データを直接、コンサルティングファームに送信することで、社内の目を気にせず回答者の正直な気持ちを引き出すためです。質問内容はより「ソフト」な内容であり、たとえば、以下のような側面を評価するための質問項目が並びます。

A：目標や方針が明確に伝わっているか？ B：職場のコミュニケーションは十分か？ C：人間関係は健全か？ D：役割・権限は明確で適切か？ E：社員の意識やモチベーションはどうなっているか？ F：組織外のステークホルダーに対して適切に対応しているか？

一方、コミュニケーション力の強化という目的では、次のようなことが実施されます。

- DiSC、MBTIといった各種心理アセスメントを通じた自己分析と強み・弱みの認識、コミュニケーションスタイルの再考察
- アサーティブネススキル、アサーティブなコミュニケーション手法習得のための研修
- Win-Winコミュニケーション、ネゴシエーションの研修
- 通常電話やメールのみでコミュニケーションをしているチームに対してのバーチャルチームマネジメント研修の実施

◉ おもな自己分析・性格診断手法 ◉

DiSC

- 心理学者ウィリアム・M・マーストンにより提唱され、ジョン・ガイヤー博士により確立された自己分析のツール。
- 人間 のもつ行動傾向を「D・i・S・C」の4つのパターンに分類する。
(「D」＝主導型、「i」＝感化型、「S」＝安定型、「C」＝慎重型)
自分のタイプを認識したうえで、他者への関わり合いをより深めることで、同僚や部下とのコミュニケーションを円滑にできる。

MBTI

- ユングのタイプ論を基にした性格診断。１人ひとりの性格を「ものの見方(感覚・直観)」と「判断のしかた(思考・感情)」および「興味関心の方向(外向・内向)」と「外界への接し方(判断的態度・知覚的態度)」の4指標と16 タイプで分類している。
- MBTIを通じて、16タイプそれぞれの強みや特徴・課題を洗い出し、自分自身の成長はもちろん、周囲との人間関係づくりにも役立てられる。

③チェンジの推進

チェンジ機能を高めるプロジェクトの場合、すでにクライアント社内で何らかの改革を始めようとしている段階で相談が来ることがほとんどです。その場合、次の２ステップでプロジェクトを進めていきます。

⑴課題とニーズの分析

まず、クライアント企業の改革に取り組むチームメンバーとディスカッションし、「改革を成功させるための課題」と「必要な社外サポート」を明らかにします。

⑵実行支援

次に、⑴で明らかにした課題を解決するために、改革チームメンバーを再編成します。多くの場合、新チームは組織横断的なチームとなります。チームが立ち上がったら、ファシリテーターを育成するためのトレ

ーニング、組織横断的なプロジェクトミーティングの設定等を企画し、実行プロセスをサポートします。

とくに、社内の各部門とのやりとりの窓口であり、実行プロセスにおいては改革の先導役にもなるファシリテーターの育成は非常に重要になります。ファシリテーター育成のために、数十回に及ぶワークショップを実施することもあります。また、コンサルタントがファシリテーターとして組織に入り込むこともあります。

④ダイバーシティの推進

ダイバーシティは非常に注目されている考え方です。ダイバーシティとは、「社員１人ひとりが持つさまざまな違い（性別・国籍・年齢・学歴や職歴など）を受け入れ、それぞれを価値として生かすことで企業の競争力を向上させよう」という考え方です。女性や外国人社員を始め、多様な人材が組織の一員として十分に力を発揮できるように支援するだけではなく、男性や管理職が自分と異なる社員を企業価値として生かし、企業の競争力強化につなげようとするダイバーシティマインドセットを高めることが、ダイバーシティの強化となります。

⑤バリューの浸透

組織の価値観に関する取り組みといえば、「どのような文言で表現するか」「どのようなデザインにするか」「いかに社員に組織の価値観を理解させるか」といったことばかりに主眼が置かれてきました。しかし、真の価値観共有のためには、組織の構成員がみずからの価値観を明確にし、共有していくプロセスが必要です。

プロジェクトの進め方の一例としては、まず自社の組織風土を現わすキーワード候補を挙げる簡単なワークショップが挙げられます。

次に、組織の１人ひとりの価値観を明確化するためにメンバー同士でインタビューし、価値観を明確化するとともに、メンバー各自の価値観を全員で共有します。

そして、最初のワークショップと先のインタビューを踏まえて、社員が共感でき、自社の競争力を強化するような会社としての価値観を明文化し、それを具体的にイメージできるような小冊子（ストーリーブック）を作成します。この結果、実際に離職率が減ったり、新卒の就職希望者が増加したりした事例もあります。

また、社内にバリューや自社のブランドを浸透させるためのプロジェクトもあります。ある日系大手企業では、ファシリテーションスキルを身につけたブランドリーダーを育成し、それぞれの現場で「ワークショップ型の社内ブランドスクール」を開催しています。そして、個々の立場に応じて社内活動を展開していきます。

このワークショップで社員１人ひとりが議論に参加することにより、ブランドビジョンに対して「納得」「賛同」という態度が生まれ、社員の自発的なアクションを導くことができます。また、PDCAサイクルを整備したプログラムを用いることで、「評価→プランニング」という継続的なブランド育成が可能となります。

また、「組織活性化をしたいが、具体的な手段、または課題すらわからない」といった場合も多々あり、１つひとつの機能を強化するプロジェクトとは別に「組織開発プロジェクトの企画・設計」段階から入るコンサルティングプロジェクトも存在します。

◉ 組織開発プロジェクトの企画・設計の流れ ◉

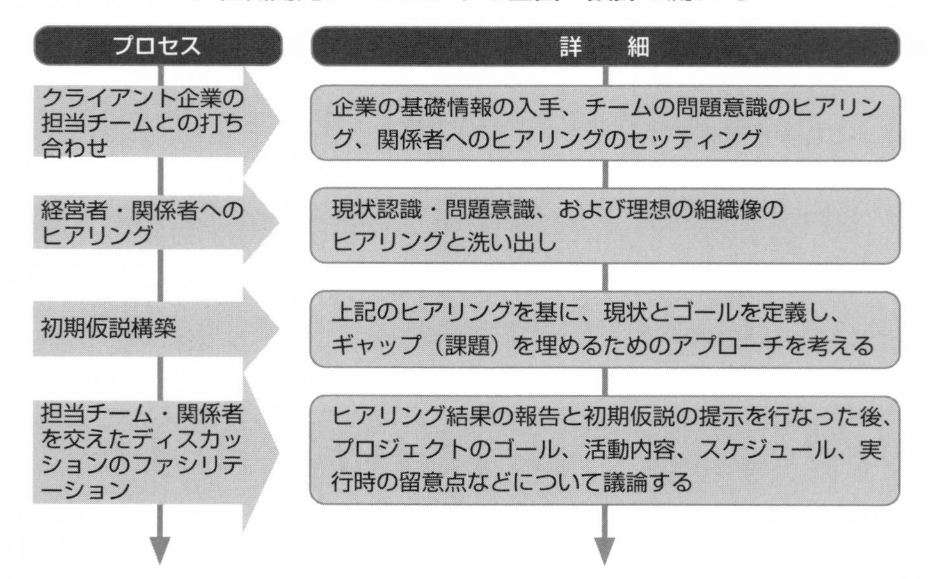

4 3 組織人事③
リーダーシップ開発

リーダーシップ開発は注目されているものの、定番手法は存在しない

◇組織開発のなかでもリーダーシップ開発は旬なテーマ

組織開発のなかでもとくにリーダーシップの開発は話題のテーマです。社内ＭＢＡ、ヤングアドバイザリーボード（若手社員による疑似役員会）など、さまざまな方法が考えられて各社で導入されています。リーダーシップ開発のアプローチがめざそうとしているのは、次のようなことです。

- 経営者として必要な知識・スキルを習得させる
- 井の中の蛙から脱却するため外部からの刺激を受けて「視点」を高める
- 自分を振り返り、自分で徹底的に考えてみる
- 評論や机上の空論ではなく、自分で「実行」する

◉ リーダーシップ開発のアプローチ ◉

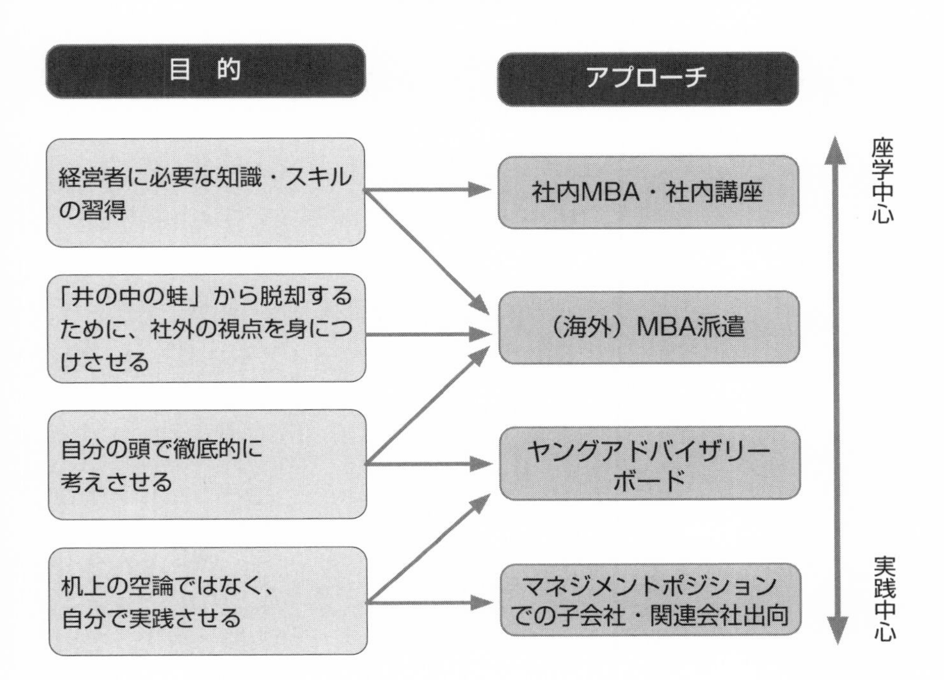

リーダーシップを習得していくためには、座学形式のトレーニング、「場の提供」などのＯＪＴをうまく組み合わせる必要があり、加えて「自分を振り返る」プロセスを持たせることも必要です。これらを支援するのが、リーダーシップ開発プロジェクトであり、具体的なサービスの提供内容として次のようなことが挙げられます。

①各社のリーダー候補者の人材評価
②リーダーシップ開発に向けての全体的なコースデザイン
③中長期的なプログラムデザインとプログラムの提供
④参加者の習得状況・成長度合いについてのモニタリング

とくに、③中長期的なプログラムデザインとプログラムの提供において、コンサルティングファームは次のようなプログラムを提供しています。

◇多様な広がりをみせるリーダーシップ導入研修

「そもそもリーダーシップとは何か」というところから始める、初期の導入時点で行なわれるプログラムです。研修の前に360度調査（上司・同僚・部下の評価）などを実施し、自身の強みや弱み、コミュニケーションスタイルの把握から入ることもよくあります。

研修はまず「リーダーシップとは何か」ということを考察することから始めます。具体的には、「マネジメント」と「リーダーシップ」を比較しながら、両者の違い・リーダーシップの特徴を理解していく流れになります。

そして、リーダーとしての役割を果たすために必要な能力を次のようにステップ別で学んでいきます。

◉ リーダーシップ研修の流れ ◉

①	②	③	④	⑤
変革の原動力となる危機感の共有を効果的に行なう方法を学ぶ。	ビジョンとは何か、よいビジョンとはどのようなビジョンかを理解する。	チーム・組織にビジョンを浸透させるための方法を学ぶ。	チームメンバーをビジョンに導くための手法として、コーチングの手法を学び実践する。	ビジョン達成に向けて変革を進めるうえで、発生し得る障害への対処法を学ぶ。たとえば、関係者の利害を分析し、反対する確率の高い人をどう説得するかを考える。

このような流れを、各参加者のこれまでの経験やケーススタディを交えながら、学んでいきます。ただし、あくまでこれらの研修内容は数ある研修の一例に過ぎません。

◇経営陣や幹部候補に実施されるエグゼクティブ・コーチング

エグゼクティブ・コーチングとは、企業の経営陣や経営幹部候補生などに対し、外部のコーチが定期的に個別コーチングを施すことによって、リーダーシップの強化を図る手法です。変化の激しい今日においては、過去の経験則が有効ではないことも多く、常に自己を振り返りつつ、自己改革に努める必要があります。

しかし、会社のトップ層になればなるほど、社内で苦言を呈(てい)してくれる人がいないため、自分を客観的に振り返る機会が持てない状況にいることがほとんどです。そこに、経営コンサルタントや経営幹部の経験者であり、かつ、コーチングの訓練を受けたプロフェッショナルが外部コーチとして客観的な立場でフィードバックしたり、エグゼクティブ自身の考えをインタビューしてともに考えたりします。コーチングを専門、もしくは中核業務として活動するコンサルティングファームも出てきています。

標準的なコーチング・プログラムは、６か月から８か月の期間にわたり、月１、２回の面談を設けるという形式で行なわれます。なお、多くの場合には次のようなテーマを向上させるためにコーチングが行なわれます。

- ●部下指導力
- ●コミュニケーションスキル
- ●戦略的思考や意思決定
- ●行動力や変革推進力
- ●チームビルディング
- ●自己認識力と自己内省化

◇ＭＢＡ的ノウハウ研修も活況

リーダーシップ研修プログラムやエグゼクティブ・コーチングの提供以外にも、各コンサルティングファームはさまざまなサービスを提供しています。研修プログラムの提供を専門に行なうコンサルティングファームも登場しており、戦略立案・財務・プレゼンテーションスキルなど、ミニＭＢＡ的な知識・スキルを習得するための研修まで幅広く手がけているコンサルティングファームもあります。

組織人事④
デジタルを活用した組織人事の課題と取り組み

デジタル化によって大きく変わる人事のあり方

◇デジタル化が人事領域にもたらしたトレンド

人事領域においてもデジタル化が進展しています。人の判断によるところが多く、アナログな業務や仕組みが多かった人事領域はデジタル化によって大きく変わる可能性を持っています。本項では、大きなトレンドになっているピープルアナリティクス、Robotic Process Automation（RPA）、デジタル人材のマネジメントの３つを紹介します。

◇ピープルアナリティクスを用いた人事改革

①ピープルアナリティクスの発展

人事領域においてまずカギになるのがピープルアナリティクスという手法です。ピープルアナリティクスとは、従業員に関する各種データを用いて組織の課題を見える化し、組織の活性化・経営の意思決定につなげていくための手法です。Googleの取り組みが話題になり、現在は多くの企業で活用が進んでいます。

②ピープルアナリティクス活用の背景

これまで人事に関する判断は人事部や上司など担当者の属人的・感覚的な判断によって行なわれることが多く、組織間のばらつきや不公平感を生んで

◉ ピープルアナリティクスに用いる各種情報 ◉

属性情報	志向情報	行動情報
・年齢 ・性別 ・国籍 ・入社日 ・異動日 ・昇格歴 ・研修受講歴 ・社内評価 など	・仕事への姿勢 ・リーダーシップ ・計画力 ・分析力 ・交渉力 など	・メール処理量 ・アプリケーション利用ログ ・会議室利用時間 ・リモートワーク実施状況 など

きました。たとえば、採用面接における合否や人事評価における昇格や昇給が評価者それぞれの感覚で決まるという問題がありました。また、人事の立場としては、社員が満足しているのか、社員育成の方法に改善点はないか、退職意向を持つ人がどのくらいいるのかなどをもっと早く、正確に把握したいという課題を持っていました。そうしたなか、テクノロジーの進展により、さまざまなデータの取得、取得データを用いた分析ができるようになりました。こうした情報を用いて組織が抱える課題を可視化し、経営や人事における意思決定を行なっていく取り組みが進んでいます。

③どのようなデータを用いるのか

（1）属性情報

年齢、性別、国籍といった個人に紐づく情報から入社日、異動日、昇格歴、社内研修の受講歴、人事考課における評価など社員の持っている属性情報です。

（2）志向情報

仕事への姿勢、リーダーシップ、計画力、分析力、交渉力など、社員の志向や意思・特性を示す情報です。

（3）行動情報

社員の日々の社内での行動に関わるデータです。メールの処理量やアプリケーションの利用ログ、会議室の利用時間やリモートワークの実施状況など社員が社内でどのような行動、コミュニケーションをとっているのかという情報です。仕事中の行動とパフォーマンスの相関を測る目的やオフィスのデザイン、職場環境の整備などにつなげることができます。

④実際の活用事例

（1）採用

現在活躍している社員の行動特性（コンピテンシー）や配属予定部署の組織診断を行なうことでどのような人物を採用するのかという判断基準が明確になります。「社内で課題になっているスキルを補う」「即戦力の人材が必要である」「組織に新しい風を吹かせるような異業種の人材が欲しい」など組織のニーズはさまざまです。データを活用することで関係者は面接での確認事項、合否基準を共有することができます。また、人を介さずにＡＩを用い

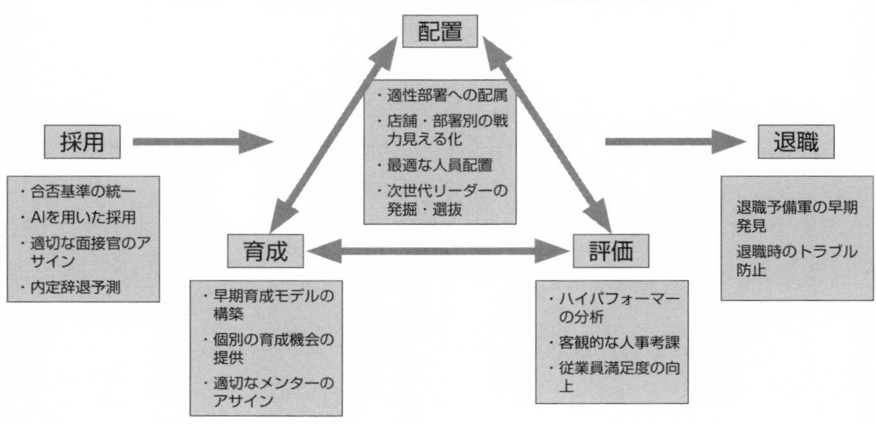

て合否判定を行なう動きも出てきています。さらに、どのような面接官をアサインすることで応募者の意欲が高まるか、内定辞退を防ぐためにどのような点をケアする必要があるかといったことにも利用できます。

（2）配置

せっかく高いコストをかけて採用した新入社員が、配属先で高いパフォーマンスを発揮することは大変重要です。「誰をどのチームに配置すれば能力を十分に発揮できるか」「チームのパフォーマンスを上げるためには、現在どんな人材が必要とされているか」などを判断する際にピープルアナリティクスは有効です。また、多くの支店や店舗を抱える会社では、組織ごとに所属する社員を比較することで戦力を比較したり、人員の過不足を一元的に把握したりすることができます。

（3）育成

ハイパフォーマーの分析をすることで、新人を早期戦力化するには、どのような機会を提供するべきかの検討や育成モデルの構築が可能となります。また、社員の強み・弱みを把握できることで研修・育成の機会を個別に提供することが可能となります。他にも個別の社員に合ったメンター（指導、サポートする人）をアサインすることで、社員の安心感、モチベーション向上につなげることが可能となります。

（4）評価

客観的な指標を示すことで、納得性、公平感のある人事考課が可能となります。その結果を基にフィードバックすることは従業員満足度の向上につながります。また、ハイパフォーマーの行動を分析した結果は採用や育成の材料に活用できます。全社的な視点では次の経営人材・マネジメント人材の発掘や登用、選抜に利用することができます。

（5）退職

従業員満足度のサーベイなどを基に、退職する社員に共通する傾向やタイミングがわかれば、「退職予測シミュレーション」が可能となります。カウンセリングの機会や配置転換、教育の提供など事前に手を打つことで、退職予備軍を早期に発見し、退職率を減少させることが可能となります。また、退職時には各種トラブルも少なくありません。退職社員の情報を蓄積することで、適切な対応を行ない、トラブルを防ぐことも可能となります。

◇人事部門に対するRPA導入

ＲＰＡとは、Robotic Process Automationの略称で、これまで人間のみが対応可能と想定されていた作業や、より高度な作業を自動化していく取り組みです。従来、人事部ではおよそ業務時間の約８割がオペレーション業務だといわれていました。ＲＰＡを導入することにより、従来は人が行なっていたオペレーション業務を自動化することができます。

◉ RPAにより自動化される人事労務の業務例 ◉

採用業務 応募者リスト作成、内定通知書、労働条件通知書対応	**勤怠管理業務** 勤怠集計、労基署届け出、36協定チェック
人事関連業務 住所変更、氏名変更、扶養家族変更、休職者管理、契約状況の確認・更新	**社内規程管理業務** 就業規則、賃金規程、介護休業規程、役員規程
給与関連業務 給与計算、賞与査定、年末調整、住民税納付、交通費管理	**退職関連業務** 退職金シミュレーション、資格喪失手続き

ＲＰＡ導入による人事業務におけるメリットとしては、以下のようなことが挙げられます。

・人事部の社員が本来行なうべき人事戦略や研修企画、制度設計などの業務に注力することができる。
・人件費・労働時間の削減が可能となり、スリムな経営が実現できる。人事部が率先して働き方改革のモデルを示すことができる。
・人為的なミスがなくなることで給与の誤支給や行政への書類の届け出忘れなどが解消する。

◇デジタル人材のマネジメント

これまでは人事業務におけるデジタル化の説明をしてきましたが、デジタル化を進めていくためにはデジタル人材のマネジメントも重要になってきます。事業会社では情報システム部門に一定数のＩＴ人材を抱えていることが一般的でしたが、デジタル化を推進していくためにデジタル人材の確保と質の向上が喫緊の課題になっています。

デジタル人材と呼ばれる職種には、具体的には以下のようなものがあります。

・プロジェクトマネジャー
・ＩＴアーキテクチャー
・データサイエンティスト
・アプリケーションエンジニア
・セキュリティエンジニア
・ＵＩ/ＵＸデザイナー　など

デジタル人材のマネジメントのために必要な人事課題については、以下のようなものが挙げられます。

①採用

新卒一括採用、総合職採用をしてきた会社では、まずデジタル人材へのリーチの仕方、採用手法、選考プロセスなど採用の仕組みをつくる必要があります。

デジタル化は全業種、全世界で共通に進展しています。そのため、高度な

◉ デジタル人材におけるマネジメントの課題 ◉

採用	配置	育成	評価
・採用手法の確立 ・競争力のある年収提示 ・入社への魅力づけ	・組織の新設・統廃合 ・ビジネス人材との交流	・育成体系構築 ・育成担当者の確保 ・デジタル人材の育成 ・社外交流の機会提供	・評価制度構築 ・報酬体系見直し ・リテンション

デジタル人材に対してはグローバルでの獲得競争が起きています。その際、もっとも大きな課題の１つに世界と比べて日本企業の年収が低いことが挙げられます。経済産業省の調査によると、アメリカやインドでは全産業の平均年収に対してデジタル人材の平均年収は圧倒的に高くなっています。一方、日本では他職種とそれほど違いがありません。そこでソニー、ＮＥＣ、ＬＩＮＥ、ヤフーなど徐々にデジタル人材に対する特別報酬を提示して採用しようとする動きが出てきています。

また、入社してもらうための動機づけ、魅力の見せ方も重要です。応募者は年収以外にも自分が活躍できるのか、必要とされているのか、どんな人と働くことになるのか、安心して働けるのか、などを見て入社を判断します。そのため、どんな面接官をアサインするか、どのように魅力づけするかなどを準備しておくことは重要です。

②配置

デジタル人材をどのように配置して組織の生産性を高めるか、デジタル人材と組織のエンゲージメント（個人と組織が一体となり、双方の成長に貢献しあう関係）をどのように高めるかも重要なテーマです。これまでの事業会社では、情報システム部やシステム子会社にまとめて人材を配置することが一般的でした。外部のＩＴベンダーやシステムインテグレータに業務を外注することで社内になるべく人材を抱えない戦略をとることもありました。

デジタル時代の到来により、デジタル人材活用の重要性が大きく増しています。既存のビジネスとデジタルを掛け合わせて会社のパフォーマンスを上げていくには組織の再構築やデジタル人材の最適な配置が重要になります。そこで、旧来の組織体系に囚われず、経営企画部に組織を新設して配置する、各事業部にデジタル人材を配置する、子会社と統合して大きな部署をつくるなどといった取り組みが増えています。また、デジタル人材が働きやすい環境づくりも同時に重要となります。そこで、デジタル人材とビジネス人材（≒非デジタル人材）をつなぐための人材の獲得・育成や、専門性が異なるデジタル人材とビジネス人材の交流の機会を仕組みとして用意していくことも求められています。

③育成

デジタル人材はスキル習得に熱心です。そこで彼らが満足するような教育研修の機会や育成担当者の獲得が重要です。

一方で社内のビジネス人材のデジタルリテラシーを高めるための取り組みも盛んになってきています。デジタル人材に依存するのではなく、全社員が一定のデジタルリテラシーを身につけることでデジタル活用の活性化が期待されます。また、すべてを社内で完結するのではなく、社外の企業や団体を活用するケースも出てきています。2018年、パナソニックがTechベンチャーなどへ最長１年間派遣する「社外留職」という制度をつくり話題になりました。社内だけですべてを解決するのではなく、社外と協力しながら仕組みを構築していく動きはますます高まることが期待されています。

④評価

前述のように、グローバルで見ればデジタル人材の年収は高いため、既存の評価制度に囚われない新しい等級制度、給与制度などが必要となります。また、正しく評価することができる考課者の確保や育成、意識改革も必要となります。

デジタル人材はどんな会社からも引合いのある専門性を保有しているため、優秀な人材には常に外部からの誘いがあります。そこで、リテンション（人材の引き留め施策）も重要となります。評価制度、賃金制度などのハード面だけでなく、積極的なコミュニケーションがとれる仕組み、働きやすい職場環境の整備といったソフト施策も重要となります。

これまで人事の領域別に課題を見てきましたが、最後に必要なのは経営陣の意識改革です。デジタル人材のマネジメントを会社の１機能と捉えて人事に丸投げするのではなく、トップ自らがコミットメントを明確にして全社的な視点で改革に臨むことが必要です。

4 5 組織人事⑤

ジョブ型人事制度・働き方改革への取り組み

日本型経営を支えたメンバーシップ型人事制度の見直し

◇ジョブ型人事制度の普及

①ジョブ型人事制度の盛り上がり

人事コンサルティングファームでもジョブ型人事制度の導入が主要なプロジェクトの1つとなっています。ジョブ型という言葉が盛り上がるきっかけとなったのは、元・経団連会長の中西宏明氏による「終身雇用見直し」の発言です。ジョブ型の対語としては、従来日本企業が行なってきたメンバーシップ型の人事マネジメントがあります。メンバーシップ型の代表的な制度としては、「新卒一括採用」「定期昇給」「終身雇用」があります。グローバル競争の激化、技術革新やビジネスモデルのめまぐるしい変化、テレワークの推進や少子高齢化の進展などさまざまな外的環境により、メンバーシップ型の人事制度が機能しなくなってきたことから、各企業がジョブ型人事制度への移行を検討しています。

②メンバーシップ型人事制度とジョブ型人事制度の比較

人に対して仕事が決まるのがメンバーシップ型、仕事（ジョブ）に対して人がつくのがジョブ型です。「人に対して賃金を支払う」のがメンバーシップ型、「仕事（の価値）に対して賃金を支払う」のがジョブ型ということもできます。

メンバーシップ型では大枠としての仕事の範囲はあるものの、役割が曖昧で仕事の早い人、手の空いている人が担当することになりがちです。一方、ジョブ型では職務記述書（ジョブディスクリプション）があり、そのジョブに対して人が割り振られるため、仕事の範囲が明確になります。

メンバーシップ型は会社を家族のように捉え、一度入社した社員が定年まで在籍することを基準に考えられています。そのため、新卒社員を一括で採用し、同じタイミングで一律に昇給・昇格させ、さまざまな部署を経験させながらジェネラリストを育成します。また、解雇するためのハードルは高く、一度採用した社員は雇用し続けることが前提です。

一方、ジョブ型では、欠員や増員など仕事に空きが出た場合に採用・異動が行なわれます。評価もジョブに対しての達成度や貢献度に応じて行なわれるため、昇給・昇格の有無やタイミングは人により異なります。公募制度以

◉ ジョブ型人事制度とメンバーシップ型人事制度の比較 ◉

	ジョブ型人事制度	メンバーシップ型人事制度
考え方	仕事に人がつく	人に仕事がつく
評価	仕事に対する成果で決定	年功序列・定期昇給
採用	随時・通年採用	一括採用、新卒中心
雇用	短・中期(仕事がなくなれば解雇)	長期（終身雇用)
人事異動	基本的になし	ジョブローテーション
業務の明確さ	個々の職務が明確（ジョブディスクリプションに基づく)	大まかに決まっているが曖昧

外での異動はなく、スペシャリストを育成していきます。仕事がなくなれば解雇も行なわれます(日本では現状解雇は行ないにくい制度になっています)。

③ジョブ型人事制度導入の流れ

コンサルティングファームがジョブ型人事制度導入を支援する場合、以下のような流れで進んでいきます。

（1）Phase１　現状分析

まず、コンサルタントは現状の人事制度がどうなっているのかを調査します。調査では総額人件費、要員構造、個別賃金水準、将来総額人件費などの定量分析、役員や社員へのヒアリング、社員アンケート調査、組織サーベイなどの定性分析を行ないます。

（2）Phase２　方針策定

現状分析を踏まえて人事制度導入の方針を決めます。具体的には対象者(管理職のみか、全社員か、専門職のみか、全職種か）や方針（社内での相対的な価値を重視するか、社外の市場を重視するか）などを決めます。

（3）Phase3　職務分析・職務評価・職務記述書の作成

階層別、職種別に社内の職務を洗い出して、職務の内容とレベルを明らかにし、職務ごとの職務記述書を作成します。作成された職務記述書を基準に、各職務の価値を社内外で比較します。

（4）Phase4　詳細設計

Phase１～３の情報と外部のマーケットの情報を基に、等級・賃金・評価の制度を作成します。

（5）Phase5　導入支援

実際の制度ができ上がったら、新制度への移行シミュレーション、移行措置の設定、諸規程の整備に取り掛かります。また、社員への説明会や評価者

◉ ジョブ型人事制度導入の流れ ◉

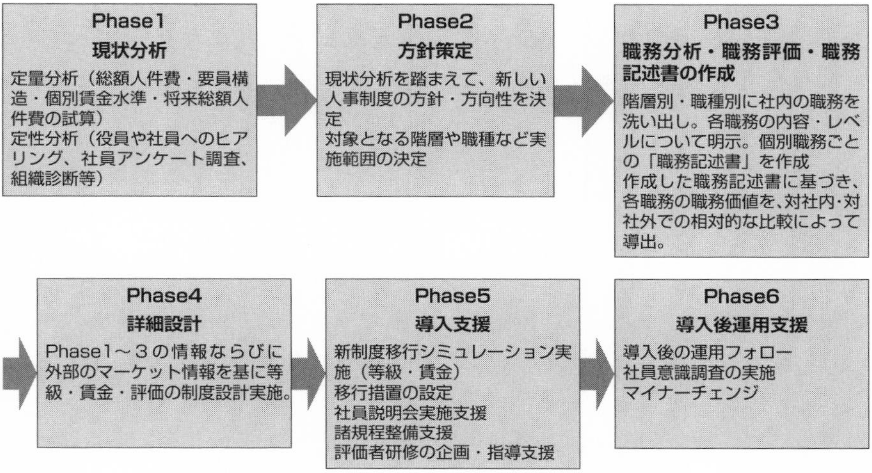

Phase1 現状分析	Phase2 方針策定	Phase3 職務分析・職務評価・職務記述書の作成
定量分析（総額人件費・要員構造・個別賃金水準・将来総額人件費の試算） 定性分析（役員や社員へのヒアリング、社員アンケート調査、組織診断等）	現状分析を踏まえて、新しい人事制度の方針・方向性を決定 対象となる階層や職種など実施範囲の決定	階層別・職種別に社内の職務を洗い出し。各職務の内容・レベルについて明示。個別職務ごとの「職務記述書」を作成 作成した職務記述書に基づき、各職務の職務価値を、対社内・対社外での相対的な比較によって導出。

Phase4 詳細設計	Phase5 導入支援	Phase6 導入後運用支援
Phase1～3の情報ならびに外部のマーケット情報を基に等級・賃金・評価の制度設計実施。	新制度移行シミュレーション実施（等級・賃金） 移行措置の設定 社員説明会実施支援 諸規程整備支援 評価者研修の企画・指導支援	導入後の運用フォロー 社員意識調査の実施 マイナーチェンジ

に対する研修の企画・指導に対する支援も行ないます。

（6）Phase6　導入後運用支援

導入後しばらくはトラブルや問い合わせが発生するため、運用支援を行ないます。また、導入したことにおける効果検証のために、社員への意識調査も実施します。

◇働き方改革への取り組み

①日本で働き方改革が求められる背景

厚生労働省は働き方改革を「働く方々が、個々の事情に応じた多様で柔軟な働き方を、自分で『選択』できるようにするための改革」「１億総活躍社会を実現するための改革」と呼んでいます。日本で働き方改革が求められている背景には労働者不足と労働生産性の低さがあります。労働者不足に関して、たとえば日本は出生率が大きく減少しており、新卒社員の数も年々減少しています。また、出産を機に退職する女性社員はいまだに多くいます。これは、出産・育児をすることによって復職できない、復職できたとしても同じ仕事に戻れない、評価制度が整備されていないなどの問題があるためです。労働生産性について、日本はＯＥＣＤ主要７か国で最下位であり、いまだに過労死や長時間労働を原因とする休職、退職の問題があります。こうしたことから、働き方改革という言葉が叫ばれるようになり、これまでの労働の在り方、労働環境の大きな見直しが求められています。

②働き方改革のための企業の取り組み

働き方改革を実現するための課題としては、「長時間労働の是正」「正規・非正規社員の格差是正」「労働人口不足の解消」「多様な働き方の実現」が挙げられます。それでは企業が働き方改革をどのように実現していくべきなのか見ていきましょう。

たとえば、労働時間を単純に削減するだけでは、生産力が低下して企業は存続できなくなってしまいます。強引に残業を禁止したとしても誰かにそのしわ寄せがいくことになり、特定の部署や人に長時間労働が発生する可能性もあります。多様なバックグラウンドの人を採用しただけでは、組織の生産効率は逆に下がり、退職者の増加を招きます。このように部分的に取り組んだり、強引に推進したりすると企業にも従業員にも負担がかかり、逆効果になるという問題を持っています。そのため、働き方改革のためには、採用、教育・研修、評価、労務、企業文化、業務改善、システム化といった領域を全社的な視点から同時に検討する必要があります。

そこで、外部から課題解決やプロジェクト推進を一緒に進めることができる人事コンサルティングファームへの相談・依頼が増えてきています。プロジェクトのテーマとしては、図表に記載したようなものが挙げられます。しかし、これらの施策を人事や現場が単発で実行しても何も変わりません。働き方改革は経営視点をもって全社的に実行していくことで効果が現れます。経営者主導でプロジェクトを立ち上げる、中期経営計画やビジョンに盛り込む、など全社単位で進めていくことで初めて成功が見えてくる改革だといえます。

◉ 働き方改革に向けた企業の主な施策 ◉

採用	障がい者雇用の促進 女性登用・活躍支援 出戻り採用制度の導入 フリーランス人材の活用	教育	長時間労働抑制のための研修・ワークショップ 業務効率化のための知識・スキル研修 子育て期の部下に対する管理職研修
人事制度	勤務時間インターバルの導入 年次有給休暇取得の奨励 適正な人員配置 成果主義の導入 正規・非正規社員の処遇格差是正 産休育休取得推進 裁量労働制やフレックスタイムの導入 地域限定正社員制度の導入 長期休職制度の整備 副業・兼業制度の導入 組織体制の見直し	業務改善	会議の効率化 業務の棚卸しと改善 資料のペーパーレス化 ナレッジシェアリング 労働時間の把握と改善 生産性の効果測定 在宅勤務、リモートワーク勤務環境の整備

4-6 M&Aコンサルティング

複数のコンサルティングファームがダイナミックにかかわるM&Aプロジェクト

◇M＆Aの「戦略」「財務」分野にかかわるM&Aプロジェクト

ここまで述べてきたさまざまなコンサルティングテーマがダイナミックに同時進行するのがM＆Aに関するコンサルティングです。ＰＥファンドの台頭やオーナー企業の事業承継案件の増加、日系企業のM＆Aに対する積極的な取り組みが背景にあり、ここ数年で急激に案件数が増加しています。

M＆Aにかかわる機関と聞いて、証券会社、都市銀行、監査法人、弁護士事務所をイメージする人が多いと思いますが、実際には多くのコンサルティングファームもかかわっています。

M＆Aでコンサルティングファームがかかわっている段階を大まかにまとめると、下図のようになります（本項では、買い手のアドバイザーとしてのコンサルティング例を挙げます）。

◉ M&Aのプロセスと各コンサルティングファームの役割 ◉

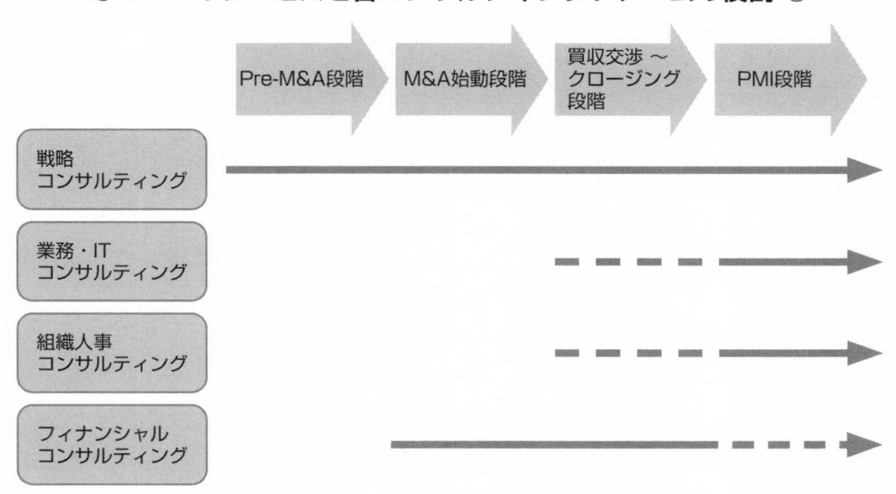

◇M&A戦略のプロセス

M&Aはあくまで手段であり目的ではありません。まず「企業価値向上のために何をすべきか」と企業内で議論が行なわれ、「M＆Aをすることが企業価値向上につながる」という結論になったときに初めてM＆Aが検討されます。

そのため、「そもそも企業価値を向上するためには何をすべきか」「目的を達成するためにどのような手段で行なうか」「仮にＭ＆Ａが企業価値向上につながるとしたら、どのような企業が候補になるのか」ということを明らかにするために、コンサルティングファームが利用されます。なお、この段階ではおもに戦略系コンサルティングファームやフィナンシャルアドバイザリー系コンサルティングファームのストラテジー部門が依頼されます。

そして実際にＭ＆Ａをすると決まってからも、これらのコンサルティングファーム/部門が引き続きＭ＆Ａにかかわっていくことが多いです。

◉ M&Aの進め方 ◉

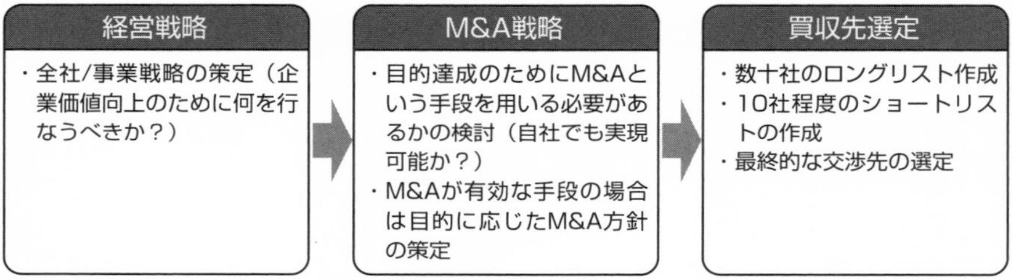

経営戦略	M&A戦略	買収先選定
・全社/事業戦略の策定（企業価値向上のために何を行なうべきか？）	・目的達成のためにM&Aという手段を用いる必要があるかの検討（自社でも実現可能か？） ・M&Aが有効な手段の場合は目的に応じたM&A方針の策定	・数十社のロングリスト作成 ・10社程度のショートリストの作成 ・最終的な交渉先の選定

Ｍ＆Ａ戦略を策定するにあたっては、その前提となる経営戦略・事業戦略を明確に定める必要があります。経営戦略と事業戦略に照らし合わせたうえで、Ｍ＆Ａを実行することが真にクライアントに必要かを検討します。

たとえば、Ｍ＆Ａをすべきか否かを検討するプロジェクトにおいても、クライアント企業内のリソースのみで経営戦略・事業戦略の実現が可能かを検討し、実現可能性やかかる時間・コスト等を総合的に勘案したうえで、Ｍ＆Ａを行なうことが望ましいと判断されると、Ｍ＆Ａの提案をすることになります。

一方で、Ｍ＆Ａを行なわずとも、自社内での新規部署設立や、海外拠点の設立などにより経営課題の解決が可能な場合があります。その場合はクライアント企業にＭ＆Ａ以外の提案を行なうことも多く、Ｍ＆Ａ戦略の策定プロジェクトといっても必ずしもＭ＆Ａありきではありません。

仮にＭ＆Ａが経営課題の解決に有力な手段ということになると、どのような目的でどのようなシナジーを追求すべきかという議論を始めていくことになるわけですが、おもな目的とＭ＆Ａの方針としては、以下のようなものがあります。

①水平統合（同一業界とのM&A）

特定の業界でのさらなる売上の増加を目指すためには、同業他社を買収することが考えられます。同程度の規模の会社と合併することもあれば、業界内でも大手の企業が、同業界の中小企業を買収し、シェアを拡大させるロールアップ戦略を行なうこともあります。

また、国内のある地域でのみプレゼンスの高い企業が、別地域に進出するために同業他社を買収することや、海外マーケットへの進出を検討している企業が海外の現地企業を買収することもあります。いずれのケースでも現地でゼロから組織を作り上げるよりも、すでに現地で営業をしている企業を買収するほうがいち早く市場に参入できるので、「時間を買うために」Ｍ＆Ａを用いる意味合いも大きくあります。

このように、規模を拡大することにより短い時間軸で販売量の増加や仕入れ・製造コストの最適化などのシナジーを期待できます。

②垂直統合（バリューチェーンの川上もしくは川下とのM&A）

サービス領域を拡大するためのＭ＆Ａもしばしば行なわれます。たとえば、製品設計のみに特化している企業が、製造や販売に強みを持つ企業を買収する、ＥＣ企業が配送業者や倉庫などを買収するといった事例が挙げられます。一気通貫でサービスを提供することで、バリューチェーン全体の効率化や顧客サービスの充実が図れます。

③商品・技術の取得

海外の有名ブランドや、最先端の高度な技術を所有する企業を買収するＭ＆Ａもしばしば見られます。ブランドの醸成や技術開発には長い時間と資金が必要になるため、Ｍ＆Ａを通じた獲得が有効な手段となり得ます。

④事業の多角化

企業がこれまでのメイン事業以外に進出する際に、異業種の企業を買収することもあります。たとえば、異業種から金融業界やヘルスケア領域に参入する際の橋頭堡を築くためのＭ＆Ａです。土地勘がない業界や参入障壁の高い業界に進出する際はＭ＆Ａは有効な手段となります。

このようにＭ＆Ａ戦略の立案においては、企業の経営戦略・事業戦略とＭ＆Ａ方針の整合性が取れているか、意図しているシナジーが実現可能か、実際に可能性がある買収候補がどれほど存在しているか、といった点を精査することが重要になってきます。

◉ 経営計画の目的とM&Aの方針 ◉

経営計画の目的	M&Aの方針
①水平統合	・競合関係にある大企業の買収 ・業界内の中小企業の買収（ロールアップ） ・カバーできていない国内拠点の買収（地方など） ・新規進出を目指した海外展開
②垂直統合	・バリューチェーンにおける川上（仕入先or供給元）の買収 ・バリューチェーンにおける川下（顧客接点のある販売店等）の買収
③商品・技術の取得	・競合他社の製品や、業界内での新技術、もしくは技術者の獲得を目的とした買収
④事業の多角化	・自社サービスと親和性のある業界への進出 ・全くの新分野への進出

◇M＆A始動段階でのノンアクセス財務デューデリジェンス

M＆Aをすると決まったら、プロジェクトチームが組成されて実動段階に移ります。Pre-M&A段階からかかわっていたコンサルティングファーム以外にも、フィナンシャルアドバイザリー系コンサルティングファーム、外資系投資銀行や日系証券会社、弁護士事務所、会計士事務所などから専門家が集まってきます。M＆Aのディール（政策）全体を取り仕切る役割は外資系投資銀行や日系証券会社が担うことが多いですが、稀(まれ)にコンサルティングファームがその役割を担うこともあります。

M＆A始動段階では、いくつかのターゲット候補の中から具体的な買収対象企業を選び、実際に買収の打診もします。また併せて、どのようなストラクチャー（構造）を用いるかも考えます。

「買収した企業を子会社化するのか、合併するのか」「買収対価は株式、現金、あるいは両者の組合せか」「現金が対価ならば、資金調達はどうするのか」といった多数の論点を「戦略」「財務」「税務」「法務」の観点からコンサルティングファームは精査し、ストラクチャーに反映します。コンサルティングファームはおもに戦略面、財務面からコンサルティングします。

なお、実際に買収提案を行なう前にも軽く財務デューデリジェンス（ノンアクセス財務デューデリジェンス）を行ないます。ノンアクセス財務デューデリジェンスは、有価証券報告書、帝国データバンクなどの有料情報、新聞・

雑誌の記事などを利用します。デューデリジェンスで分析する項目は、機密保持契約締結後の財務デューデリジェンス（フルスコープ財務デューデリジェンス）と基本的には同じです。ただし、当然アクセスできる情報が少ないため、デューデリジェンスの精度は異なります。

またここでの財務デューデリジェンスは、フルスコープ財務デューデリジェンスの「仮説構築」も兼ねています。ノンアクセス財務デューデリジェンスで対象企業の全体像をつかみ、業績の推移や見込まれるシナジーの大きさについての仮説も立てたうえで、フルスコープ財務デューデリジェンスで仮説を検証します。

◇買収交渉段階

Ｍ＆Ａ対象企業がある程度の好反応を見せたら、機密保持契約などの基本合意書（ＬＯＩ、ＭＯＵ）を結んだうえで、買収対象企業の内部情報を集めてデータルーム（Ｍ＆Ａに利用する機密情報を扱う高セキュリティの部屋）を設営してもらいます。

この段階から具体的な買収価格を算定し、買収交渉につながっていくのです。なお、この作業ではおもにフィナンシャルアドバイザリー系コンサルティングファームのコンサルタントが深くかかわってきます。

買収価格を算定するためには、企業価値算定のためのモデルを組み上げ、買収価格を算定する「バリュエーション」と、バリュエーションのモデルにインプットする情報の収集と精査を行なう「デューデリジェンス」が必要になります。

◇４つに分けられるデューデリジェンス

企業価値評価を算定するうえで必要な作業がデューデリジェンスです。買収対象企業から内部情報を提供してもらい、その情報に基づいて、事業計画書や財務諸表を精査します。この作業はコンサルティングファームが投資銀行と連携しながら担当します。

デューデリジェンスは「ビジネスデューデリジェンス」「財務・税務デューデリジェンス」「法務デューデリジェンス」「人事デューデリジェンス」の４種類に大きく分けられます。

これら４種類のデューデリジェンスを通して、買収価格算定・リスク要因洗い出しを行ないます。４つのデューデリジェンスは相互に関連しており、最終的には４つのデューデリジェンス結果を総合的に検討して買収価格算定につなげます。

◇企業価値向上機会を抽出するビジネスデューデリジェンス

ビジネスデューデリジェンスでは、買収対象企業の事業計画書の精査と企業価値向上機会を抽出します。ビジネスデューデリジェンスは、戦略系コンサルティングファーム、総合系ファーム、フィナンシャルアドバイザリー系ファームなどがサービスを提供しており、該当案件の事情に応じて適切なコンサルティングファームに依頼がきます。

ビジネスデューデリジェンスでの事業計画書の精査とは、単なる表計算ソフトウェアのシート上の数字のチェックだけではなく、対象企業の将来の戦略・将来の見通しについても精査します。つまり、「対象会社の提出した事業計画書の戦略がほんとうに実行可能か」精査する段階と、「精査内容が具体的な数値に適切に落とし込まれているか」確認する段階にわたって２段階でチェックします。

企業価値向上機会の抽出とは、いわゆる“シナジー”がどこで発生するかを明らかにする作業であり、図のような流れで作業が進んでいきます。

◉ ビジネスデューデリジェンスの流れ ◉

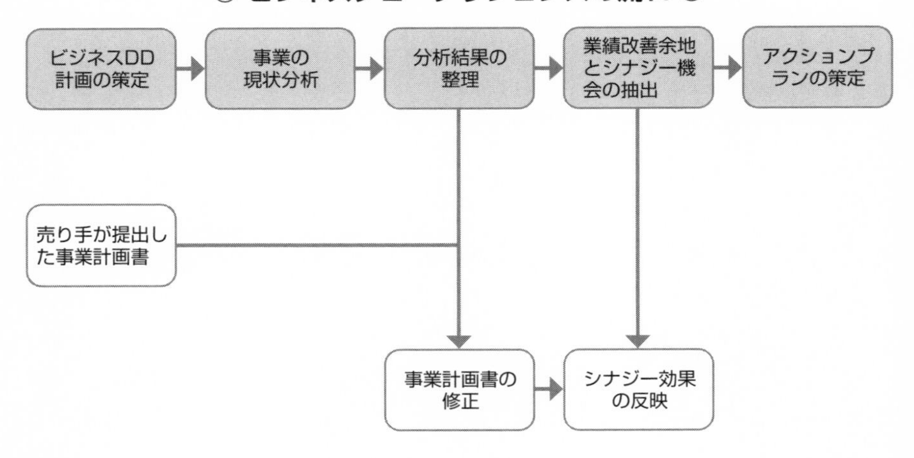

①デューデリジェンス計画策定

ビジネスデューデリジェンスでは、ほかのプロジェクト以上に計画策定が重要になります。なぜならば、多くのプロジェクトは１か月強、場合によっては１か月未満と非常に短期であり、デューデリジェンスに使える時間は限られているからです。

◉ 調査範囲の定義例 ◉

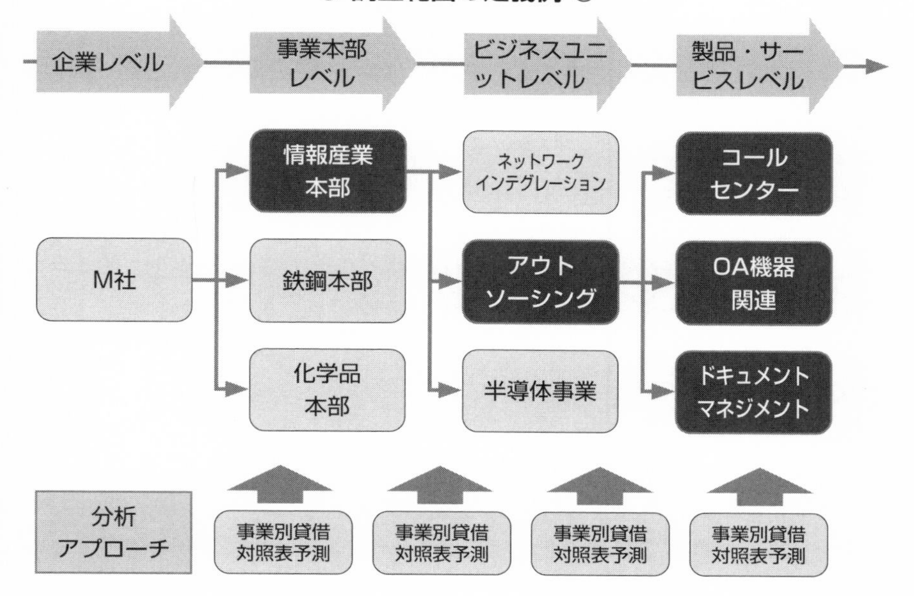

◉ マイルストーンの設定例 ◉

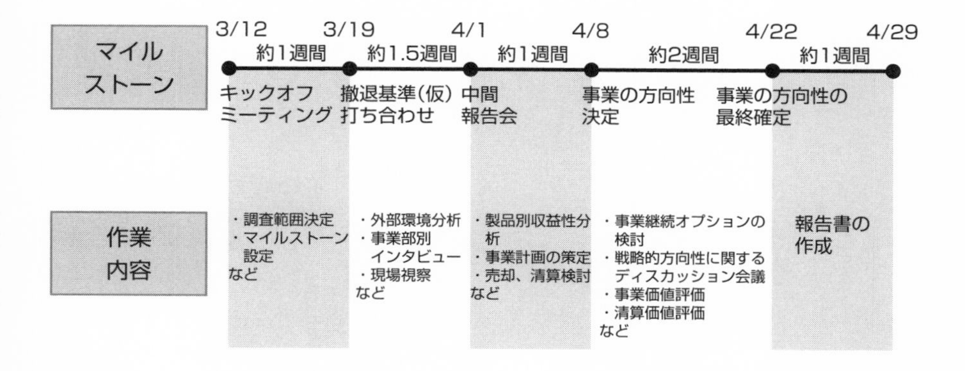

そのため、他プロジェクト以上に効率よく調査・分析を進めていく必要があり、適切な計画立案が不可欠となっています。

デューデリジェンスは、「(1)調査範囲の決定（調査対象事業領域、ブレークダウンのレベル、分析手法）」「(2)マイルストーンの設定」「(3)初期仮説構築」の順に行なわれます。

(3)の初期仮説構築では、まず簡単に調査を行なったうえで、重要になりそうなトピック・論点を洗い出し、それぞれに対して仮説を構築します。

また、初期仮説構築が後々の分析ポイントに大きな影響を与えるため、仮説はSWOT形式で整理されることもよくあります。強み（Strength）や機会（Opportunity）にあたる仮説ならば、分析の主眼は「業界成長の恩恵をどれだけ受けられるか」「競争力維持のための先行投資は十分か」といった視点で分析します。一方、弱み（Weakness）や脅威（Threat）の場合、「規模縮小やシェア低下に耐えられるか」「業績の悪い事業から撤退すれば生き残れるか」という、ボトムラインを見定める重要な分析になります。

②事業の現状分析

初期仮説に基づいて、買収対象企業を現状分析します。ただし、買収対象企業のみを分析するわけではありません。自社の現状分析に加えて、「マクロ環境」「市場動向」「競争環境」なども分析します。

そして、分析結果を踏まえ、「将来どのような変化が起こりうるか」「その変化に対してどのような施策をとればよいか」「自社は施策を打つことができる体制が整っているか」といったことをトップダウンで分析します。そして同時に、自社の活動を１つひとつ競合他社と比較しながら、ボトムアップで強みや弱み、改善余地を洗い出していきます。

たとえば、企業の業績（売上・利益など）を、「事業別」「製品・サービス別」「顧客別」「営業拠点別」といったさまざまな切り口で分析するのです。そし

◉ 現状分析のフレームワーク ◉

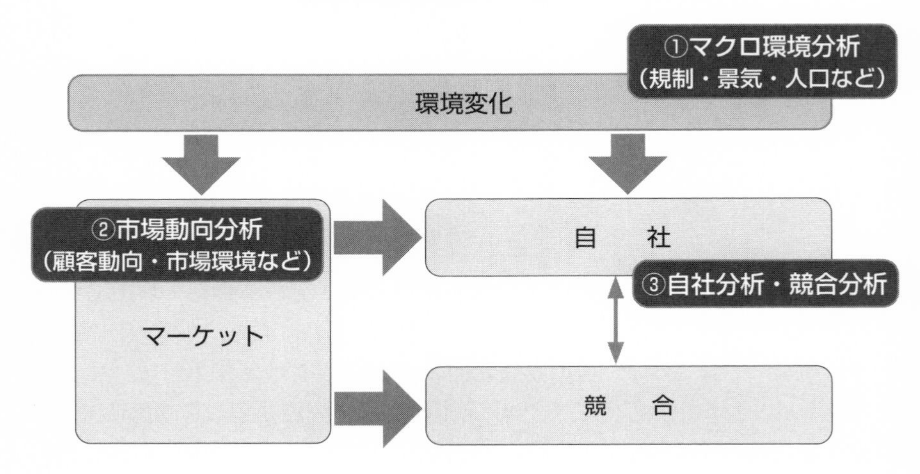

◉ 製品・サービス別売上高の分析例 ◉

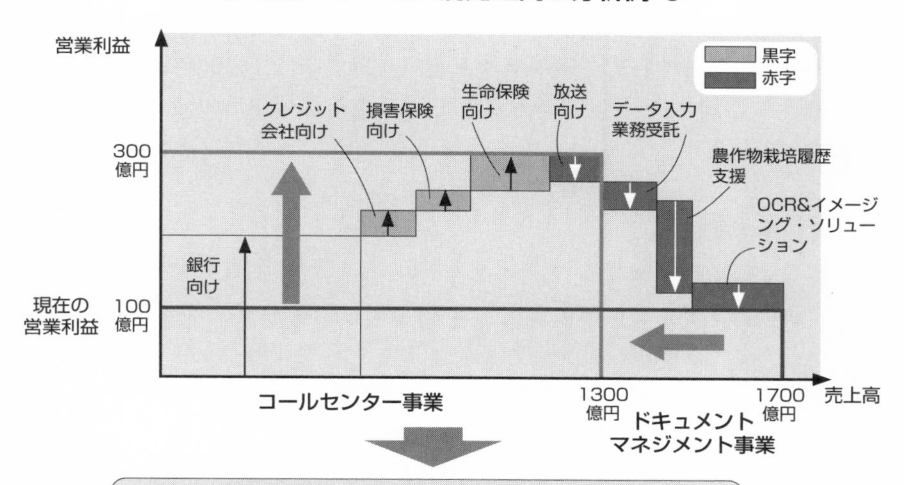

ドキュメントマネジメント事業から撤退し、コールセンター事業に特化すれば、売上高は減るが利益は大幅に増加！

◉ 顧客別売上高の分析例 ◉

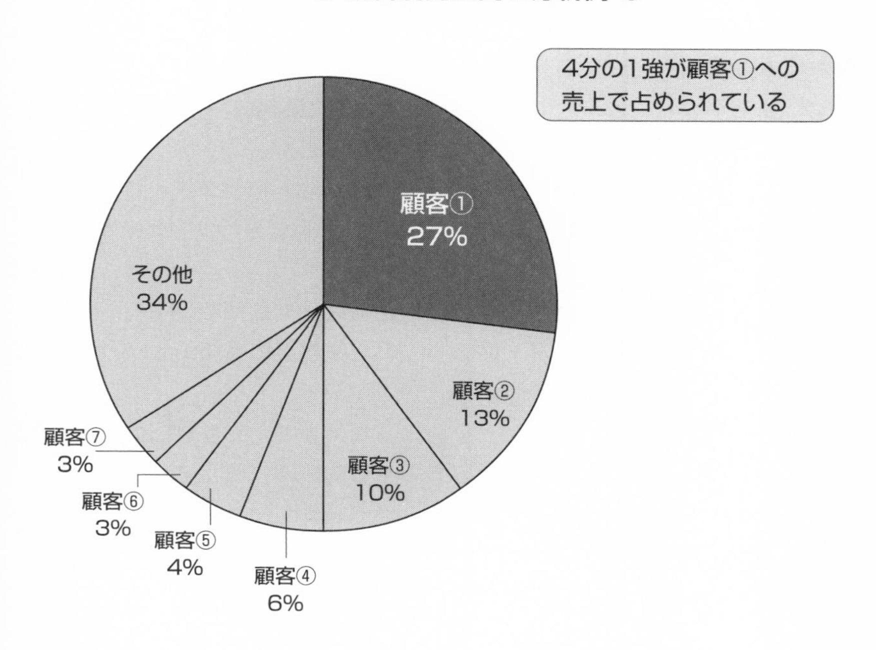

てときには時系列で比較したりします。

また、競合他社との比較からいえば、業界の"勝ち組"がバリューチェーンの各段階で持っている「競争優位」を明らかにし、この競争優位を買収対象企業でも実現できるかを判断することで、企業価値創出の機会を見極めるアプローチもあります。

③分析結果の整理

現状の分析が終わったら、分析結果を基に買収対象企業が提出した事業計画書を修正します。この修正された事業計画書に基づいて計算された企業価値が、シナジー考慮前の企業価値となります。なお、多くの場合には当初に提出された事業計画書から下方修正されます。

④業績改善余地とシナジー機会の抽出

事業計画書の修正が終わったら、次は業績改善の余地とシナジー機会を算定します。

短期的改善余地の例として、調達方法の見直し、物流拠点の統廃合、不採算部門からの撤退、運転資本の削減、間接部門のアウトソーシング、不要資産の売却などを通じた企業価値向上の余地が挙げられます。

一般的に、投資ファンドなどのフィナンシャルバイヤーはこの短期的な業績改善を積み重ねることで企業価値向上を図ります。なお、ここでの"短期"は「すぐに効果が現われる」という意味であり、長期的な企業価値を犠牲にして短期的な利益追求を図るという意味ではありません。

またシナジー機会とは、買収側企業と買収ターゲット企業が互いに持っている資産・ノウハウ・顧客基盤などを共有することで、売上の増大やコストの削減を実現して業績向上を図る機会のことです。

たとえば、売上面では買い手と買収対象企業で商品や商圏を補完し合うシナジー、コスト面では調達・生産・開発などの重複部を削減するシナジーが挙げられます。

これらの短期的改善余地・シナジーを具体的な効果ごとに整理し、定量化して数値に落とし込みます。シナジーを享受するために投資が必要であれば、投資額の見積もりも必要です。短期的改善余地・シナジーは目標を立てるように安易に算定してはならず、「しっかりとした根拠に基づいて」算定する必要があります。

⑤アクションプランの策定

中長期シナジーと短期的改善余地の抽出が終わったら、次はそれらを実現するためのアクションプランを策定します。プロジェクトによっては、この部分は買収が完了した後のＰＭＩで行なうこともあります。

◇貸借対照表と損益計算書を直す財務・税務デューデリジェンス

財務・税務デューデリジェンスでは、企業の貸借対照表および損益計算書を「実態に即した形」に直します。一般的には、フィナンシャルアドバイザリー系コンサルティングファームが担当します。なお、税務デューデリジェンスに関しては、フィナンシャルアドバイザリー系コンサルティングファームが行なうこともあれば、コンサルティングファームが属するグループの税理士法人が行なうこともあります。

◉ 基本情報分析項目例 ◉

ポイント	上場企業	非上場企業
組織・オーナーシップ（資本構成や、実質的な意思決定者）	○	△
重要な意思決定機関の議事録	×	×
関係会社や株主を含むすべての当事者	○	△
ターゲットのビジネス（市場、事業内容、競合など）	○	△
過去・将来の組織・事業再編などの重要イベント	△	△
経営管理・内部統制の体制	○	×
経営陣・従業員	○	△
事業計画の位置づけ （作成者は誰で、誰が実質的に承認しているのか）	△	△
過去の外部機関調査の状況（税務機関・監督機関などの調査）	×	×
監査状況（外部の監査人による会計監査）	◎	△
重要な会計方針とその変更履歴	○	△
偶発債務・簿外債務の状況	○	△
ターゲット企業が開示しているリスク分析	○	△

◎ ターゲット企業の情報提供がなくとも、公知情報のみで収集可能なレベル
○ ターゲット企業の情報提供がなくとも、公知情報のみで収集可能だが、追加やアップデートが必要なレベル
△ 買収時に受け取る開示資料（インフォメーション・メモランダム）で多少の情報は得られるが、情報の正確性の検討やより詳細な分析が必要なレベル
× ノンアクセス財務デューデリジェンスではほとんど情報が得られないレベル

財務デューデリジェンスは、４種類の作業に大きく分けられます。

①基本情報分析

まずは基本情報分析で企業の大まかな組織構造やビジネスプロセスを把握します。分析する項目の例として、前ページ図のような項目が挙げられます。

②損益計算書分析

損益計算書の分析では、各項目を精査して損益構造を明らかにし、同時に一時的な要因の影響を取り除いた収益力(正常収益力)を明確にします。通常、正常収益力はEBITDA（利払い前･税引き前･減価償却前･その他償却前利益）を基礎として分析されることが多いようです。

EBITDAそのものは損益計算書に記述されていませんので、売上や売上原価、販売管理費といった各項目の構造と変化を分析します。そして、分析結果から過去のEBITDAの推移を明らかにし、将来のEBITDAの変動を予測します。

③キャッシュフロー分析

EBITDAでの分析が終わったら、次はEBITDAを基にしてキャッシュフローを分析します。キャッシュフローの定義にはさまざまなものがありますが、本書では「EBITDA ± 運転資本増減 − 資本的支出」をキャッシュフ

◉ EBITDAの分析 ◉

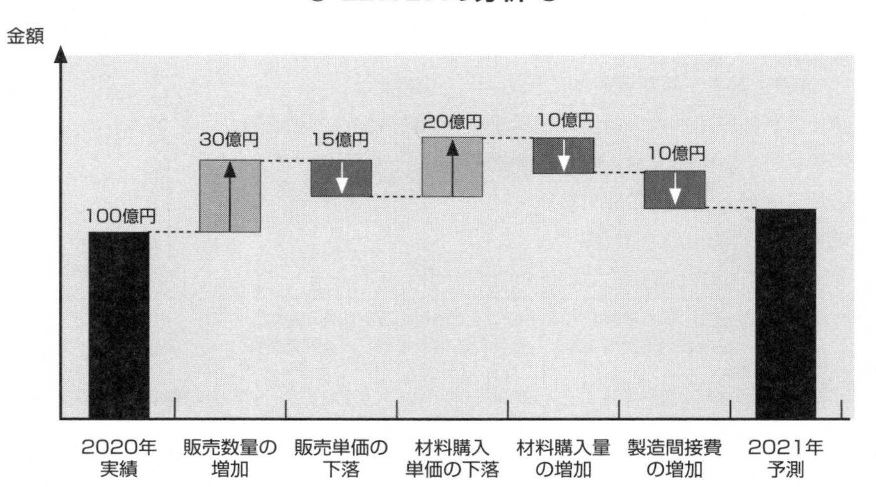

ローとして説明します。

収益資産の価値を評価するＤＣＦ法では、このキャッシュフローが企業価値算定の際に重要となります。分析の際には、事業の季節性や直近の傾向分析のために月次でキャッシュフローを分析することもあります。

④貸借対照表分析

通常、企業の貸借対照表上の資産・負債（とくに資産）は時価ではなく簿価（帳簿上の純額）で計上されており、実態に即していない例が多々あります。とくに長年所有している土地などは、時価評価すると何倍もの値段になっていることがあります（逆のケースもあります）。

そのため、対象企業の資産・負債を簿価のままで認識するのではなく、買収価格を決定する前に資産・負債を時価評価して、結果を買収価格に反映させる必要があります。

また、企業によっては簿外債務を抱えている場合もあるので、簿外債務の有無もチェックします。それ以外にも、売上債権の調査や資産の毀損（きそん）状況のチェック、退職給付債務も評価します。

なお、退職給付債務や福利厚生費は人事制度に関する専門知識が必要となってくるため、多くのケースで組織人事系コンサルティングファームが担当

◉ 財務諸表の実態 ◉

	調整項目	金額	説明
貸借対照表上純資産		2000	
	貸倒引当金の追加計上	−12	X社に対する売上債権を回収不能と判断
	棚卸資産評価損	−10	長期間滞留している資産への評価損を計上
	不動産の含み損益	−200	所有不動産の簿価と鑑定価格の差額をネットで計上
	減価償却費の追加計上	−5	当期取得の固定資産に対する減価償却費の計上漏れ
	有価証券評価損	−300	所有有価証券の含み損を計上
	立替金償却	−10	長期滞留債権を償却
	加入金償却	−30	税法上の繰延資産を償却
	未計上債務の計上	−50	作業費計上漏れ
	退職給付未認識	−200	会計基準変更時差異の未認識
	債務保証損失引当計	−10	破綻企業への債務保証額を損失として認識
調整金額合計		−827	
実態純資産		1173	

します。

またほかに、税務に関する論点をチェックする税務デューデリジェンスがあります。税務デューデリジェンスには繰延税金資産の回収可能性の精査、組織再編税制における適格要件（課税繰延べが認められるかどうか）をチェックする作業も含まれます。

このように、財務デューデリジェンスは財務・税務・会計の専門知識が非常に問われる分野になっており、会計士や投資銀行・証券会社と密接に連携しながら進められます。

法務デューデリジェンスは、多くの場合は弁護士が担当します。オーナーシップの移転によって生じる社外の取引先との契約関係の変更の有無を精査したり、違法行為・訴訟リスクの有無をチェックします。コンサルタントが法務デューデリジェンスにかかわることはありません。

◇２種類に大別される人事デューデリジェンス

人事デューデリジェンスは「人事関連債務デューデリジェンス」「非財務的人事デューデリジェンス」の２種類に大きく分けられます。

財務デューデリジェンスの点でも触れましたが、人事関連債務デューデリジェンスとは、退職給付債務や福利厚生費といった人事制度にかかわる諸費用や諸負債が実態に即しているか、または問題ないか精査する作業です。

一方、非財務的人事デューデリジェンスとは、貸借対照表や損益計算書には直接現われてこない組織人事制度に関する精査です。具体的には、「①人材運用理念」「②人事制度」「③人材フロー」「④組織文化」などを精査します。

◉ 非財務的人事デューデリジェンスの全体像 ◉

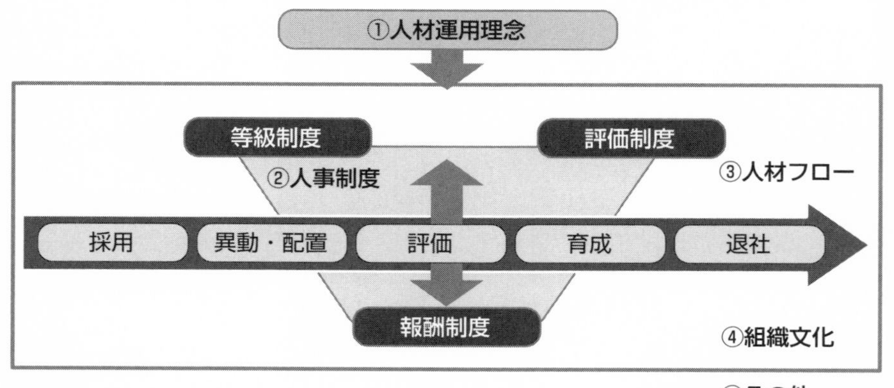

①人材運用理念とは、「成果主義の徹底」「チームプレイ重視」「現場主義」といった、企業の人事制度・人材運用の背景にある人事に関する暗黙的な考えです。

はっきりと明示されていない場合も多いですが、それでも企業の慣行や運用パターンをみれば、どのようなバックボーンがあるかがわかってきます。非財務的人事デューデリジェンスは、経営者や人事担当マネジャーへのインタビューを通じて、人材運用理念を把握することから始まります。

「②人事制度」のチェックでは、おもに「等級制度」「報酬制度」「評価制度」の３制度を調べます。

等級制度とは、「職能資格制度」や「職務等級制度」といった制度であり、社内の人材を一定の基準で序列づけし、グループ分けして人事管理を効率化する仕組みをいいます。ここでは、そもそもどのような制度を採用しており、昇格・昇進のパターンはどうなっているか、人員の分布に問題がないかということをチェックします。

報酬制度とは、給与・賞与・退職金を提供する仕組みです。年収カーブがどのようになっているか（上昇のスピード、タイミング、差のつけ方、下がるリスクなど）を明らかにしたうえで、現在のビジネスモデルと整合性がとれているか、買収側の企業とはどのように制度が違うのかを精査します。

評価制度のチェックでは、ビジネスモデルとの連動性、組織規模と評価制度の適合性をチェックします。そして、実際に運用がルールどおりに行なわれているか、形骸化していないかをチェックするのです。

これら３つの制度は密接に関係しているので、個別に問題がなくとも相互の関連がうまく機能しているかをチェックすることが重要です。

「③人材フロー」のデューデリジェンスの対象はさまざまですが、本書で紹介したＳＨＲＭ（戦略的人材マネジメント）では、採用、配置、評価、昇進、退社の各フローが望ましい状態になっているかの確認が挙げられます。例として、社員の年齢構成・年齢・職位別に離職率を分析して、現在および将来の人材フローに問題がないかという精査が挙げられます。

最後に、「④組織文化」のデューデリジェンスを説明します。一般的に、組織文化に大きな違いがある企業同士の合併には大きなリスクとコンフリクト（利益相反）があります。ある程度はやむを得ないとはいえ、許容可能な範囲かどうかを精査することは非常に重要です。

たとえば、「パフォーマンスカルチャー（競争に対する意識）」をチェックする場合には等級制度を分析します。「どの年次で、どのくらいの割合がど

◉ コンフリクトが起きやすいケース ◉

A社

年次	等級 総合職5級	総合職4級	総合職3級
3年目	100%	0%	0%
4年目	100%	0%	0%
5年目	100%	0%	0%
8年目	0%	100%	0%
9年目	0%	65%	35%
10年目	0%	55%	45%

B社

年次	等級 総合職5級	総合職4級	総合職3級
3年目	85%	15%	0%
4年目	70%	30%	0%
5年目	50%	45%	5%
8年目	5%	80%	15%
9年目	0%	85%	15%
10年目	0%	75%	25%

の等級にいるのか」ということを分析することで、どのくらい“差がついているか”を“見える化”するのです。上図の２社の等級分布だと、パフォーマンスカルチャーによるコンフリクトが発生する可能性が非常に高いと考えられます。

買収した企業を統合せずに、子会社として単独で運営させる場合には、このようなコンフリクトは発生しません。しかし、グループとして買収効果を最大限引き出す点では大きなデメリットもあります。

たとえば、日本郵政のトール・ホールディングス（オーストラリアの物流会社）買収のように、多額の資金を投じて海外企業を買収したものの、買収後のＰＭＩ/経営のかじ取りが上手くいかず、最終的には買収価格を下回る価格で売却するという経営判断に至った事例もあります。

現状の組織文化が買収後の“あるべき企業像”と照らし合わせて、望ましいかどうかをチェックし、ギャップがある場合には埋めるためのコスト（労力・時間など）が許容範囲かどうかを見極めるために、組織文化のデューデリジェンスは欠かせません。

◇買い手にとっての価値を算出するバリュエーション

さまざまな要素を考慮し、Ｍ＆Ａ全体を見通したうえで、最終的な買収価格の決定は外資系投資銀行や証券会社が担当することが多いようです。しかし、バリュエーション作業の細かい部分に関しては、外資系投資銀行や証券会社の若手が担当することもあれば、フィナンシャルアドバイザリー系、戦略系コンサルティングファームが担当することもあり、ケースバイケースで

◉ バリュエーションの流れ ◉

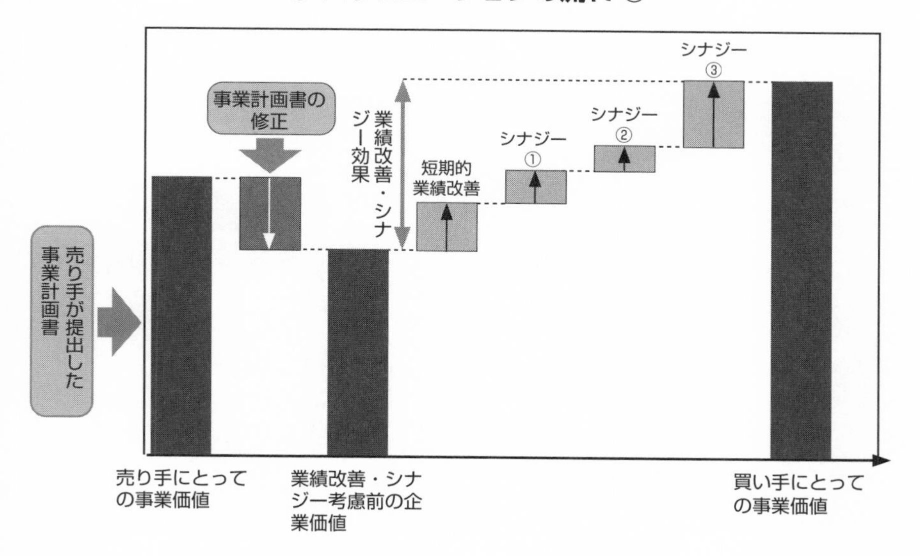

す。

バリュエーションの手順は、まずは（デューデリジェンスの結果修正された）買収対象企業の事業計画書や財務諸表に基づき、ＤＣＦ法、類似企業比較法などの手法を使って、「ベースバリュー」を算出します。

続いて短期的な業績改善効果やシナジー効果がどれだけあるかを算出し、ベースバリューとシナジー効果を足し合わせた「買い手にとっての価値」を算出します。算出された買い手にとっての価値、売り手の提示価格を念頭に置きながら、価格交渉へとつなげていきます。なお、無形資産や優先株式・新株予約権がある場合には、それらの評価もします。

◇PMIに向けたクロージング

デューデリジェンスとバリュエーションが終わり、価格面でも合意が得られたらクロージングに向けた作業を開始します。最終契約書には、価格だとか支払い方法以外にも、ＰＭＩ（ポストマージャーインテグレーション）を見据えた契約条項が盛り込まれることもしばしばあります。たとえば、競業禁止義務、顧客の引継ぎ、役員・従業員の処遇などについての条項です。

◇買収後にシナジーを向上させるPMI

買収が完了した時点で、投資銀行・証券会社、弁護士、会計士などの仕事は終了しますが、コンサルタントの役割はまだ終わりません。ここまでがM＆Aの前半戦だとしたら、買収後が後半戦であり、シナジーを実現するためのＰＭＩプロジェクトに入ります。

ＰＭＩプロジェクトでは、会社間の統合を行なうため、さまざまな部門がかかわり、多くのプロジェクトが同時に進められます。

◉ PMIの作業一覧 ◉

	導入	統合準備	実行
戦略	・統合戦略、統合計画の策定 ・全社戦略（事業戦略）の策定　など	・統合計画プログラムの運営 ・全社戦略、事業戦略の実行　など	
業務	・業務フローの実態把握　など	・価格、契約条件の改善 ・業務プロセスの再設計　など	・価格、契約の改善方針実行・業務プロセスの最適化実行 など
IT	・ITインフラの現状把握　など	・ITとインフラの要件整理　など	・ITとインフラの統合実行　など
組織人事	・統合組織のデザイン ・統合にともなうコミュニケーションプランの立案　など		・新組織体制の実行・コミュニケーションプランの実行 など

◇PMIプロジェクトにおける具体的な作業

ＰＭＩプロジェクトにおいて、戦略面では、買収した企業・部門の業績を向上させるために、全社戦略・事業戦略を立案し、業績の向上を図ります。一方、業務プロセスの統合・改善やコスト削減も実施しますし、システムや組織人事制度も統合します。

このようにＰＭＩのプロジェクトは多岐にわたりますが、代表的なものは以下の通りとなります。

①統合計画の策定

統合後の新会社が目指すべき姿を明確にしたうえで、どのようなシナジーを期待するかを洗い出します。それを踏まえて業務プロセス、人事、会計、システムなどの各機能の統合方針の策定及び実際のアクションプランへの落とし込みを行ないます。

②業務プロセスの分析・統合

合併するそれぞれの企業の顧客、製品、チャネル、人的リソースなどを正確に把握したうえで「あるべき姿」を定義し、業務オペレーションの統合・効率化を行ないます。また、それぞれの企業が強みを持っていたチャネル・製品を相互に活用し、クロスセル・アップセルの機会創出等も行なわれます。

③組織人事領域の統合

新会社の発足に際しては、部門の再編や人事制度・給与制度の刷新が行なわれます。とくに人事制度・給与制度はセンシティブな領域であり、現状を踏まえた段階的な移行プランなどが策定されることも多いです。また、リテンション（引きとめ）にも注意が必要です。とくに買収される側の企業については、報酬面を含めた人材の流出を防ぐための措置、統合後の会社に従業員が馴染めるようなコミュニケーションプランの策定が重要になってきます。

④システムの統合

統合前の各社は基幹システムをはじめとした各種使用システムが異なるケースが大半のため、各社のシステムの全体像、業務プロセス、運用管理の人員などの現状を整理し、各種システム並びにそれらに紐づく業務プロセスやデータを統合・移行する必要があります。

このように、コンサルタントは買収前の戦略立案からＰＭＩに至るまで、Ｍ＆Ａの一連のプロセスに深く関与しており、多種多様なプロジェクトが走っています。

事業再生コンサルティング

資金繰りの改善、財務リストラ、収益性の改善が業務の中心

◇事業再生コンサルティングの業務

経営不振企業の事業再生（企業再生）の場面でコンサルタントが活躍している場合もあります。本項では、事業再生（企業再生）のコンサルティング現場で実際にどんな業務が行なわれているのかについて説明します。

対象会社の課題、経営危機の状況にもよりますが、大きく分けると、事業再生のコンサルティングで行なうことは以下の３点に集約されます。

①キャッシュフロー（CF）の改善

いわゆる「資金繰り」の目処をつけることです。本当に経営危機の瀬戸際にある会社は、「来月末には現金がなくなり支払いができなくなる」、「○○末には手元資金がなくなり借入金を返済できない」という状況にあります（逆に言うと、債務超過でも赤字でも、資金繰りが回っているときはまだ直ちにはつぶれません）。こういった状況の会社では、まず借入金返済のリスケ、支払いの繰延べ、短期資金の調達、不要不急の支出のカットといった施策を打ち、CFを改善して、会社が資金ショートしてつぶれることを防ぎます。

中小企業の再生などでは、そもそもキャッシュフローが厳しくなってコンサルティングファームやファンドに駆け込むことがあり、そういった場合には、まずここから手を着けます。

②バランスシートの再構築（財務リストラクチャリング・B/Sの改善）

２点目は、バランスシート（B/S）の改善です。債務超過状態にあり、新しい資本を入れなければいけないケース、借入金が大きすぎてどう頑張っても返済が不可能なケースにおいては、スポンサーを募って新しく出資をしてもらうことや、金融機関に債務カットを依頼することで資本構成を立て直します。また、事業運営に不要な資産がある場合には売却することで借入金の圧縮に充てる等の施策を行ないます。

そのほかにも、非中核事業（ノンコア事業）を売却することで事業の選択と集中を図ることや、会社全体を存続させることはむずかしいものの、一部優良事業だけを存続できる可能性がある場合には、当該事業だけを切り出す形で会社分割を行なうこともあります。

こういった財務リストラクチャリング、いわば「外科手術」を行なうことで、会社を筋肉質にし、事業が回りさえすれば存続可能な状態に立て直します。当然ながら、ただお願いするだけでは出資してくれるスポンサーも債務カットに応じてくれる銀行もいないので、財務リストラクチャリング後、どのような形で会社を立て直していくか再生計画を策定し、ステークホルダー全員に納得してもらう説明を行なう必要があります。

③事業の収益性改善（オペレーション改善・P/Lの改善）

最後は、事業そのものの収益性改善、すなわち、P/Lの改善です。債務カットし、資本を注入し、不採算事業を整理しても、肝心の残った事業が赤字続きでは、再び経営危機に陥ってしまいます。そうならないために、どのように売上を伸ばしていくか、コスト削減して収益性を上げていくかといったことを考え、実行に移していくことで、事業の収益性を改善し、安定的に黒字を確保できる状態にまで再生していきます。

再生計画を策定している場合は、計画の実行フェーズで新たな課題・機会が見つかった場合には、そちらを反映して再生計画がアップデートされていきます。

以上の①～③が再生の主な業務内容になり、
①キャッシュフロー（CF）の改善 ＞ ②バランスシートの再構築（財務リストラクチャリング・B/Sの改善）＞ ③事業の収益性改善（オペレーション改善・P/Lの改善）
の順に緊急度が高くなります。実際のところは3つを同時に走らせながら会社の状況に応じて優先度が高い作業に手を着けるケースが多くなります。

◉ 事業再生で行なわれる施策 ◉

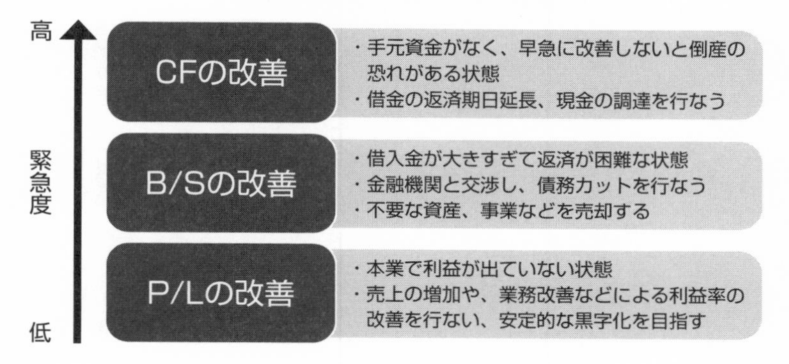

◇事業再生コンサルティングのトレンド

事業再生コンサルティングは、もともとはキャッシュフローの改善や財務リストラクチャリング等、財務面の再生コンサルティングから始まっており、そこから事業面の再生コンサルティングに領域を広げてきたという歴史があります。

最新の動向としては、「再生＝経営危機（経営破綻直前）における再生(In-Crisisの再生)」と捉えるのではなく、上記に加えて、

①事業に陰りが見えこのままでは経営危機になってしまう恐れがある状態に手を打ち事業を立て直す（Before-Crisisの再生）

②一度経営危機を乗り超えた後、５年、10年と再成長を続けるための手立てを考える（After-Crisisの再生）

までを再生と捉えています。すなわち、従来の「経営危機（経営破綻直前）における再生（In-Crisisの再生）」の前段階/後段階まで、コンサルティング領域を広げています。

◉ 経営危機の前後までがコンサルティング の対象 ◉

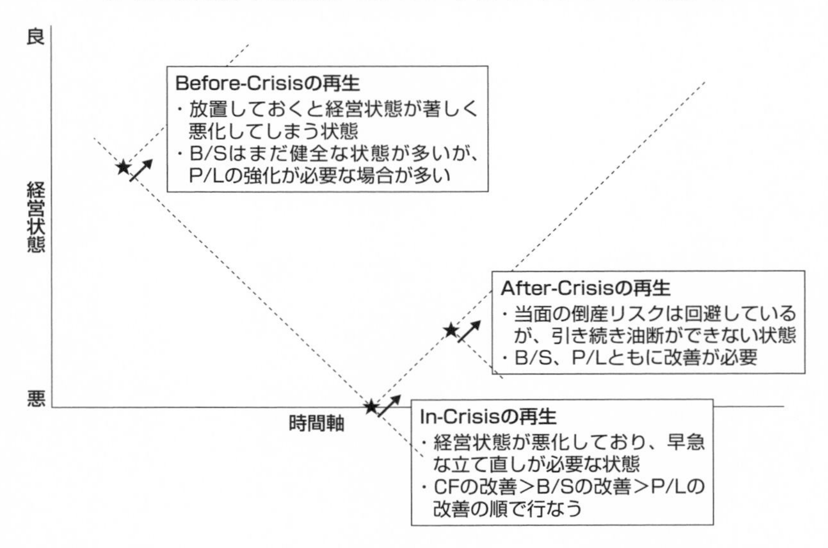

また、経営不振にある（日系大企業の）海外子会社の再生も大きなテーマの１つになっており、グローバルな再生案件も増えつつあります。

8 リスクコンサルティング

予防するだけではなく経営意思決定に役立つこともある

◇リスクコンサルティングとは？

リスクコンサルティングとは、経営層の意思決定、事業部門のモニタリング、コンプライアンス部門へのリスク予兆管理の支援等を指します。

企業のリスクは、データプライバシーリスク、品質リスク、レピュテーションリスク、金融犯罪リスクと多岐にわたりますが、リスクコンサルティングでは経営リスクの是正対応をはじめ、事前検知および事前防止策立案まで手がけています。

◉ 経営におけるリスクの種類 ◉

財務リスク	非財務リスク	
	オペレーションリスク	オペレーション以外のリスク
市場リスク 信用リスク 流動性リスク 価格変動リスク など	事務リスク システムリスク 品質リスク 労務リスク など	コンダクトリスク 金融犯罪リスク レピュテーションリスク 情報管理リスク など

上図のように、経営におけるリスクは財務リスクのみならず、非財務リスクにも多く存在しています。

身近な例では、リモートワークを導入すれば、社内情報をクラウド化する場合の情報漏洩リスク、従業員の労務リスクについての対策強化が必要です。

また、一部システムの開放が必要になることもあるため情報セキュリティの強化が必要となる等、リスクコンサルティングの重要性は高まっています。

◉ リスクコンサルティングの代表的なプロジェクトテーマ ◉

- 事業ポートフォリオマネジメントの定量化
- リスク許容度の分析等投資意思決定の支援
- 財務報告に係るガバナンス強化
- サプライチェーンリスクマネジメント
- 全社的リスクマネジメント（ＥＲＭ）高度化
- 事業継続計画（ＢＣＰ）策定の支援
- フォレンジックサービス
- サイバーセキュリティ

◇リスクコンサルティングの最新動向

リスクコンサルティングというと財務リスクや内部統制を想起しがちでしたが、近年の経営環境にはあらゆるリスクが存在し、１つのリスクが会社の危機につながる事例が散見されています。従業員がＳＮＳ上に不用意な発言をしたために会社全体の評判が毀損することもありますし、退職する従業員が会社の根幹となる機密データを持ち出してしまう可能性もあります。

そこで、従前の財務リスクや内部統制という観点のみでなく、テクノロジーやデータアナリティクスを活用してリスクの予兆管理を行ない、コンプライアンス部門のみならず全社並びにグループ会社全体としてのリスク支援を手がけています。

◉ 従前と最近のリスクコンサルティングの動向 ◉

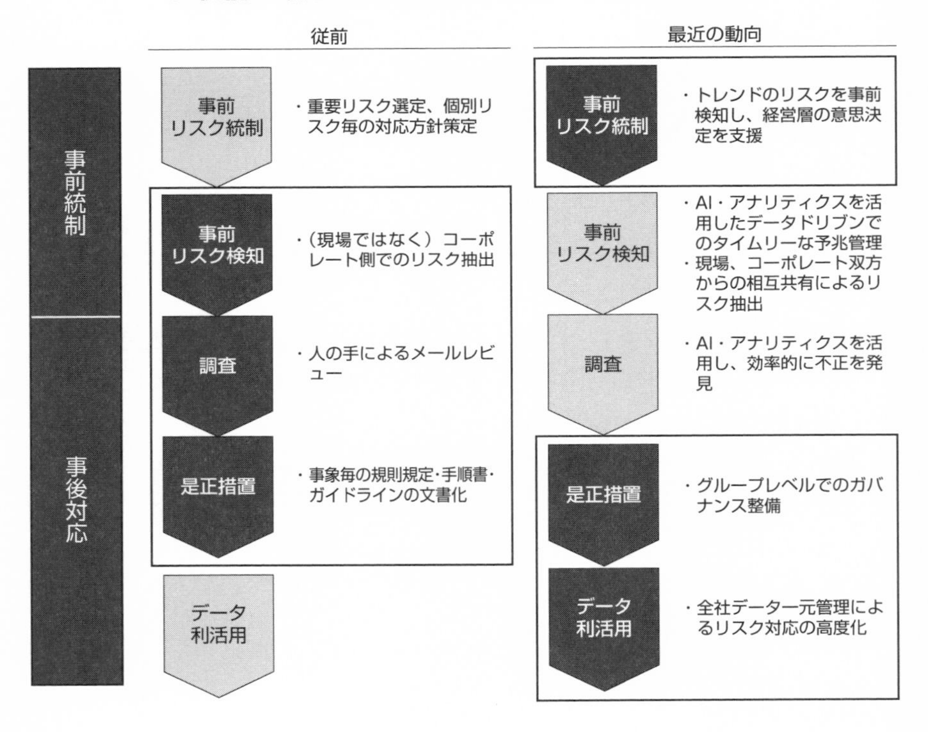

◇プロジェクト事例：従業員データに関する利活用

たとえば、「従業員データに関する利活用プロジェクト」においては、次ページのような業務が行なわれます。

①従業員の属性/行動データを蓄積・分析
②リスク兆候となるモデルパターンを定義し、データアナリティクスツールにインプット
③データアナリティクスツールを活用し、従業員の不適切行動・言動等のリスク兆候を事前検知
・メール内容
・位置情報
・外部サイトへのアクセス
・顧客との取引履歴
・会計データ　など
④不正発覚（予兆していたため不正発覚後の迅速な対応が可能）
⑤不正事象をデータとして蓄積し、データアナリティクスツールの精度向上に活用
⑥必要に応じて経営意思決定の重要判断材料として活用

上記でもっとも重要になるのが、従業員データのインプット段階です。

リスク兆候となる従業員の属性、発言・行動の傾向を見極め、データアナリティクスツールにモデルパターンとなるデータをインプットすることで、リスク予防が可能になります。

データが蓄積され情報精度が向上していくことで、リスクを予防するだけでなく経営意思決定に反映させることもできます。トレンドのリスク兆候がわかれば予め相応のグループ規則を策定できますし、特定部門の従業員によるリスク兆候があれば、組織再編という判断もできます。

すべてのリスク兆候を捕捉することはできませんが、システム的に検知できるデータアナリティクスツールをコーポレート側でモニタリングしつつ、現場マネジメントによるボトムアップ/トップダウンの双方からリスク防止に取り組むことで、リスクを最小限に抑えることが各企業に求められます。

たとえば、特定の社員AさんとBさんに対し、データアナリティクスツールによると、“メール内容”“メール送受信回数”“位置情報”“出勤時間”などでアラートが出ていたため現場に確認したところ、一般的な距離感を超えた密な関係にあると報告があればリスクの可能性は高いと判断できます。逆に、現場からの報告後、データアナリティクスツールを確認したところアラートを確認できることもあります。

4-9 その他のコンサルティングプロジェクト

経営に関するものであればすべてが対象となりえる

◇時代や企業の変化に合わせて増えている

３章から４章にわたって具体的なコンサルティングの仕事（プロジェクト）を紹介しました。本書では各領域のおもなプロジェクトを紹介しましたが、これらプロジェクトは“現在”での各企業の課題を解決するものであり、数年後にはすっかり廃れているプロジェクトもあるかもしれません。

そこで最後に、新しい話題のプロジェクトや本書で説明しきれなかったプロジェクトを簡単に紹介します。

◇全社戦略・事業戦略の場合

●グローバル戦略

海外市場での戦略策定、海外事業部・子会社の組織制度と経営管理の改革（グローバル視点での経営インフラの整備）などを行ないます。

●中期経営計画立案支援

戦略策定だけではなく、アクションプランや具体的な数値への落とし込みまでを支援します。

●新規市場参入戦略

外資系企業の日本市場参入、日本企業の海外市場への参入などを支援します。

◇業務・ＩＴ系の場合

●トータルコストダウン

企業で発生するあらゆるコストを把握し、間接費の削減によって企業を「高利益体質」にするプロジェクトです。ＡＢＣ（Activity Based Costing）などの指標を導入することもよくあります。

●小売店のオペレーション改善

小売店１店舗あたりの売上を増加させるために、パイロット（試用）店舗にてオペレーション改善を行なうプロジェクトです。業務の合理化から陳列手法までを改善し、成果が出た手法を他店舗に横展開していくケースがあります。

●SOA導入支援

ＳＯＡ（Service-Oriented Architecture：サービス指向アーキテクチャ）とは、１つひとつの業務単位でサービス（システムの機能）を稼働させ、業界標準的なインターフェースを持つソフトウェアで他システムのサービスと連携させてシステムを構築する手法です。

このような手法をとることで、社内外を横断したシステムを設計したり、業務処理の変化をシステムにすばやく反映させることができます。

◇組織人事系の場合

●退職金・企業年金コンサルティング

企業のビジネスモデル・組織文化に適した退職金や企業年金制度の設計、退職給付関連の資産・負債の計算・運用に関するコンサルティングを行ないます。

●海外子会社の現地化支援

日本企業の海外子会社が、現地社員を中心として運営できる体制づくりを支援します。事前調査から計画立案、実際の体制構築までを一気通貫でコンサルティングします。

◇フィナンシャルアドバイザリー系の場合

●財務リストラクチャリング

事業部・子会社の業績を客観的に評価し、企業価値向上のためにどうすべきかを提案します。不採算事業の売却やコア事業の強化のためのＭ＆Ａ、資本政策のアドバイスなどを行ない、場合によっては、コスト削減を通じた業務効率化の実行を支援することもあります。

●ＩＲコンサルティング

企業のＩＲ活動を支援するために、株主調査、ＩＲ説明会運営支援、その他広範なＩＲコンサルティングを行ないます。敵対的買収防衛などもコンサルティングしており、最近ではＩＲコンサルティングに特化したファームも登場しています。

第5章

コンサルティング業界へ就職・転職するノウハウ

“War for Talent”なコンサルティング業界

各コンサルティングファームは精力的に採用活動を行なっている

◇時期によってコンサルティングファームの採用傾向も変わる

コンサルティングファームに入社するには、「新卒採用」か「中途採用」の選考を突破する必要があります。コンサルティングファームによっては、第二新卒採用（おもに社会人経験１～３年位）という枠が別途設けられていますが、選考は原則として中途採用に準ずる扱いになります。

ここ数年の業績は好調なため、各コンサルティングファームは新卒·中途ともに大量採用を続けています。アクセンチュアを始めとした大手総合系コンサルティングファームでは、ここ数年では数百人規模の新卒・中途採用を続けています。

戦略ファームやその他ブティック（専門）コンサルティングファームでも採用活動は全体的に活発ですが、企業規模が比較的小さいために採用予定を達成したり、プロジェクトの受注状況に変化が生じたりすると、急に採用を絞ることもよくあります。

そのため、とくに中途採用では、応募のタイミングが内定獲得に向けて非常に重要になります。

◇他業種と同じように新卒・中途で求められることは大きく異なる

新卒·中途採用の比率は各社によって大きく異なります。以前は新卒を中心に採用していたコンサルティングファームが近年では中途採用比率を高めていたり、逆に新卒採用は行なわなかったコンサルティングファームが新卒採用を始めたりと、採用現場はまさに“War for Talent（優秀な人材の争奪戦）”です。

さらに、就職氷河期が終わり、コンサルティングファーム以外の事業会社の採用意欲が高まったことも人材獲得競争に拍車をかけています。

新卒採用と中途採用で求められる基礎的資質は同じですが、中途はさらに職務経験と「何を職務経験から学んできたか」ということが重視されます。また、新卒と中途では採用プロセスも異なります。

◇必ず最新情報をキャッチしておく

新卒・中途両方の採用に対応できるよう本章では、まずはコンサルタントに求められる資質を示した後、新卒採用と中途採用に分けてそれぞれのプロセスの詳細を説明します。

また、「新卒採用と中途採用どちらがいいのか」「コンサルティングファームを退職した後のキャリアはどうなのか」といった、ムービン・ストラテジック・キャリアに多く寄せられる質問を通して、コンサルタントというキャリアについて考察します。

もちろん、本書で紹介する内容はあくまで一例であり、細かい点は各コンサルティングファームや時期によって異なります。

各コンサルティングファームの正確な情報を知りたい場合、各社のWebサイトやコンサルタントへの転職支援サービスを専門とするキャリアコンサルタントに問い合わせるのが確実でしょう。

◉ 新卒・中途採用の違い ◉

	新卒採用	中途採用
採用時期・プロセス	• 9月～翌年3月までがほとんど（系統によって異なる） • 書類選考 → 筆記試験 →（グループディスカッション）→ 面接 →（ジョブ） ＊（　）内に関しては、コンサルティングファームによって、有無が変わる	• 通年採用がほとんどだが、採用計画消化度、プロジェクト受注動向により大きく変化 • 一般的には書類選考 → 筆記試験・Webテスト → 面接
求められるもの	• 学歴 • コンサルタントとしての資質	• 職歴 ＋ 学歴 • コンサルタントとしての資質 • 特定分野の専門知識や経験
ポジション	• アナリストからスタート	• 一般的に未経験者はアナリストやマネジャー手前のコンサルタントからスタート • 経験によってはマネジャー・パートナー採用もある

5

2 コンサルタントに求められる資質

論理的なだけではコンサルタントにはなれない

◇全コンサルタントに求められる４つの資質

２章で紹介した通り、コンサルティングプロジェクトの内容は非常に広く、プロジェクトの範囲に対応した各コンサルティング領域に必要なスキルや経験も多岐にわたります。そのため、コンサルティングファームごとに求める人材像も大きく異なります。

しかし、どの領域のコンサルティングファームにおいても、程度に差はあれ次の４点は基本的な資質として求められます。

◉ コンサルタントに求められる資質 ◉

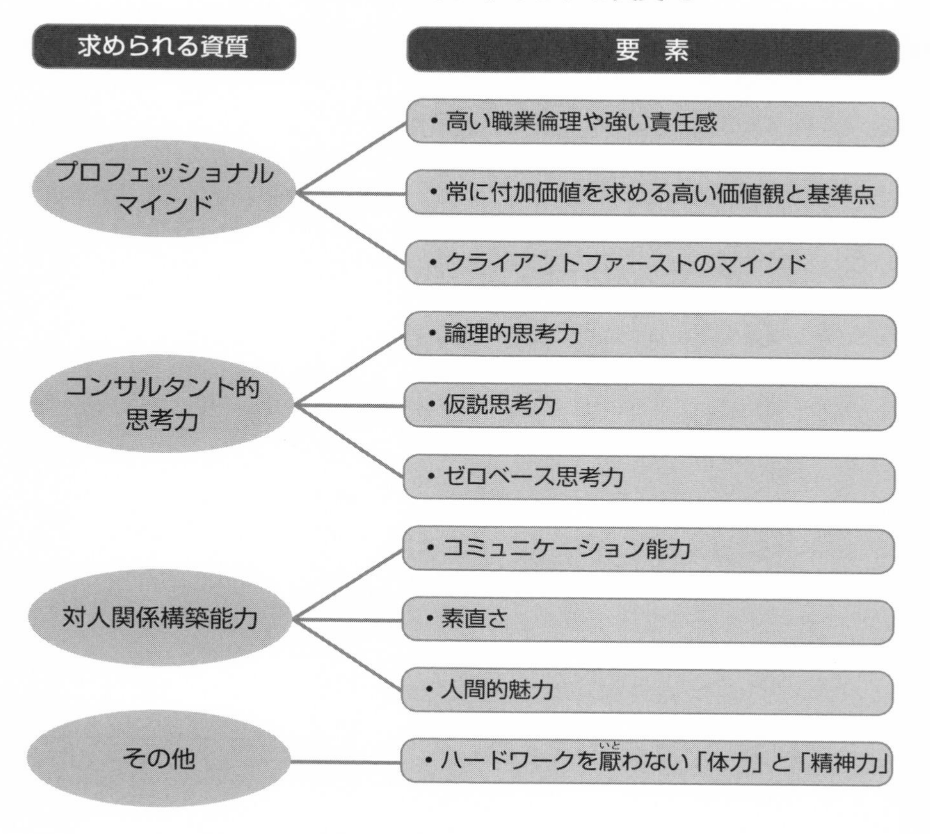

注：これら基本的資質に加えて、コンサルティングファームごとに専門スキル・経験が必要

①プロフェッショナルマインド

どのような職業であっても、その仕事から対価を得ているのであれば、“プロフェッショナル”としての心構えを持っていなければなりません。コンサルタントという職業は、その他の職業に比べてクライアントの重要な経営情報にかかわるため、より高い職業倫理感と強い責任感を要求されます。

また多くの場合、コンサルティングは時間や労力をかければかけるほど仕事のクオリティーが上がる仕事なので、常に「どこまでやるべきか」と葛藤(かっとう)することになります。

ただし、クライアントはコンサルティングに対して多額のフィーを支払っており、そのフィーはコンサルタントごとに決まっている時間単価をベースに計算していることを念頭に置かなければなりません。コンサルタントは年齢や経験年数にかかわらず、相手の期待を超えるような“バリュー”を常に生み出さなくてはなりません。

しかしながら、かけられる時間に比べると仕事量は膨大なので、クライアントが求める期待値をすべて超える成果物を出すには、仕事をやり抜く高いプロフェッショナルマインドが必要となってきます。また、仕事上の時間や労力の配分ももちろんですが、多忙なためにプライベートを犠牲にすることも多くなります。

常に自分自身に高い価値観と高い基準点を課し、クライアントに満足してもらえる成果を出さなければなりません。そのため、少なくとも当初の数年は、プライベートを犠牲にしてでもプロジェクトに没頭する覚悟を決めなくては、コンサルタントとしての成功はむずかしいでしょう。

②必須となる「論理的思考」「ゼロベース思考」「仮説思考」

「論理的思考」「ゼロベース思考」「仮説思考」はコンサルタントに必須となる基本的考え方です。クライアントは日々の業務に忙しく、時間的制約やしがらみもあることから、なかなか上記の考え方をすることができません。「本来どうあるべきか？」と論理的に整理して、組み立て直すことからすべてが始まります。また、最終的にクライアントを説得・動員するために、ロジックで多くの人を納得させるアプローチがコンサルティングの基本になります。

そして、限られた時間内でより良いソリューションを創出するためには、闇雲に情報を収集・分析するわけにはいきません。現時点で利用可能な情報から仮説を構築し、ある程度必要な情報や分析の当たりをつけたうえで、仮説を検証しながら修正していくアプローチをとらないと、プロジェクト期間内にコンサルティングを完了することはできません。

これらの思考法については元・現役コンサルタントたちによって書かれた良書が多数出ていますので、それら書籍を参考にするといいでしょう。日々の生活・仕事の中で利用することがそういった思考法を身につける最善の方法ですので、毎日意識して思考しましょう。

③対人関係構築能力

コンサルタントは常にクライアントやチームメンバー、その他外部の人と一緒に仕事を進めていきます。いくら思考力が優れていたとしても、研究室での純粋な技術追求などとは違い、クライアントやチームメンバーと良好な関係を築き、円滑なコミュニケーションを図らなければ、プロジェクトを成功させることはむずかしいでしょう。

たとえば、コンサルタントはクライアントの社員・取引先・顧客など、さまざまな人にインタビューしますが、彼らから有益な情報を得るためには良好な人間関係を築く能力や本音を引き出す能力が必要となります。また、実行支援系のプロジェクトでは、乗り気でない社員のやる気をどう上げてムーブメントを波及させるかという課題もあります。

このように、コンサルタントはロジックだけではなく、心の機微に通じる必要があります。こういった能力はコンサルタント特有なものではありません。「コミュニケーション能力」「素直さ」「人間的魅力」などは、どの業界にいても日々の業務で高めていくことができます。

そのため、コンサルタントへのキャリアチェンジを考えている人であれば、そうした点を意識して日々の業務に取り組みましょう。

④「体力」と「精神力」

華やかなイメージがあるコンサルタントですが、実際には短期間に集中して結果を出さなくてはなりませんので、肉体的・精神的にきわめてハードな職業といえます。

クライアントの高い要望に応えるため一時的に業務負荷が増えることもあれば、クライアント内の社内政治に巻き込まれそうになることはもちろん、倒産企業の再生では大量の解雇者や自殺者が出るようなきわめて厳しい問題が発生することもあります。

このようなきつい状況を乗り越えてプロジェクトを成功に導くためには、

◉ コンサルタントがよく参考にする書籍（思考法）◉

書籍名	著者名	出版社
ロジカル・シンキング	照屋華子／岡田恵子	東洋経済新報社
考える技術・書く技術	バーバラ・ミント 山崎康司（訳）	ダイヤモンド社
問題解決プロフェッショナル 「思考と技術」	齋藤嘉則	ダイヤモンド社
問題発見プロフェッショナル 「構想力と分析力」	齋藤嘉則	ダイヤモンド社
仮説思考 BCG流 問題発見・解決の発想法	内田和成	東洋経済新報社
論点思考 BCG流 問題設定の技術	内田和成	東洋経済新報社
イシューからはじめよ 知的生産の「シンプルな本質」	安宅和人	英治出版
経営戦略全史	三谷宏治	ディスカヴァー・ トゥエンティワン
外資系コンサルのリサーチ技法 事象を観察し本質を見抜くスキル	宮尾大志　他	東洋経済新報社

肉体的・精神的にタフでなくてはなりません。逆にいえば、そういった環境のなかで若いうちから切磋琢磨（せっさたくま）すると、知らずしらずにビジネスの基礎能力が飛躍的に高まっているのです。

このようなハードな経験を一度してしまえば、たいていのことに対処できるようになり、その能力のおかげでコンサルタントからの転職・独立後にも活躍している人は多いです。

ただし、念のため付け加えると、すべてのプロジェクトが常に緊迫した状況に置かれるわけではありません。もちろん、プロジェクトが成功した暁には、困難に比例した達成感や喜び、そして自身の成長も大きいことがほかの仕事ではなかなか得られない醍醐味だと思います。

5-3

新卒採用のポイント

コンサルティングファームによって採用傾向は異なる

◇採用時期や採用プロセスを知る

戦略系コンサルティングファーム、総合系コンサルティングファーム、業務・ＩＴ系コンサルティングファーム、シンクタンク系・国内独立系コンサルティングファームでは、定期的に新卒採用を実施しています。

新卒採用を実施する組織人事系コンサルティングファームもありますが、他領域のコンサルティングファームと比べると比率は少ないようです。やはり、組織・人事を扱うにはコンサルタント自身に組織に属していた経験が必要だという判断もあるのでしょう。

また、フィナンシャルアドバイザリー系コンサルティングファームでは、会計士試験合格者を優遇する採用が特徴的です。

新卒採用のスケジュールはファームによって大きく異なります。本書で示すのはあくまで大まかな目安でしかありませんが、戦略系コンサルティングファームや総合系コンサルティングファームの新卒採用時期は、他業界と比較して早い時期に行なわれます。

採用時期がもっとも早いコンサルティングファームでは、９月～10月頃から応募受付を始めて10月頃から選考を開始し、１月～２月頃から内定が出始めます。

ただし、先ほど触れたようにコンサルティングファームによってばらつきがあり、もっとも早いコンサルティングファームと遅いコンサルティングファームでは最大３か月程度スケジュールが異なります。

業務・ＩＴ系コンサルティングファームやフィナンシャルアドバイザリー系コンサルティングファームの場合、戦略系・総合系コンサルティングファームよりもやや後に採用活動が始まる傾向があり、１月～２月ごろに応募受付や選考がスタートするコンサルティングファームが多いようです。

シンクタンク系コンサルティングファームの場合は、もともと大手金融機関などのグループ企業であることもあり、一般の国内企業に近い就職活動スケジュールの場合が多いです。また、大学院生のみを新卒採用対象にしているシンクタンク系コンサルティングファームもあります。

国内独立系コンサルティングファームも一般の国内企業と同じスケジュールです。

◇オータムジョブ、ウィンタージョブも採用活動の一環

本採用とは別に、戦略系コンサルティングファームや総合系コンサルティングファームの多くは、７月～８月にサマーインターンシップ・サマーセミナーを実施します。

これらのインターンシップやセミナーでは、本採用と同様に参加者を選抜するため、書類審査や面接が実施されますが、サマーインターンシップが内定に直結するケースはごく一部に限られています。秋や冬に実施されるインターンシップ（オータムジョブ、ウィンタージョブ）は選考の一環であり、これらジョブ（本書では、選考プロセスの一環であることが明確になっているインターンシップは、サマーインターンシップやサマーセミナーと区別して「ジョブ」と呼びます）を通過した学生は内定面談、もしくは最終面接に進むことができます。

◉ コンサルティングファーム別採用スケジュール表 ◉

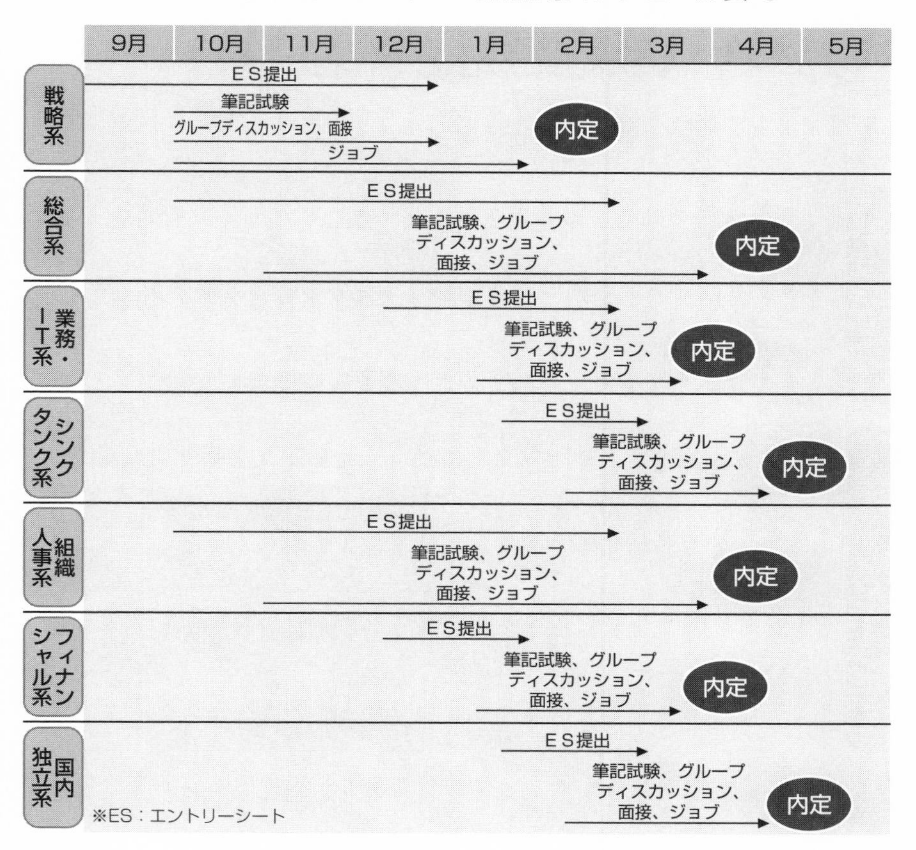

また、サマーインターンシップの内容はコンサルティングファームによって異なります。１週間程度で与えられたテーマに関するリサーチとプレゼンテーションを行なう、同様の内容を２～３日程度で実施する、１日に凝縮して講義とグループワークを行なうなど、さまざまなメニューがあります。

◇一般的な新卒採用のプロセスを知る

コンサルティングファームによって本採用のプロセスの細かい点は変わってきますが、大きく分けると「①書類選考」「②筆記試験」「③グループディスカッション」「④面接（ケース面接を含む）」「⑤ジョブ」の５つのステップに大きく分けられます（次項でくわしく解説します）。

なお、「③グループディスカッション」と「⑤ジョブ」に関しては、コンサルティングファームによって実施するかしないかが分かれます。近年の例だと、マッキンゼー、ボストン・コンサルティング・グループ、A.T.カーニー、ドリームインキュベーターなどでは「⑤ジョブ」が実施されています。

◉ 新卒採用のプロセスとポイント ◉

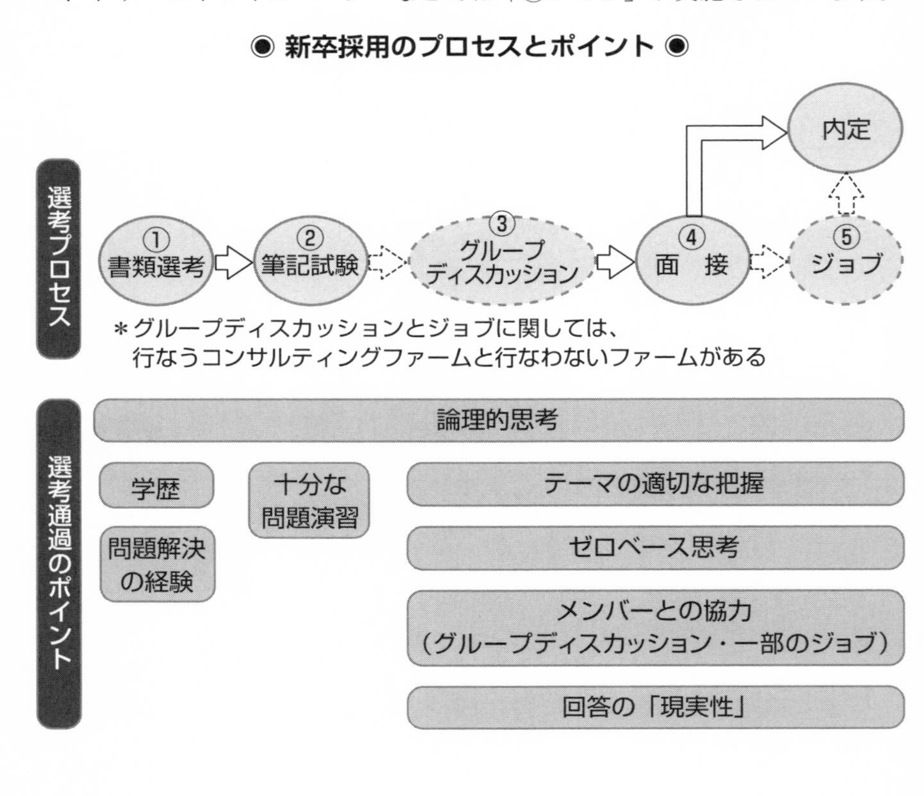

◇実際には学歴を求められる

ほとんどのコンサルティングファームでは、原則として「４年制大学卒以上」が応募条件となっています。新卒採用の場合には、表立って個別の大学名での学歴制限はできませんが、実際には多くのトップコンサルティングファームでは「有名大学卒またはそれに準ずる」という条件を満たしていないと、書類選考段階で不採用になる可能性が高くなります。

そのため、各コンサルティングファームのWebサイトで実際に新卒採用されたコンサルタントの経歴を見て、そのコンサルティングファームの実際の採用基準を把握しておきましょう。

毎年、学生の就職活動では“学歴差別”についての議論が話題になっており、コンサルティング業界も槍玉によく上がっているようです。ただ、なかなか学生という立場では想像できないでしょうが、私企業の採用なので各社が独自の基準を持つことは当然だと考えられます。また、企業の成長を左右するコンサルタントには、受験期に目標に向かって勉強をやり遂げた、試験本番でも力を発揮できたという点は重視されます。

企業の採用基準の１つが学歴であったとしても、公務員の採用ではないので差別という言葉は適切ではないでしょう。学歴もそれまでの自分の“生き方”の結果の１つですから、それで企業に受け入れられなければ、ひとまず自分でその責任はとりましょう。そして、「将来リカバリーするためにどのように実績を積んでいくか」という、ポジティブな思考・行動に結びつけていくことが、新卒学生の方には大切なことだと思います。そういうマインドであれば将来の道は拓（ひら）けることでしょう。

◇コンサルティングファームによって給与に差がある

同じ系統であっても、コンサルティングファームによって給与に差があります。年俸制のところもあれば、月給制のコンサルティングファームもありますし、大学卒か大学院卒かで給与が違う場合もあります。

給与を一般公開していないコンサルティングファームが多いため、正確な数字を出すことはできませんが、新卒で年収300万～600万円のレンジに収まるコンサルティングファームが多いようです。なお、年俸制ではなく超勤時間のすべてが残業代の対象になるコンサルティングファームの場合、最初の年を終えてみれば年収700万円を超えていたようなことも珍しくないようです。しかし、それも「長時間の労働があってのこと」ということは覚えておきましょう。

5 4 新卒採用試験を勝ち抜くテクニック

採用方針はそれぞれ違うが、基本的なことは変わらない

◇エントリーシートはコンサルティングファームで変える

新卒採用の場合、エントリーシートの内容は比較的オーソドックスに志望動機や自己ＰＲを記載させるコンサルティングファームもあれば、「いままでに何かを変革した体験を書いてください」といったことを問われる場合もあります。

コンサルティング業界は人気業界となったため、10数名の採用枠に１万人を超える応募があったコンサルティングファームもあるようです。それに対して、大手であれば新卒採用専任担当者が数名いる場合もありますが、規模の小さいコンサルティングファームでは、採用担当者が中途採用も兼任しており、担当者を現役コンサルタント数人でサポートしている体制が一般的です。場合によっては、パートナーの秘書がその時期だけ採用担当になる例もあります。

たとえば、１人のエントリーシートの処理に５分かかったとしても、１万枚であれば800時間以上かかる計算になります。こういった採用側の状況を踏まえたうえで、どういったエントリーシートを提出すべきかを考えることは重要です。

もちろん、書類選考は足切り的な予備選考であり、書類選考以降の面接などのほうが遥（はる）かに厳しいことはいうまでもありません。

◇コンサルティングファームの筆記試験は難関

コンサルティングファームで実施される筆記試験にはいくつかのタイプがあります。国家公務員総合職（旧一種）試験と類似する「判断推理」と「数的処理」の２つのタイプの問題は、とりわけ戦略系コンサルティングファームにおいて課せられることがよくあります。業務・ＩＴ系コンサルティングファームなどの場合はＣＡＢ（ＳＥなど、ＩＴ企業でよく実施される試験)、そのほかにもＧＡＢ（ＣＡＢをさまざまな業種に適用させた試験）を実施する場合もあります。また、一般企業で広く使われているＳＰＩを利用するコンサルティングファームもあります。試験は通常日本語で実施されますが、なかには英語での試験を課すコンサルティングファームもあります。

筆記試験は純粋に点数で合否が決まってしまうので、問題集などで十分に対策を立ててから臨みましょう。とくに「判断推理」と「数的処理」の場合、「たかが筆記試験」と侮らずに、きちんと問題演習をしておくことが必須となります。

また、たとえ学歴面で不利な場合でも、ここで基礎能力が高いことを証明できれば挽回できる可能性がありますので、満点をめざして頑張りましょう。

◉ 判断推理の試験 ◉

> ある会社において、自分好みの食事に関するアンケート調査を行ったところA、B、Cのことが分かった。これらから確実にいえるものはどれか。
>
> （国家公務員一種試験　教養　2005年）
>
> A：ラーメンとすしが好きな人は、カレーライスも好きである。
> B：ラーメンも焼肉も好きでない人は、すしかピザが好きである。
> C：焼肉が好きな人は、カレーライスもピザも好きでない。
>
> 1　カレーライスが好きな人は、焼肉が好きである。
> 2　ラーメンが好きな人は、焼肉が好きである。
> 3　すしが好きでない人は、ラーメンも焼肉も好きである。
> 4　ピザが好きな人は、焼肉が好きでない。
> 5　ラーメンが好きな人は、カレーライスが好きでない。

◉ 数的処理の試験 ◉

> 2004年4月13日を（20040413）と表すこととすると、1～4の数字すべてが少なくとも1回は使われていることになる。このように1～4の数字すべてが少なくとも1回は使われている日は2004年の1月から12月までの1年間に何回あるか。
>
> （国家公務員一種試験　教養　2004年）
>
> 1　33日　　2　36日　　3　39日　　4　42日　　5　45日

◇グループディスカッション・面接対策

順調に書類審査・筆記試験を突破しても、まだまだスタートラインに立った段階にすぎません。コンサルティングファームの面接では、ただ単に志望動機を聞いたりするだけでなく、「ケース（コンピテンシー）面接」という特殊な面接も行なわれます。

また、グループディスカッションにおいても、他業種で見られるようなテーマだけではなく、ケース面接で問われるような質問をグループで議論し、議論終了後に面接官の前で発表する場合があります。

ケース面接とは、「日本に電柱の数はいくつある？」「新宿の映画館の売上を２倍にするには？」「ヨーロッパで日本茶を売るにはどうすればいい？」「あなたがソニーの社長だったら、どのような戦略をとりますか」といった、明確な正答がない問題を投げかけ、それに対してどう答えるかを見る面接です。

ケース面接では、答えそのものよりも「答えに至るまでにどのような思考プロセスをたどったか」ということが重視されます。数字を算出するケースでも数字は大まかに合っていればよく、いかにその数字を論理的・納得感を持って導き出せたかということが重要になります。

１回の面接でケースが１つ出る場合もあれば、２つ以上出る場合もありますし、ケースがない面接もあります。どちらにせよ、最終的に内定を得るには、複数回の面接を突破しなければなりません。

◇ケースをＭＥＣＥに解くためのコツ

ケース面接を適切に解くには、「思いつき」や「なんとなく」ではなく、モレやダブりなく（ＭＥＣＥに）問題を分解し、構造化していく必要があります。

たとえば、「日本におけるシャンプーの市場規模を推定せよ」と問われた場合、右図のように「シャンプーの市場規模＝シャンプーの１本あたりの単価×シャンプーの年間販売本数」というように分解していくのが１つのやり方でしょう。

ただし、いきなり図のように問題を分解していっては、後々困ってしまう場合もあります。なぜならば、「問題を正しく定義する」という作業が抜けているからです。具体的にいえば、「シャンプー」というのは、人間用のシャンプーのみなのか、ペット用のシャンプーも含むのか、さらに、人間用でも家庭用のシャンプーのみなのか、美容院等で使われる業務用も含むのかということが曖昧（あいまい）になっています。

問題の定義をはっきりさせないと、シャンプー１本あたりの単価や年間販売本数を正しく分解することはできません。

たとえば、「スターバックスの売上を２倍にするには？」という問題に回答するときも同様です。いきなり「売上 ＝ 顧客単価 × 顧客数」と分解していくのではなく、問題をきちんと把握することが必要です。たとえば、「そもそも現在の売上はどれくらいで、なぜ２倍にしたいのか。現在は赤字で何

◉ ケース面接の悪い解き方 ◉

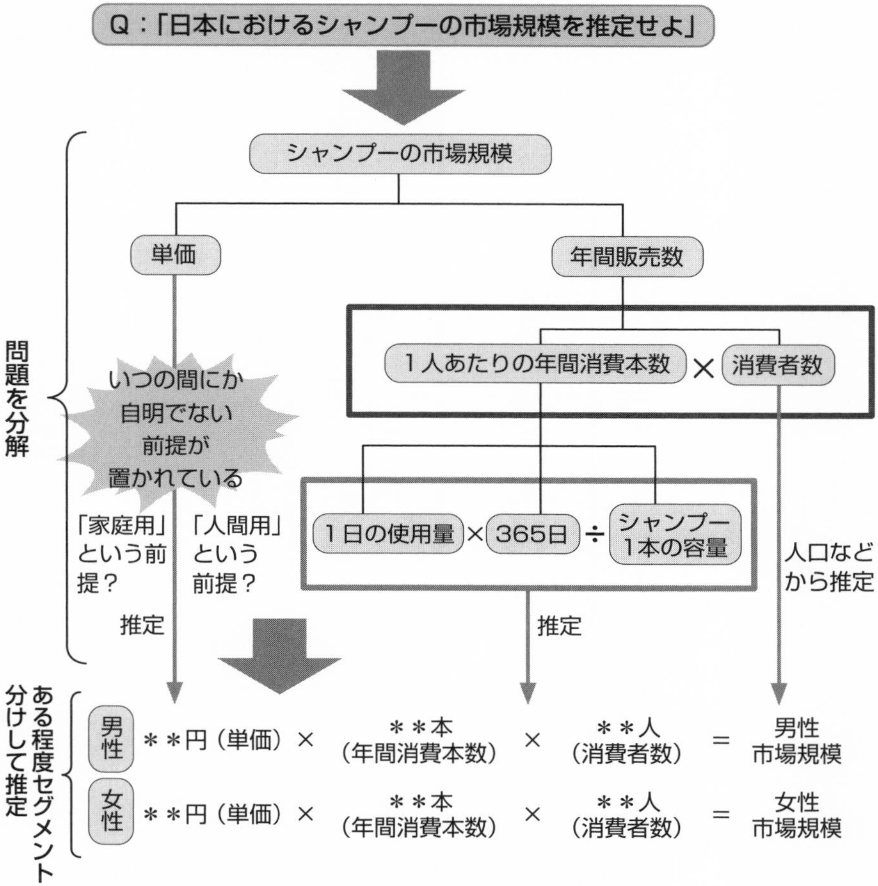

Q：「日本におけるシャンプーの市場規模を推定せよ」

問題を分解

シャンプーの市場規模

単価

年間販売数

1人あたりの年間消費本数 × 消費者数

1日の使用量 × 365日 ÷ シャンプー1本の容量

いつの間にか自明でない前提が置かれている

「家庭用」という前提？

「人間用」という前提？

推定

推定

人口などから推定

ある程度セグメント分けして推定

男性	＊＊円（単価）	×	＊＊本（年間消費本数）	×	＊＊人（消費者数）	＝	男性市場規模
女性	＊＊円（単価）	×	＊＊本（年間消費本数）	×	＊＊人（消費者数）	＝	女性市場規模

＊このような思考プロセスは間違っておらず、数年前であれば合格した可能性が高い。しかし、最近はケース面接も知れ渡り、プラスアルファが必要。そもそも問題の定義をしないと、途中で勝手に自明でない前提を置いてしまい、「分解」や「セグメンテーションの切り口」がＭＥＣＥ・有効な切り口にならない。

とか黒字化したいからなのか？　あるいは現在も黒字で順調だが、さらなる黒字拡大をしたいからなのか」といった前提を面接官と共有化したうえで回答しないと、面接官の期待する解とのギャップが出てしまいます。

そのほうが、最終的にアプローチ方法が複数出てきた段階でも各方法に優先順位をつけやすく、説得力や納得感もいっそう出てきます。ケース面接をうまく解くには、意識的に書籍や日常の身近な例を利用して数値の算出や売上アップ、企業の戦略立案などを考える癖(くせ)をつけていくことが有効です。

◉ ある応募者の日記によるジョブのスケジュール例（テーマ：食品業界企業のシェア向上の戦略立案）◉

	ジョブ前日	1日目	2日目
9:00		【オリエンテーション】 ジョブの事務手続きを行なった後、ケースの内容について説明を受ける。 今回の場合、1人ひとりが別々の業界のある企業について、「シェア向上のための戦略立案」を行なうことに。その後、PCの使い方などに関して説明を受けて解散。	【リサーチ】 昨日に引き続きリサーチを行なう。
10:00			
11:00			【ディスカッション】 担当ではないが、採用チームのコンサルタントの方が来てくれたので、アドバイスをもらう。
12:00		チームで昼食。	ビルのお店で昼食を買ってくる。同じ部屋の人とお互いの状況について話をしながら食べる。
13:00		【リサーチ】 数人ずつ作業スペースを割り当てられて、作業開始。 PC以外は何もなかった。とりあえず、日経テレコンや社内ライブラリーで情報収集を始める。	【リサーチ】 いただいたアドバイスを基に再度足りない情報をリサーチ。日経テレコンやライブラリーだけでは限界を感じる。
14:00			
15:00			
16:00			
17:00		【ディスカッション】 担当の若手コンサルタントからアドバイスをもらう。	
18:00		【懇親会】 今回の日程のジョブ参加者やコンサルタントとともに懇親会。参加者と交流したり、コンサルタントから生の声を聞いたり、ファームの雰囲気も感じられてとても有意義。だがここでも、ついついケースの話が出てきてしまう。	【ディスカッション】 担当の若手コンサルタントからアドバイスをもらう。やはり本物のコンサルタントはすごい。
19:00	【懇親会】 ジョブは複数の日程があったので、他の日程の参加者を含めた全員で懇親会。どこかで会ったことがある人も多く、就活の話題を中心に盛り上がる。		食事の買出しに行き、 部屋で夕食。
20:00			【インタビュー】 アンケートを実施することを思いつく。聞くべき項目をリストアップし、学校の友だちなどに携帯でアンケートをとる。
21:00			
22:00		帰宅	
23:00			帰宅。オフィスには23時までしかいられない。 家でも作業はできるので、自宅で情報収集を続ける。

3日目	4日目	5日目
【インタビュー】 食品業界の大手企業のIR室に電話をかけまくってヒアリングする。なかなか教えてくれない。	【インタビュー】 実際にスーパーやコンビニに行って、店員や消費者に対してインタビューを行なう。冷たくあしらわれてがっかりすることもあるが、中には答えてくれる人もおり、いい発見があった。	【資料作成】 出社後もギリギリまで資料を作成する。
【ディスカッション】 担当のコンサルタントが来てくれたので、アドバイスをもらう。午後からは新たなやり方で調査することを決意。		【最終発表】 20分間のプレゼン後に厳しい質疑応答。担当コンサルタントはもちろん、社長をはじめとするパートナーやマネジャー、若手コンサルタントなど約10人の前でプレゼンテーション。
本日もビル内のお店でテイクアウト。	外出先で適当に昼食をとる。	【雑談】 最終発表が終了してほっと一段落。発表が終わったほかの参加者と最終発表の様子やジョブの感想などについて談笑する。各プレゼンへの評価は、学生が部屋を退出後に、その場で行なわれているようだ。
【インタビュー】 視点を変えて、スーパーなどに電話をかけていき、店員にヒアリングをする。先ほどよりは収穫あり。	【分析】 オフィスに戻って、昨日・今日のインタビュー結果をまとめて分析する。	【片付け】 全員の発表が終了し、後片付けと事務手続きを行なう。合否は後日連絡が来るとのこと。
	【思考】 色々と分析したものの、それらからメッセージをうまく抽出できず、さまざまな分析結果を見比べて悩む。	【懇親会】 打ち上げパーティ。ケースから解放されて思いっきり楽しむ。個人作業ではあったが、担当コンサルタントや同じ部屋の人とはかなり仲良くなれた。
【分析】 先日のアンケート結果が出そろったので、整理して分析する。	【最終発表ガイダンス】 明日のプレゼンの形式について説明を受け、くじ引きで順番を決める。まだ資料作成にも入っていないことに気づいて焦る。	
【懇親会】 ジョブ参加者やコンサルタントと再び懇親会。パートナーやプロジェクトマネジャーも来てくれており、また違う話が色々聞ける。ただ、やはりケースの話はつい多くなってしまう。	【ディスカッション】 担当コンサルが来てくれる。親身なアドバイスをもらい、方向性が定まる。	
	【資料作成】 明日の最終プレゼンに向けて資料作成を行なう。帰宅後も徹夜でパワーポイントと格闘する。	【二次会】 学生だけで二次会に行く。ジョブ中の裏話に花を咲かせつつ、カラオケで朝まで騒ぎ倒す。
帰宅。明日のワークプランを策定してから寝る。		

リサーチ/分析作業　インタビュー／ディスカッション　イベント

◇２つの期間で実施されるジョブ

選考の一環としてジョブを導入するコンサルティングファームもあります。ジョブには、９月末〜11月の間に行なわれる「オータムジョブ」と12月〜１月の間に行なわれる「ウィンタージョブ」があり、コンサルティングファームによって、どちら（あるいは両方）を開催するかは異なります。

多くの場合、ジョブは複数回の面接後に行なわれ、ジョブでのパフォーマンスがよかった候補者は次の採用ステップに進むことになります。

ジョブ後に最終面接が行なわれることもあれば、ジョブの後は内定面談のみ実施する場合もあります。また、「絶対に採用したい学生」と判断すれば、ジョブ終了と同時に囲い込む会社もあるようです。

◇ジョブの流れはコンサルティングファームごとに違う

ジョブの流れは「①テーマが与えられる（例：○○の売上を２倍にする。○○社がとるべき戦略を考えよ）」→「②仮説の立案とリサーチ」→「③プレゼンテーション」となります。

日程については、数日程度のチーム形式や、単独作業であったり、ペアだったりと、コンサルティングファームによって異なります。大半の作業は学生だけで進めていきますが、チームごとにアドバイザーとしてコンサルタントがつきますので、そのアドバイスを参考にしながら進めていきます。

学生側にしてみれば、実際にコンサルタントが行なっている業務を疑似体験することができ、またコンサルティングファームの雰囲気を感じられるメリットがあります。

またコンサルティングファーム側にしてみれば、作業の進め方や最終的なアウトプット、そして人柄を数日間にわたって見ることで、普通の面接だけの判断よりも、本人の能力をより精査できるのです。

5 転職希望者のバックグラウンドの生かし方

異業種からでも十分コンサルタントをめざすことができる

◇領域拡大とともに未経験者ニーズが高まった

コンサルティングファームに入社できるのは、新卒かコンサルタント経験者だけだと思っている方も多いようですが、そうではありません。たしかに、実績あるコンサルティングファーム出身者は優遇されることがよくあります。しかし、実際に転職した人の大半はコンサルティング業界以外からの転身であり、実際にコンサルタントとして成功している人は大勢います。

近年のコンサルティングファームのビジネス領域の変化・拡大にともない、求められる人材もますます幅広くなっています。３年前には書類選考の段階では見送られた人が、いまではオファーを獲得できるという例も多く見受けられるようになりました。

ここで、2020年末に中途採用で各コンサルティングファームに転職した方のバックグラウンドを挙げます。

戦略系コンサルティングファームの場合、コンサルタント未経験者には高学歴という条件がとくに重要となります。国内の大学であれば、メインターゲットは10校にも満たない場合が多いです。また、ＭＢＡ取得者も有利ですが、この場合でも全米でTOP15に入るような学校が対象となります。ただし、学部・学歴が弱い場合でもハーバードビジネススクールなど、トップクラスのＭＢＡを持っていると、合わせ技で書類選考を通過することもあります。

商社、銀行、証券、広告代理店、メーカー、システムコンサルタント、建築士、官僚など、転職者の出身業界は多岐にわたります。ただし、多くのコンサルティングファームは、各業界の大手企業出身者や経営企画などの非定型業務の経験者を好みます。また、学歴がよくてもベンチャー企業の経験しかない人は、敬遠される場合もあります。

総合系、業務・ＩＴ系コンサルティングファームの場合、加えて、特定業務のスペシャリストとして業務企画・改善経験者、３年以上の職歴があるプログラマーからベテランＳＥ、ユーザー側でのＩＴ導入経験者、公認会計士など、採用対象層には広がりがあります。

また、組織人事系、フィナンシャルアドバイザリー系では、経験次第で学歴のウェイトはかなり下がります。専門領域にフォーカスしたコンサルティングファームでは、より即戦力となる経験を持っている転職志望者を好みま

◉ コンサルタント転職例 ◉

前職	年代	学歴	転職先
中央省庁（国家公務員）	30代	難関国立大学	戦略系コンサルティングファーム
大手総合商社	30代	難関国立大学	戦略系コンサルティングファーム
大手ネット企業	20代	難関私立大学	戦略系コンサルティングファーム
大手メーカー	30代	難関国立大学	総合系コンサルティングファーム
大手通信会社	30代	有名私立大学	総合系コンサルティングファーム
大手航空会社	20代	地方国立大学	総合系コンサルティングファーム
大手SIer（SE）	20代	有名私立大学	業務・IT系コンサルティングファーム
大手金融機関（人事）	30代	有名私立大学	組織人事系コンサルティングファーム
大手メーカー（人事）	20代	難関私立大学	組織人事系コンサルティングファーム
大手監査法人（会計士）	20代	有名私立大学	フィナンシャルアドバイザリー系コンサルティングファーム
大手IT企業（営業）	20代	難関国立大学	シンクタンク系コンサルティングファーム

注：上記はあくまで一例であり、他業種からも多くの人がコンサルティングファームに転職している

す。そのため、「企業の人事部で人事企画を担当していた」「財務部にいた」「銀行で融資審査をしていた」といった職務経験がフィットすれば、学歴はあまり考慮されなくなります。

国内独立系コンサルティングファームでは、ほかのコンサルティングファームと事情は大きく変わり、営業経験者へのニーズが高くなっています。なぜならば１章で説明したように、国内独立系コンサルティングファームでは若いコンサルタントが営業を担当するからです。

また、バックグラウンドとは別の基準ですが、年齢も中途採用では重要になります。ほぼすべてのコンサルティングファームに当てはまりますが、若手であれば職務経験よりも学歴や人物面が重視され、年齢が上がるにつれ職務経験が重要になります。

ムービン・ストラテジック・キャリアにコンサルティング業界への転職を相談し、実際にコンサルタント転職に成功されている人々も、ほんとうにさ

◉“年齢”と“求められるもの”の相関図◉

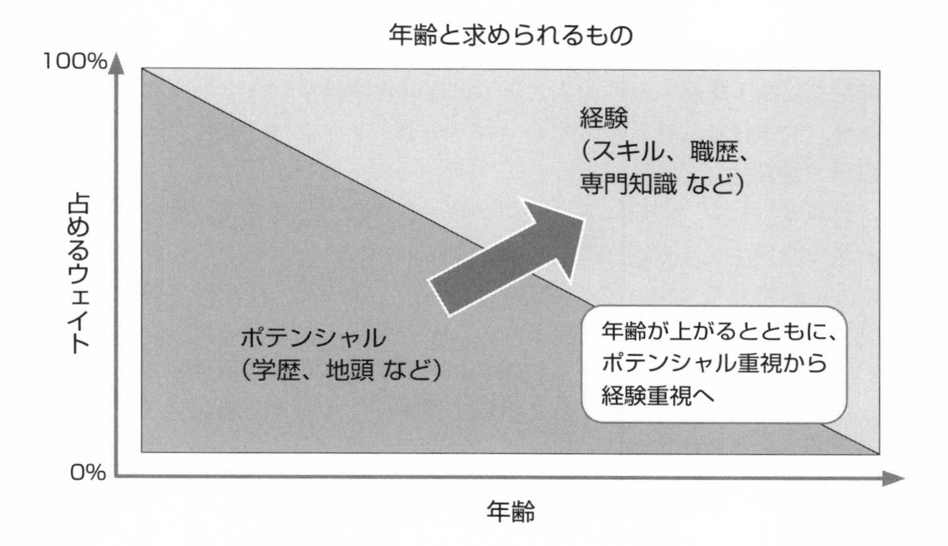

◉ 各コンサルティングファームで求められる学歴 ◉

	MBA・修士	有名大学	4大卒以上
戦略系	◎	○	△
総合系	◎	◎	○
業務・IT系	○	◎	○
シンクタンク系	◎	◎	○
組織人事系	◎	○	△
フィナンシャル系	○	◎	○
国内独立系	○	◎	○

◎・・・優遇、○・・・クリア、△・・・特筆すべき経験やスキルがあれば可

まざまなバックグラウンドや転職理由を持っています。

そして、転職後に業界の違いによるギャップに驚きながらも、「コンサルタント」という職業を楽しんでいるようです。

◉ コンサルタントへ転職した人の生の声 ◉

●Ａさん

年齢：31歳　**学歴**：難関国立大学卒、海外大学院卒

職歴：大手鉄道会社から戦略系コンサルティングファームへ

感想（抜粋）：

前職でも社内で評価頂きやりがいのある業務を任せて頂いていたため、転職の際にはとても迷いましたが、実際にコンサルタントとして働いてみて、転職してよかったと思っています。１番の違いは一緒に働く人たちです。とても優秀な人材が多く、一緒に働いていて毎日新たな気づきや刺激をもらうことができています。仕事内容も非常に刺激的で、関わったプロジェクトが１年後、２年後に新聞やニュースを賑わす、といったことも経験しました。

●Ｂさん

年齢：28歳　**学歴**：難関国立大学卒

職歴：大手自動車メーカーから総合系コンサルティングファームへ

感想（抜粋）：

前職は大手の自動車メーカーだったため、取引先から接待を受けることも多く、若くして優秀な人間になった気がしていましたが、自分の実力ではなく会社のおかげだというどこかもどかしさを感じており、自分自身の実力を磨きたいという思いでコンサルティング業界へ転職しました。いざ転職してみるとこれまでの職場環境とはスピード感や求められるアウトプットの質の高さも全く異なり、初めは戸惑うばかりでしたが、一方で自分自身の成長を感じることも出来、とても満足しています。もちろん大変な部分も多かったのですが、転職してみて良かったと思っています。

●Ｃさん

年齢：30歳　**学歴**：有名私立大学卒

職歴：国内独立系コンサルティングファームから総合系コンサルティングファームへ

感想（抜粋）：

私は新卒で国内独立系コンサルティングファームへ就職しコンサルタ

ントとして働いていたのですが、ある日、別のコンサルティングファームで働く知人と仕事の話になった時に、そのスケールの大きさから大手企業向けのコンサルティングを経験してみたいと思い、転職を考えました。今の会社もコンサルティングファームなので共通する部分も多いのですが、大手企業向けのコンサルティングでは、我々コンサルタントに支払われる金額も大きく、より大きな責任感を持って働くことが出来ています。どちらが良いというわけではないのですが、私には今の会社の方が合っているなと感じました。今回の転職は成功だったと思っていますが、一方で前職のコンサルティングファームに入社する前から、各コンサルティングファームの特徴や違いなどをもっと知っておいたうえで就職していたら良かったなと悔やまれる部分もありますので、これからコンサルティングファームへの就・転職をお考えの方は、しっかりと事前の情報収集をしておくことをお勧めします。

※最新の声はムービン・ストラテジック・キャリアのWebサイトを参考にしてください。
https://www.movin.co.jp/

5 6

中途採用での効果的な転職方法

中途の場合は新卒より高いものを要求されるが、チャンスも多い

◇中途採用の採用プロセス

新卒採用とは違い、中途については通年採用を実施しているコンサルティングファームが大半です。しかし、採用目標の達成度やプロジェクト受注状況に応じて、各社の採用意欲は大きく上下します。半年前なら受かったであろう人でも、現在では状況が変わってしまって不採用になる、あるいは現状では不採用の可能性は高いが、もう少し待てば採用の可能性が上がるといったことも珍しくはありません。

コンサルティング業界に精通している方でない限り、応募時の各社の採用意欲までは判断できないと思われます。そのため、実際に転職したい場合には業界に精通した人材エージェントを通すのが望ましいと思われます。

ただし、活況の業界のために、すべての人材エージェントが親身であるとは限らなくなっています。

人材エージェントが業界に精通しているかどうかを判断する基準の1つとしては、「○○系は現在では採用していない」などではなく、個別の会社ごとに現在の採用意欲をきっちり把握しているかを確認することが有効です。

また、取引がないファームに関して、「あそこはいまは採用していない」「あなたの経歴ではあそこは無理」など、頭ごなしに言ってごまかす悪質なエージェントが問題となっていますので、エージェント選びは慎重にしましょう。

入社月を年何回と決めているコンサルティングファームもあるので、現職の都合で退職時期が限定される人の場合には、早めの情報収集をしておくことをお奨めします。

「書類選考→筆記試験・Webテスト→面接（2～7回位）」という選考プロセスが一般的です。会社によって会社説明会があったり、筆記試験がなかったり、あるいはプレゼンテーションを求められたりと若干違いがあります。

入社後の話になりますが、コンサルタント未経験者の場合には入社後のポジションは通常「アナリスト」か「コンサルタント」になります。なお経験者であれば、「マネジャー」「パートナー」での採用もあります。コンサルタント経験者の場合、「どこに所属していて、どういう職位だったか」でだいたい評価はできるので、面接主体でそのコンサルティングファームとの相性や方向性の確認などが中心の採用試験になるようです。

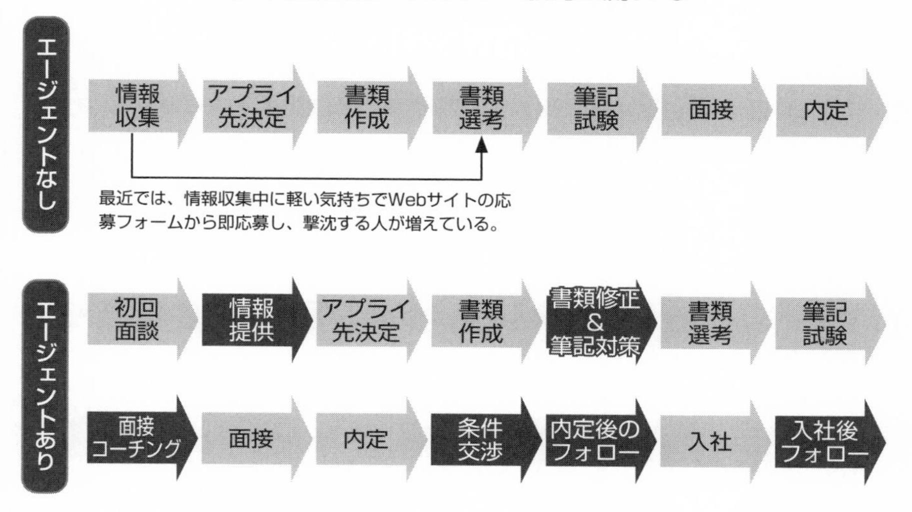

◇新卒とは基準が変わる書類選考

書類選考で提出する書類は「履歴書」「職務経歴書」「志望動機書」です。応募後の数日～１週間（場合によっては２週間）程度で書類通過の可否の連絡を受け、面接に進みます。また、人材エージェントを通すと数時間で結果がわかる場合もあります。

書類選考でのおもなチェックポイントは、「年齢」「学歴」「職歴」です。コンサルティングファームによって書類選考への姿勢は異なり、そのときのニーズ、書類選考担当者のタイプによっても異なります。職務経歴書や志望動機書を丹念（たんねん）に読み込んで判断することもあれば、年齢と学歴・職歴がよければとりあえず会ってみようと判断されることもあります。筆記試験がある場合には、書類の選考基準のバーを若干落として、テスト結果と合わせて判断するコンサルティングファームもあります。

コンサルタント経験者であれば、ある程度年齢が高くなっても採用されますが、その分経験が問われますので、かえって未経験者からの転職よりもハードルが高くなる場合もあります。

コンサルタントへの転職は他業種へのキャリアチェンジ転職よりも準備などに時間がかかるので、コンサルタント以外の職業から転職したい人はなるべく早めに動いたほうがいいでしょう。

◇第二新卒から30代前半までは未経験者でもOK

未経験の場合、一般的に第二新卒から30代前半までが採用対象となります。ただし、コンサルタント経験はないけれども類似の業務経験がある、きわめて優秀である場合などには、例外的に採用されることもあります。コンサルティングファームの方向性やタイミングによって、年齢がどれほど影響するか変わってきますので、あくまで“参考”としてください。

コンサルティングファームが求めるスペックの条件を満たしていれば、それほど応募書類に趣向を凝らす必要はありません。しかし、スペックが足りない場合には、欠点を補えるような働き方をいかにしてきたかを文章ではっきりと伝えないと、書類選考を突破することはむずかしいでしょう。

筆記試験は新卒と大差ありません。

◇新卒よりも難関となるケース面接

無事に書類選考と筆記試験を通過すると、面接のステップに進みます。面接はコンサルティングファームの個性がよく現われるので、選考されるだけではなく、自分と面接しているコンサルティングファームの相性は合っているかを見極めましょう。ここでの見極めが、その後のコンサルタントとしての成功に重要な役割を果たします。

ただし、面接官もそのときの心理状態（明日最終プレゼンなのに人事に採用面接を入れられてしまった、面接前にパートナーに怒られた、プロジェクトの評価が思いのほか良かったなど）によって態度が大きく違うこともありますので、たまたま特定の面接官と相性がよかった（悪かった）面接だけで、コンサルティングファームそのものの判断をしないことも重要です。

小規模のコンサルティングファームの場合、はじめから社長が出てきてその場で採用という場合もありますが、通常は３～５人くらいに会う場合が多いようです。一般企業の面接と同様に、自己紹介や職歴・志望動機の説明からはじまり、コンサルティングファーム特有のケース面接や質疑応答で終わるというのがよくあるパターンです。

ケースインタビューは新卒採用の項目でも扱いましたが、中途の場合はより高度な設問であり、より納得できる回答を求められます。

たとえば、「あなたが自社の社長だとしたら今後の戦略をどうするか」「今朝の日経新聞を読みました？　その一面に○○社の××事業撤退の記事がありましたが、どうしてうまくいかなかったんでしょうね？」などの比較的、漠然としたものから、「これこれこういう課題を持つクライアントから、I

Ｔ導入で課題を解決したいと相談を受けたけれども、あなたならどう答えます？」「（資料を数枚渡されて）20分考える時間を与えますので、この事例についてあなたの考えを聞かせてください」といったように、具体的に条件設定する場合もあります。

フィナンシャルアドバイザリー系では、ＰＣを使った財務モデリングを課すコンサルティングファームもあります。

いずれにせよ、中途採用でのコンサルティングファームへの入社も相当の難関となります。

◇領域や職位によって給与は大きく変わる

各種コンサルティングファームの給与の目安は下図のようになります。もちろん、同じ職位でもコンサルティングファームによって給与に差はありますので、あくまでも目安としてください。

◉ 各コンサルティングファームの給与水準 ◉

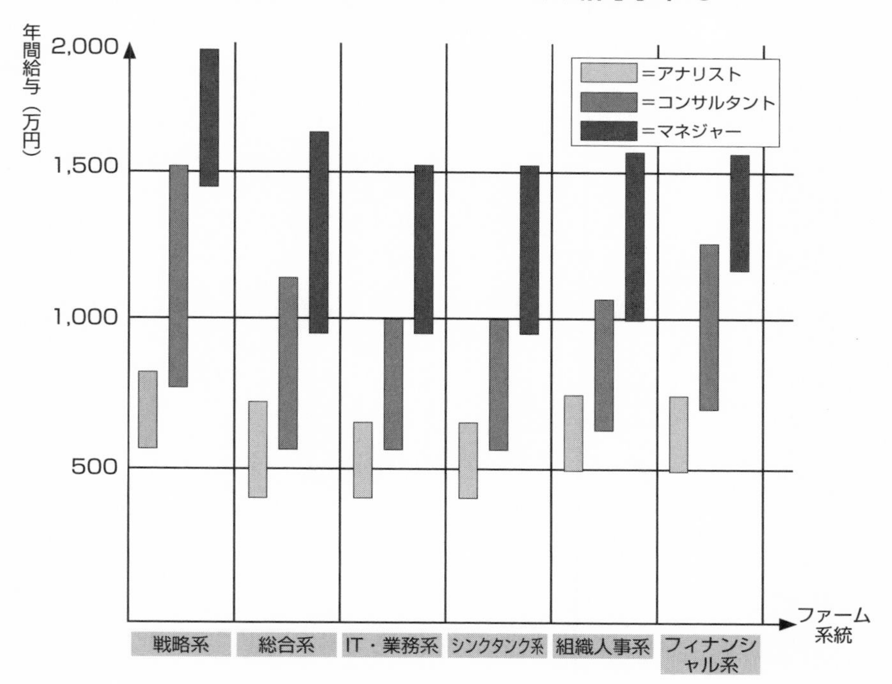

各領域でとくに需要がある人材とは?

各コンサルティング領域において、優遇される経験やスキルが存在する

◇戦略系の場合

他のコンサルティングプロジェクトでは、比較的専門知識のある人物が求められるのに対し、戦略系のプロジェクトに関しては、特定の専門知識が求められることは基本的にはありません。

なぜならば、オペレーションの改善などとは違い、そのクライアント・業界にいままでなかったような事態が発生した場合に依頼されることが多いので、業界知識だけでは解決できない場合が多いからです。その代わり、より高いレベルでの論理的思考力などの問題解決能力が要求されます。

例外として、特定の業界をコンサルティングファームのターゲットとして攻めていく場合などにおいては、その業界出身者の人材採用を活発化させることもあります。過去には金融業界向けコンサルティングチームを立ち上げるために銀行や証券から人を集めたり、同様に自動車業界・保険業界などの業界出身者を重点的に採用したコンサルティングファームもあります。ただし、このような場合でも、採用者が問題解決能力を高い基準で満たしていることが前提となります。

◉ コンサルティングファームの採用意欲の推移 ◉

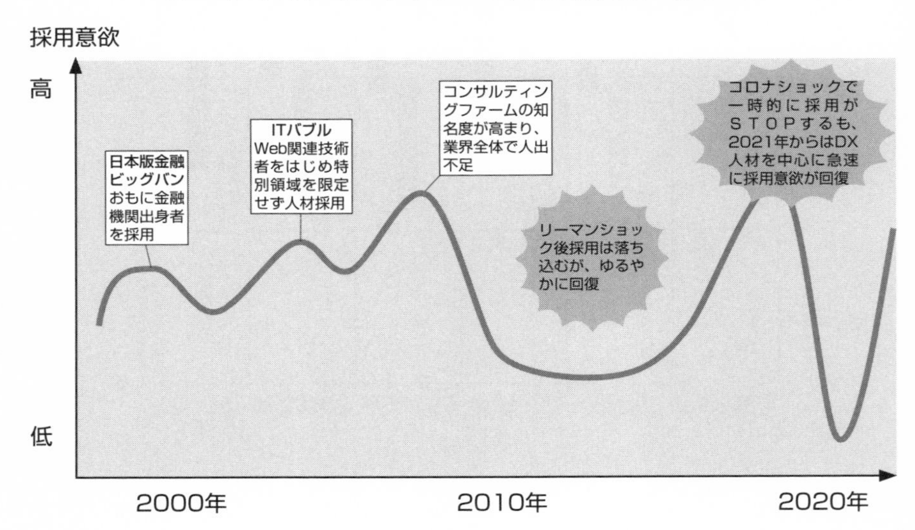

◇総合系、業務・ＩＴ系の場合

２章で紹介したように、デジタルが大きなトレンドになってきています。それにともない、デジタルに関連する業務経験者への需要が大きくなっています。一番望ましいのは、「①デジタルに関する経験」があって、「②特定の業務知識（会計、生産管理、人事など）」があり、かつ、「③業務改善経験」がある人材です。

この３つを兼ね備えた人ならば、きちんと採用対策をすれば採用される確率はかなり高くなります。ただ３つとも兼ね備えてなくとも、業務知識が豊富な人材やデジタル関連の経験がある人材に対する需要は常に高レベルで存在します（マネジメント経験があれば、なお望ましい）。

その他、会計、ＳＣＭなどのソリューション系経験者への需要も高くなっています。会計に関しては、未経験でも会計業務・会計システムにくわしい人は採用される可能性があります。同じく、ＳＣＭ未経験であっても、商社やメーカーなどで物流・生産管理に携わっており、業務知識が豊富であれば可能性は十分あります。

また、上記のようなソリューション系の経験がなくても、特定のプロダクトに強い人材には一定の需要があります。セキュリティ系の業務経験者、ITILなどの運用規格にくわしくて運用設計ができる人、SAP製品やオラクル製品に強い人などが例として挙げられます。

とくにSAPに関しては、既存のSAP ERPシステムのメインストリームサポートが2027年に終了することから新システムへの移行が加速すると考えられるため、ニーズは高いといえるでしょう。

コンサルティングファームへの転職でよくある誤解ですが、総合系、業務・ＩＴ系コンサルティングファームでは、コンサルタント職以外のキャリアパスも意外と多いです。

コンサルティングファームにコンサルタント以外のキャリアで入社し、大規模プロジェクトを取り仕切るマネジメントポジションや特定プロダクトの専門アーキテクトとして成功を収めている人も大勢います。

◇組織人事系の場合

少し前までは、人事制度構築などの経験がある人材でないと、チェンジマネジメント領域以外の組織人事系コンサルティングファームへの転職は厳しいといわれていました。

しかし、いまは必ずしもそうではありません。たとえば、事業会社で人のフローをマネジメントしていた経験者、人材育成の体制を構築した経験者であるならば、採用される可能性が十分にあります。

また、グローバル企業で多様な人材を率いて事業をマネジメントしていた経験者も求められています。なぜならば、人種や価値観の違う集団のなかで「どのような人材をどう集め、どのようにチーム構成をしてどう運営するとうまくいくのか」といった、人材や組織の目利き、多様性のマネジメントができると評価されているからです。しかしながら、やはり人事系の専門知識を持つ人や制度構築経験者のほうが強いことは否めません。

一方、人材育成・研修系のコンサルティング領域であれば、人事経験そのものはあまり求められません。ただし、対人関係能力・人材育成能力がもっとも求められる領域となります。

◇フィナンシャルアドバイザリー系の場合

フィナンシャルアドバイザリー系の領域では、専門知識と経験がかなり重視されます。とくにM＆Aアドバイザリーの部門であれば、基本的には金融機関やコンサルティングファームでM＆A関連の経験をしていることが求められます。ただし、一般企業でのM＆Aにかかわった経験があれば、ポテンシャル次第で採用される可能性もあります。

一方、デューデリジェンス部門やバリュエーション部門では、金融機関出身で財務・会計の知識があれば、採用される可能性は十分にあります。また、フィナンシャルアドバイザリー系コンサルティングファームではいままで培ってきた専門性を磨きやすいので、都市銀行などの支店勤務からプロフェッショナルになるべく、転職する例も多いです。

若手の場合、採用段階では英語力は問われませんが、プロジェクトマネジャー以上では英語力は必須です。コンサルティングファームによっては、外国人のパートナー（もしくはMD：マネジングディレクター）がいる場合もあり、上司が日本人でも海外オフィスとのコミュニケーション、クロスボーダー（国をまたいだ）案件などで英語を使う機会は多いからです。

◇その他コンサルティングファームの場合

国内独立系コンサルティングファームでは、若いうちから営業活動にもかかわることが多いため、営業経験者が歓迎される傾向にあります。学歴のウェイトは他コンサルティングファームに比べると大きくありませんが、カウンターパートは社長や経営者であることが多いため、頭の良さは必要です。

◉ 各分野で近年とくに需要がある人材 ◉

全社戦略系 事業戦略系	・高いレベルのコンサルティングスキル、ポテンシャルのある人材 ・特定分野（金融、電気、ガスなど）の出身者
業務・IT系	・ERP導入経験がある人材 ・特定の業務知識（会計、生産管理、人事など）ないしは業界知識がある人材 ・業務改善経験がある人材 ・会計、SCMなどのソリューション系の経験者、特定のプロダクトに強い人材
組織人事系	・事業会社で人事制度などの企画経験がある人材 ・人材育成の体制を構築した人材 ・グローバル企業で多様な人材を率いて事業をマネジメントしていた人材
フィナンシャルアドバイザリー系	・財務・会計に関する専門知識や経験がある人材 ・上記に加えて、ビジネスレベルの英語力がある人材（マネジャー以上）
その他	・マーケティング、リサーチ分析能力がある人材（ブランドマネジメント・マーケティングコンサルティングファーム） ・会計士などのファイナンスに強い人材 ・職種限らず定量的な成果を創出してきた人材（企業再生コンサルティングファーム）

病院支援・医療コンサルティングファームでは、高い専門性を求められる業界であることから、医療業界経験者が多く採用されています。とくに病院支援を行なっているコンサルティングファームでは、医師、看護師、薬剤師など医療専門職からの転職者も多いです。

8 コンサルティングファームへの勘違いをなくせば門戸は広がる

少しの工夫で合格率は格段に上がる

◇面接でチェックされるポイントとは？

コンサルティング業界への転職を志望する方は年々増加していますが、門戸は狭く、戦略系コンサルティングファームは合格率１％未満ともいわれています。

コンサルティングファームへの門戸が狭い理由としては、転職志望者がコンサルティングファームの採用に対して、チェックされるポイントを理解しないまま面接に挑んでいることがあります。そこで、本項では面接の際にチェックされるポイントを紹介します。なお、ここで紹介するポイントは中途採用だけではなく新卒採用でも十分役立ちますので、学生の方も参考にしてください。

◇書類作成で押さえる４つのポイント

職務経歴書・職務経歴書を書く際に陥(おちい)りがちな誤解・勘違いは多数ありますが、とりわけ代表的な４つのケースを紹介します。

◉ 代表的な４つの誤解・勘違い ◉

①職務概要を箇条書きにする

職務経歴書を、単なる過去の職務概要や事実を羅列するものととらえてはならない。職務経歴書は、「転職志望者がコンサルティングファームが求めている能力を備えている」ということを裏づける貴重な資料となる。単なる羅列ではアピールできないので、他業界の人でもわかるように職務を説明し、そのうえで「自分がどのような役割を果たし、どのようなことを学んだのか」を説明しなければならない。

②現職の視点から作成する

コンサルティング業界という“別の業界”をめざすのに、“いま自分のいる業界の視点”でまとめてはならない。ついつい「自分の業界で評価されたこと」をくわしく書いてしまいがちだが、採用後は違う業界にいるためにあまり意味はない。

転職先の業界で評価される資質・スキル・経験を踏(ふ)まえたうえで、現職での仕事がどうそれらと合致しているのかを記述しなければならない。とくに、他業界からのキャリアチェンジや応募先のコンサルティングファームが求めているものと離れた経歴の人の場合、この変換作業が中途採用選考の肝になる。

③経験してきたことをいろいろ並べる

いろいろな経験をしてきたことはプラスに見られることもある。しかし、逆にその人の“強み”がはっきりしないため、「経験の軸がない人」というマイナス評価をされることもある。

書類選考担当者が書類審査にかけられる時間、面接で自分の経験を話すことができる時間は限られている。そのため、自分の強みとコンサルティングファームが求めるスキル・経験を考慮したうえで、書類の内容に濃淡をつけて経験をまとめることが肝要となる。

④シンプルすぎるのは良くない

必ずしもそうとは限らない。同じ内容であるなら、短く、かつ、見やすいほうが好印象を与える。また、10枚を超えるもの、もしくはパワーポイントでつくり上げた職務経歴書などを提出する人もいるが、書類選考の担当者や面接官はほかの業務も抱えており、書類を読む時間は限られている。そのような読み手の事情を考えると、少ない文章量でも言いたいこと・重要なことが伝わる書類のほうが望ましい場合が多い。

◉ 職務経歴書のポイント ◉

職　務　経　歴　書

20XX年XX月XX日現在
氏名　○○ ○○

■職務要約

OA機器の販売会社の営業職として、中小企業向けに消耗品からコピー複合機やCADソフトの営業に従事してきました。新規開拓から始まり、現在は主任として既存顧客への実績拡大中心に取り組んでおります。

コメント
現在勤めているのはマイナー企業のようですが、事業内容欄で、この企業の「強み」をアピールしましょう。相手になぜこの会社に入ったかを理解してもらう必要があります。そうでないとただ単に、「就職活動に失敗しただけ」と思われてしまうかもしれません。逆にメジャーな企業であれば、会社説明はそこまで細かくする必要はありません。くどい印象を与えてしまうからです。

■職務経歴

□19XX年XX月～現在　某マイナー企業
◆事業内容：OA機器専門商社
◆資本金：○○○百万円　売上高：○○○百万円（20XX年）　従業員数：○○○名　非上場

期間	業務内容
19XX年 XX月 ～ 20XX年 XX月	神奈川営業部　横浜支店 中小企業を対象にOA機器用消耗品の新規開拓を行なう。 【営業スタイル】新規開拓100％（すべて飛び込み営業） 【担当地域】横浜市全般と静岡県近隣の一部 【取引顧客】担当社数常時約20社 【取引商品】コピー用紙、FAX用紙など 【実績】20XX年度：新規契約件数一日約2件（支社内順位14名中3位） 20XX年度：新規契約件数一日約3件（支社内順位16名中2位） 【ポイント】 ・業界のトレンドや売上拡大している会社の情報を収集し、新規獲得にむけた営業先選定を行なっておりました。ただただフットワークだけを使った営業ではなく、ターゲティングした会社に注力して足を運ぶことで、平均的に受注までに○か月かかっていたところを、△か月に短縮することができました。 課長以下グループメンバー8名

コメント
業務内容ですが､「実績」よりもその「プロセス」を強調しましょう。成果はあくまでもプロセスの結果です。「営業職」としての実績は、「コンサルタント」としての成果につながるわけではありません。また、そのプロセスも、いかに「行動力」を発揮したかよりも（もちろんこれも重要ですが)、いかに「頭脳」を使ったかをアピールしましょう (例:ターゲティングした会社に注力して足を運ぶことで…　とありますが､ファームの評価する点は「注力して足を運んだ」ことではなく、どのように「ターゲティング」したかです。ターゲティングのプロセスを書くべきでしょう)。相手が求めるものは何かを考え、それを身につけていることをアピールできるような内容でなくてはなりません。もちろんこれは、「生かせる経験・知識・技術」やＰＲを書く際にも必須です。

期間	業務内容
20XX年 XX月 ～ 20XX年 XX月	神奈川営業部　川崎支店 中小企業を対象にOA機器用消耗品の新規開拓を行なう。 【営業スタイル】新規開拓60％、既存顧客40％ 【担当地域】川崎市および近隣 【取引顧客】担当社数常時約20社 【取引商品】コピー機、FAX及び消耗品。コンピュータ、CAD、電話機に関しては情報委託（社内別部門担当者に引継ぎ営業する） 【実績】20XX年度：契約件数100件、契約金額1億5千万円（支社内順位15名中2位） 20XX年度：契約件数100件、契約金額1億5千万円（支社内順位15名中2位） 【ポイント】 ・新規だけでなく、既存顧客のニーズや顧客情報を詳しく整理し常に把握することで、タイムリーかつ広範囲にわたる提案力が身につきました。主力商品であるコピー、FAXのみならず、その他の扱い商品のラインナップが非常に増え、売上高が増大しました。新規を得意とする社風の中で、顧客管理の好事例として評価をいただきました。 課長以下グループメンバー8名　※20XX年度からリーダー

20XX年 XX月 〜 現在	東京南営業部　三鷹支店 中小企業を対象にCADソフトおよびPCハードの営業活動を行なう。 【営業スタイル】新規開拓30%、既存顧客70% 【担当地域】三鷹市、国分寺市、八王子市等中央線沿線 【取引顧客】担当社数常時約20社 【取引商品】CADソフト（建築用CADがメイン）及びハードウェア（パソコンレベル） 【実績】20XX年度：契約件数120件、契約金額1億円（支社内順位15名中2位） 20XX年度：契約件数120件、契約金額1億円（支社内順位15名中1位） 【ポイント】 コンピュータソフトおよびハードウェアの営業は、顧客との商談期間も長く、顧客のニーズや使用内容等を詳しく分析したうえで企画提案をしていかなければなりませんでした。これまでの飛び込み中心のスタイルからは一転、提案書作成や顧客へのプレゼンテーションの力が必要とされました。当初から先輩社員の同行を積極的に行ない、上記のスタイルに早くに慣れ、独自の販促ツールや顧客管理カードを作成することで、高い実績を早期にあげることができました。 20XX年度下半期より主任へ昇格（部下5名　課の売上を管理）

コメント
審査官は大量の書類を審査します。書類をぱっと見ただけでどのような人物かわかるように、「生かせる経験・知識・技術」、「資格」これらは職務経歴書の冒頭に書きましょう。

■生かせる経験・知識・技術

戦略的営業活動の展開
積極的にセミナーや展示会を開催。取扱製品のイメージアップを図るとともに、顧客ニーズを的確に把握し、その後の営業活動を効果的に展開した。

組織的営業活動の展開
社内/メーカー関係者との連携を密にし、共同でプレゼンテーションを行なうなど、ポテンシャルユーザーに対する組織的営業活動を展開。顧客へのコミットメントをアピールした。

顧客との密なる関係の構築→信頼の獲得
顧客と率直な意見交換を行なうことで誠意をアピールし、顧客の信頼を獲得した。かつ、競合メーカーが圧倒的なシェアを握る顧客に対し、頻繁に訪問し顧客のニーズに迅速に対応することで顧客の信頼を獲得した。

顧客リード型・提案型営業の展開
顧客のニーズや顧客の抱える問題点を的確に把握し、ソリューションを提供。顧客をソリューションへ導く顧客リード型・提案型営業を展開した。

■資格

・普通自動車免許（19XX年XX月）

コメント
過去の職務と自己の強みを関連づけられるように、「自己ＰＲ」は「職務要約」に盛り込みましょう。書類自体もシンプルになり好印象を持たれやすくなります。

■自己ＰＲ

顧客深耕型の提案営業の中で、顧客のニーズをしっかり把握することを基本に考えてきました。売り込みをかけること以上に、「よく聞く」ことが大切と考え、顧客の本当のニーズを見つけ出すことで、高い実績を生み出すことができたと思います。また、数値目標を達成する意欲と行動力、主体的に周囲を巻き込む推進力、必要な知識・スキルを習得するためには努力を惜しまない向上心も持ち合わせていると思います。

以上

◇面接でチェックされるポイント

面接の際にチェックされるポイントとして、次の項目が挙げられます。

マインド

① **ポジティブシンキング**
どのような過酷な状況でも諦めず、辛い状況から学習し、打開策を見出していけるだけのマインドを持っているか

② **責任感**
みずからの意志として、クライアントに提供する価値を極限まで高めようとする情熱があるか

③ **成長志向**
みずからの課題を素直に受け入れ、難題にも怯まず挑戦を続け、着実に成長していけるマインドを持っているか

④ **職業観**
コンサルタントという職業を通じて、達成したいみずからのミッションやアジェンダを持っているか

思考能力

① **論理的思考**
その時々の状況と達成すべき目標を把握し、その実現のために必要な活動を順序立てて考察できるか

② **ゼロベース思考**
みずからの周囲に溢れる「既成の枠」にとらわれることなく、クライアントの直面する課題を考察できるか

③ **仮説思考**
正しいか正しくないかは別として、常にその時点でのみずからの結論を持ったうえで行動できるか

対人関係

① **コミュニケーション力**
相手の意見を正しく理解し、かつ、自分の意見を正しく表現・理解させられるか

② **リーダーシップ**
内発的な動機づけを高めさせ、個々のメンバーがベストの成果を出せ

るような状態にチームをマネジメントできるか

③　素直さ

みずからの価値観や過去の考えに固執し過ぎることなく、よりよい価値や考え方を求めて新しいものを受け入れて試そうとするか

④　他人への思いやり

ロジカルのみに偏ることなく、仲間やクライアント従業員などの気持ちにも配慮しながらプロジェクトを進められるか

その他

①　キャリア形成に筋が通っている

みずからのキャリアの目標を把握し、その目標を達成するのにふさわしいキャリアを形成して、持っているか

②　基本的なことができる

「挨拶ができる」「遅刻をしない」など、社会人として基本的なことがきちんとできているか

③　準備を怠（おこた）っていない

面接を受けるうえで必要最低限の知識や話題を持っているか（面接に対する「やる気」があるか）

④　自分の実力を把握している

みずからの「強み」「弱み」を把握し、「強み」をどのように生かし、「弱み」をどのようにカバーするかを知っているか

◇面接で勘違いしやすいポイント

面接の際には、次のような勘違いに陥りがちです。

①面接は自分の言いたいことを伝える場である

自分の考えを伝えることはたしかに大切です。しかし、面接はあくまで選考の場です。「相手が聞いていることに対して、説得力のある答えをきちんと返す」ことが、「自分の言いたいことを伝える」ことの前提になります。

②面接は企業の話を聞きに行く場である

面接を通じて、企業への理解がいっそう深まることはたしかです。しかし、面接はあくまで選考の場であり、説明会ではありません。自分なりにその企業について調べ、疑問点を事前に洗い出し、そのうえで面接官に質問すること自体はいいことですが、それがおもな目的ではありません。

とくに人気コンサルティングファームとなると、Webサイトや書籍など

を読めばわかる程度のことは調べておきましょう。それくらいのこともしていないのならば、志望の強さを疑われてしまうでしょう。

③圧迫面接をされたら、面接官と議論すべきだ

圧迫面接は、「緊迫した場面でも冷静、かつ、適切に対応できるか」を見るために行なわれます。それにもかかわらず、面接に来ていることを忘れて感情的になり、反論することは望ましくありません。

④面接は“ありのままの自分”を見てもらう場である

自分自身がどういう人間かを伝えることは非常に大事ですが、「事前に何もしなくてもいい」というわけではありません。限られた面接時間で、自分自身についてわかりやすく、かつ、的確に伝えるためには、事前にきちんと準備することが必要です。

⑤体調が悪い状態で面接を受ける

頻繁にキャンセルすることは避けるべきですが、体調が悪い状態で面接を受けることは、面接官にとってもあなたにとっても望ましいことではないでしょう。体調不良で面接を別の日に変更してもらうこと自体は、それほど問題ではありません。

⑥わからないことには「勉強します」で対応

勉強する姿勢は大切ですが、コンサルティングファームは学校ではありません。もしクライアントから同じことを聞かれたときに、「勉強します」と答えることはコンサルタントとして適切ではありません。経験や専門知識がないなりにも必死に頭を使って考え、何らかの自分なりの答えを出そうする姿勢が望まれます。

⑦MBAの授業やケース対策本でケース面接は大丈夫

ＭＢＡの授業で実施されるケースと、ケース面接のケースは異なります。本書で紹介しましたが、ケース面接ではＭＢＡで行なうような、各種資料を基に具体的な企業事例を検討するような出題は行なわれません。

短時間、かつ、限定された情報を基にロジックを組み立てて解を導く必要があるので、ＭＢＡの授業とは違った訓練が必要になります（だからといって、ＭＢＡの授業内容がコンサルタントの業務に役に立たないという意味ではありません）。

また、ケース面接対策本の内容は事前に担当者がチェックしていることもあり、「対策本の解答を丸暗記しただけではないか」と面接でチェックされることもあります。

5 9

中途と新卒入社のどちらがよい?

それぞれにメリット・デメリットがある

◇新卒入社と中途入社はどちらがよい？

コンサルタントを職業とするにあたっての永遠のテーマとして、「コンサルティングファームに入社するならば、ある程度一般企業で経験を積んだうえで中途採用でコンサルタントになるのがいいのか、あるいは回り道をせずに直接コンサルティングファームに入ったほうがいいのか」というものがあります。

「なぜコンサルタントになりたいのか」という自分自身の目的によって変わりますので、新卒入社と中途入社のどちらがよいか一概にはいえません。

一般的にいわれているメリット・デメリットをあえて挙げると、次のようになります。

◉ 新卒・中途入社のメリット・デメリット ◉

	新卒入社	中途入社
メリット	•基礎的なコンサルティングスキルが早いうちに身につく •プロモーションが早い •業界独自のカルチャーや仕事方法に適応しやすい •その後どのような職についても比較的楽に思える •自由な発想がしやすい •他の業界と比べて、若いうちから責任ある仕事ができることが多い	•社会常識がきちんと身につきやすい •過去の経験を利用し、より深みのあるコンサルティングができることもある •対人関係構築能力が身につきやすい •特定の業界知識を得られる •組織力学を学べる
デメリット	•大企業組織のメカニズムを理解しにくい •一般企業ほど社会常識をきちんと叩(たた)き込まれない傾向がある •高給に慣れているため、給与面で転職先が限定される •一般企業に勤めている友達の仕事を軽視する人もいる •事業会社での経験がないにもかかわらず、ビジネスをわかったつもりになることもある	•基本的なコンサルティングスキルの吸収に時間がかかることもある •自分より若い新卒の上司にこき使われることもある •一般的な日系企業から移ると、カルチャーギャップに慣れるのが大変な場合もある

コンサルタントからのさらなるキャリアアップ

コンサルタント経験者はさまざまな分野で活躍している

◇2000年以降にコンサルタントが急激に注目され始めた

2000年以前は、コンサルタント経験者（ポストコンサルタント）にそれほど多くの転職先があったわけではありません。

しかし、2000年ころのインターネット興隆期から変化の兆しが出てきています。ポストコンサルタントは未公開ベンチャー企業や店頭・マザーズ上場企業に役員として迎えられ、ストックオプションで結果的に数億円を手に入れたり、大企業のグループ会社の役員としてヘッドハンティングされることが多くなりました。

ＰＥ（プライベートエクイティー）ファンドで投資家の道に進む人がいれば、ファンドの投資先の経営者として企業再生に辣腕を振るう人もいます。

その理由として、「コンサルティング業界の認知度が上がったことでチャンスが増えた」「業界が大きくなることに比例して業界出身者が増え、よりメディアなどへの露出が増えた」「より優秀な人材の流入が増えた（以前は「頭はいいかもしれないがエキセントリックな人」、つまり「あまりマネジメントに向かない人」とコンサルタントは評価されていました）」「業界出身者の成功事例が出てきて、世の中の期待度が上がった」ことが挙げられます。

◇ポストコンサルタントのキャリア選択肢は多岐に広がった

最近では、コンサルタントの仕事術や思考法を扱った書籍が大ヒットしています。つまり、「コンサルタントに象徴される思考法やワークスタイルからは多くのことが学べる」と世間が認識していると考えられ、それらノウハウを身につけたコンサルタントが活躍するのも納得できるでしょう。

近年では、コンサルティングファーム出身者が独立してコンサルティングファームを立ち上げることも増えてきており、コンサルティングファーム出身の経営者も大幅に増えました。東京大学や一橋大学の教授へ転身した人もいます。

経験豊富なコンサルタントだけでなく、若手コンサルタントの転身先も広がっています。ＩＴ系メガベンチャーのプロダクトマネジャーや外資消費財メーカーのマーケッター、大手日系メーカーの経営企画室や自動車メーカーのシステム企画室など、ポストコンサルタントのキャリアは大きく広がっているといえるでしょう。

◉ 多様なコンサルタント経験者の転身先 ◉

（2021年6月1日現在）

出身ファーム名	名前	現職会社	役職
マッキンゼー	上山信一	慶應義塾大学総合政策学部	教授
BCG	樋口泰行	パナソニック	代表取締役専務
ベイン	笹沼泰助	アドバンテッジパートナーズ	共同代表パートナー
Strategy&	太田健自	チューリッヒ生命保険	日本代表
A.T.カーニー	松本恭攝	ラクスル株式会社	代表取締役社長
ローランドベルガー	水留浩一	株式会社あきんどスシロー	取締役会長
アーサーDリトル	浪江一公	ベクター・コンサルティング株式会社	代表
ドリームインキュベータ	石原英貴	オムロン株式会社	執行役員
コーポレイトディレクション	神田昌典	アルマ・クリエイション株式会社	代表
野村総合研究所	野田　稔	明治大学専門職大学院	専任教授
三菱UFJリサーチ&コンサルティング	森永卓郎	獨協大学	教授
NTTデータ経営研究所/スカイライトコンサルティング	澤田宏太郎	株式会社ZOZO	代表取締役社長兼CEO
アクセンチュア	吉松徹郎	株式会社アイスタイル	代表取締役社長兼CEO
アビームコンサルティング	稲垣裕介	株式会社ユーザベース	代表取締役
EYストラテジー&コンサルティング	窪島　肇	株式会社メディビック	代表取締役社長
デロイトトーマツコンサルティング	宇佐美進典	株式会社VOYAGE GROUP	代表取締役社長
IBM/ベイカレントコンサルティング	後藤夏樹	株式会社エス・エム・エス	代表取締役社長
タワーズワトソン	高橋俊介	慶應義塾大学大学院政策・メディア研究科	特任教授
マーサージャパン	西田政之	ライフネット生命保険株式会社	取締役副社長
経営共創基盤	安井元康	株式会社MCJ	代表取締役社長
船井総合研究所	谷田千里	株式会社タニタ	代表取締役社長
プライマル	中西敦士	トリプル・ダブリュー・ジャパン株式会社	代表取締役
SOLIZE	丹下　大	株式会社SHIFT	代表取締役社長

◉ 若手〜中堅コンサルタントの転職事例 ◉

年 代	前 職	転職先	転職先でのポジション
30代後半	外資系戦略コンサルティングファーム	外資系製薬メーカー	経営戦略室
30代前半	外資系戦略コンサルティングファーム	IPO準備中ベンチャー	COO
30代後半	外資系総合コンサルティングファーム	外資系自動車部品メーカー	経営改革推進
20代後半	外資系総合コンサルティングファーム	東証一部上場食品メーカー	経営戦略室
20代前半	日系総合コンサルティングファーム	外資系エンタメ企業	プロダクトマーケティング
30代前半	日系総合コンサルティングファーム	文具メーカー	経営企画室
30代前半	フィナンシャルアドバイザリー系ファーム	東証一部上場広告企業	M&A担当
30代後半	組織人事系コンサルティングファーム	東証一部上場医療IT企業	人事企画
30代前半	シンクタンク系コンサルティングファーム	日系PEファンド	アソシエイト
20代後半	シンクタンク系コンサルティングファーム	東証一部上場ネット企業	データマネジメント企画室
20代後半	ブティック系コンサルティングファーム	新電力系ベンチャー企業	事業開発担当
20代後半	国内独立系コンサルティングファーム	外資IT系企業	DX企画推進
30代前半	国内独立系コンサルティングファーム	東証一部上場電機メーカー	社内改革推進担当

おわりに

本書を最後まで読んでいただき、ありがとうございます。

現在では、企業の課題がある所には必ずコンサルティングプロジェクトが動いています。コンサルティングはあまりにも対象が幅広いため、本書では説明しきれない部分もありました。しかし、本書がきっかけとなり、読者のみなさまがコンサルティング業界やコンサルタントに興味を持ったならば幸いです。

コンサルティングファーム各社はクライアントのビジネス環境変化に対応するために、日々、クライアント向けのサービスラインを革新し続けています。その変革活動の全貌を把握するのはきわめて困難ですが、私たちはコンサルタントの人材サービスを通じて業界動向の変化を察知し、コンサルタントになりたいという人々の転職サポートを続けてきました。

数万件のオファーに立ち会ってきましたし、20年以上の時間軸でコンサルティングファームやコンサルタントとのかかわりがあってこそ、見えてくるファームの社風や業界トレンドもあると思います。

現在ではコンサルティングファームがたいへん注目されています。小さなアップダウンはあるでしょうが、今後もコンサルティング業界は伸びていくでしょう。また業界だけではなく、コンサルタントとして成果を出せたならば、個人としても大きくキャリアアップできると思います。本書でも触れたとおり、若手クラス～シニアクラスまで、数多くのコンサルティングファームの卒業生がさまざまな分野で活躍しており、コンサルタントとしてのキャリアが確実に次のキャリアにつながっています。

現状では、もっともキャリアアップできる職業の１つがコンサルタントといっても過言ではないと思います。ただし、就職・転職ともに人気業界になったため、ハードルは高くなりました。そのため、もし、コンサルティング業界に興味を持たれたのであれば、万全な準備で臨んでください。

本書で触れましたが、同じような業務であっても、コンサルティングファームによってコンサルティング内容は大きく違います。私たちの20年以上のノウハウから、何かしらのお力になれることも多いと思いますので、些細なことでも何かご相談がありましたら、お気軽に当社の門をたたいていただければ幸いです。

本書を執筆するにあたり、現役・元コンサルタントの方々のお話や資料などを参考にしました。今後も私たちがコンサルティング業界の発展に貢献することで、お世話になった方々への恩返しになればこのうえない喜びです。

著者を代表して　神川貴実彦

索　引

数字・ABC

あ行

か行

さ行

た行

な行

は行

ま行

や行

ら行

わ行

著者一覧

神川　貴実彦（かみかわ　きみひこ）
株式会社ムービン・ストラテジック・キャリア　代表取締役。同社はコンサルティング業界、金融業界、その他プロフェッショナル職に特化した人材紹介会社。プロフェッショナル職経験者がキャリアアドバイスをすることで、相談者の細かいニーズにも応えている。コンサルティングがまだあまり浸透していなかった1997年より、多くの転職希望者の橋渡しを実現している。

久留須　親（くるす　ちかし）
株式会社ムービン・ストラテジック・キャリア　パートナー&マネージングディレクター。東京大学工学部卒。同大学院工学系研究科修士課程修了。電通国際情報サービス（ISID）、IBMビジネスコンサルティングサービスを経て現職。

中村　浩一郎（なかむら　こういちろう）
株式会社ムービン・ストラテジック・キャリア　パートナー&マネージングディレクター。一橋大学社会学部卒。ベンチャー企業社長室、大手システムベンダーを経て現職。

西田　和雅（にした　かずのり）
株式会社ムービン・ストラテジック・キャリア　パートナー&マネージングディレクター。東京大学経済学部卒。日本政策投資銀行を経て現職。

佐川　頌（さがわ　しょう）
株式会社ムービン・ストラテジック・キャリア　プリンシパル。東京大学経済学部卒。スクウェア・エニックス、アビームコンサルティングを経て現職。

千葉　大輝（ちば　ひろき）
株式会社ムービン・ストラテジック・キャリア　プリンシパル。慶應義塾大学商学部卒。三菱UFJ信託銀行、PwCコンサルティングを経て現職。

成塚　健史（なりづか　けんじ）
株式会社ムービン・ストラテジック・キャリア　プリンシパル。慶應義塾大学理工学部卒。キヤノン、日立コンサルティングを経て現職。

北林　悠希（きたばやし　ゆうき）
株式会社ムービン・ストラテジック・キャリア　エグゼクティブ・コンサルタント。東京理科大学理学部応用物理学科卒。大手ヘッドハンティング会社を経て現職。

神川貴実彦（かみかわ　きみひこ）
1968年生まれ。株式会社ムービン・ストラテジック・キャリア代表取締役。早稲田大学法学部卒、ジョンズホプキンス大学高等国際問題研究大学院（SAIS）グラデュエイトディプロマ。SAIS学長ジョージ・R・パッカード博士のリサーチアシスタント、ベンチャー企業の営業を経てボストン・コンサルティング・グループに入社。1997年に当社創業。編著書に『コンサルティングの基本 ベストプラクティス集』（日本実業出版社）がある。

https:// www.movin.co.jp/

新版（しんぱん）　コンサルティングの基本（きほん）

2008年5月10日　初版発行
2021年10月1日　最新2版発行
2024年9月10日　第2刷発行

編著者　神川貴実彦

発行者　杉本淳一

発行所　株式会社日本実業出版社　東京都新宿区市谷本村町3−29 〒162-0845
編集部　☎03-3268-5651
営業部　☎03-3268-5161　振替　00170-1-25349
https://www.njg.co.jp/

印刷／厚徳社　製本／共栄社

ISBN 978-4-534-05877-5　Printed in JAPAN

	～1930	～1950	～1960	～1970	～1980	～199
マッキンゼー・アンド・カンパニー	1926年 前身であるカーニー・アンド・マッキンゼーが分裂。ジェームズ・マッキンゼーがニューヨークオフィスを率いて設立。		1959年 初の海外オフィスをロンドンにて開設。	ヨーロッパ各国・カナダ・オーストラリアにオフィスを開設。グローバルに展開するように。	1971年 日本支社を開設。	
ボストンコンサルティンググループ				1963年 アーサー・D・リトルからスピンアウトしたブルース・ヘンダーソンがボストンにて設立。1966年には二番目の拠点として、東京オフィスを開設。	ロンドン・パリにオフィス開設。ヨーロッパへ進出。	
ベイン・アンド・カンパニー					1973年 BCGからスピンアウトしたビル・ベイン他4名によりボストンにて設立。	1981年 東京オフィス開
Strategy&	1914年 エドウィン・ブーズがシカゴに経営コンサルティングファームを設立。	1943年 社名を「ブーズ・アレン・アンド・ハミルトン」に変更。	1953年 国外でのプロジェクトを開始。1957年にはスイス・チューリッヒに初の海外オフィス開設。グローバルに展開するように。			1983年 東京法人設立。
A.T.カーニー	1926年 前身であるカーニー・アンド・マッキンゼーが分裂。アンドリュー・カーニーがシカゴオフィスを率いて設立。			1964年 初の海外オフィスをドイツにて開設。グローバルに展開するように。	1972年 日本オフィス開設。	
ローランド・ベルガー				1967年 ＢＣＧよりスピンアウトしたローランドベルガーによりドイツのミュンヘンにて設立。	1980年 欧州のコンサルティングファームとして初めてACMEのメンバーとなる。	グローバル化 1990年まで の約28%を ィスが占める。 る。
アーサー・D・リトル	1886年 アーサーデホンリトルが会社の前身となる「グリフィン&リトル」をマサチューセッツ工科大学のキャンパス内にて設立。数回の社名変更後、1909年にアーサーDリトルとなる。				1978年 日本オフィス開設。	
コーポレイトディレクション						1986年 ＢＣＧをスピ したコンサル 10名が、国 立系経営戦略 ティング会社 立。
モニターデロイト						1983年 ハーバード・ビ スクールの教 人により「モ ンパニー」設 創設後5年間 に1か所とい ドでヨーロッ アを中心にオ 設置。1989 本オフィスが